Eva Stüber

Personalisierung im Internethandel

GABLER RESEARCH

Eva Stüber

Personalisierung im Internethandel

Die Akzeptanz von Kaufempfehlungen in der Bekleidungsbranche

Mit einem Geleitwort von Prof. Dr. Daniel Baier

RESEARCH

Bibliografische Information der Deutschen Nationalbibliothek
Die Deutsche Nationalbibliothek verzeichnet diese Publikation in der
Deutschen Nationalbibliografie; detaillierte bibliografische Daten sind im Internet über
<http://dnb.d-nb.de> abrufbar.

Dissertation Brandenburgische Technische Universität Cottbus, 2010

1. Auflage 2011

Alle Rechte vorbehalten
© Gabler Verlag | Springer Fachmedien Wiesbaden GmbH 2011

Lektorat: Stefanie Brich | Stefanie Loyal

Gabler Verlag ist eine Marke von Springer Fachmedien.
Springer Fachmedien ist Teil der Fachverlagsgruppe Springer Science+Business Media.
www.gabler.de

Das Werk einschließlich aller seiner Teile ist urheberrechtlich geschützt. Jede Verwertung außerhalb der engen Grenzen des Urheberrechtsgesetzes ist ohne Zustimmung des Verlags unzulässig und strafbar. Das gilt insbesondere für Vervielfältigungen, Übersetzungen, Mikroverfilmungen und die Einspeicherung und Verarbeitung in elektronischen Systemen.

Die Wiedergabe von Gebrauchsnamen, Handelsnamen, Warenbezeichnungen usw. in diesem Werk berechtigt auch ohne besondere Kennzeichnung nicht zu der Annahme, dass solche Namen im Sinne der Warenzeichen- und Markenschutz-Gesetzgebung als frei zu betrachten wären und daher von jedermann benutzt werden dürften.

Umschlaggestaltung: KünkelLopka Medienentwicklung, Heidelberg
Gedruckt auf säurefreiem und chlorfrei gebleichtem Papier
Printed in the Netherlands

ISBN 978-3-8349-2842-9

Geleitwort

Der Analyse des Kaufverhaltens von Konsumenten im Internet kommt durch die wachsende Zahl der Online-Käufer und deren steigendem Warenumsatz eine immer größere Bedeutung zu. Für viele Internethändler bildet diese Analyse eine wesentliche Grundlage, um angesichts der „Nähe" der Wettbewerber im Netz zu bestehen und neue Möglichkeiten zur kundengerechten Gestaltung der eigenen Angebotspräsentation zu finden. So bieten in einem Internetshop etwa automatisch generierte Kaufempfehlungen aus Kundensicht seit Jahren eine interessante Möglichkeit, das komplexe Angebot zu übersehen und die eigene Entscheidungsfindung zu vereinfachen, während sie aus Unternehmenssicht – ebenso erfolgreich – zur Abgrenzung gegenüber Wettbewerbern und zur Steigerung des Umsatzes genutzt werden.

Während bisher aber vor allem die automatische Generierung derartiger Kaufempfehlungen im Vordergrund der Analyse standen, hat sich Frau Stüber in ihrer Dissertation damit beschäftigt, ob derartige Kaufempfehlungen vom Kunden akzeptiert werden, wie man diese Akzeptanz messen kann und – im Hinblick auf die kundengerechtere Gestaltung der Angebotspräsentation – welche Determinanten diese Akzeptanz beeinflussen. Sie hat dazu einen Messansatz entwickelt, der theoriebasierte standardisierte Befragungen mit den Methoden der Blickaufzeichnung (Eye Tracking) kombiniert.

Die Methoden der Blickaufzeichnung werden bereits seit Jahrzehnten zur Analyse des Kaufverhaltens von Konsumenten genutzt, jedoch aufgrund methodischer Anforderungen (z.B. Gewinnung einer hinreichend großen Stichprobe für die zeitaufwendigen Experimente und Befragungen) und methodischer Grenzen (z.B. hinsichtlich der Auswertungen) nur mit bedingter Aussagekraft. Vor allem durch die technischen Weiterentwicklungen in den letzten Jahren, das damit verbundene breitere Anwendungsspektrum und die genaueren Auswertungen bietet Eye Tracking heutzutage jedoch eine interessante Möglichkeit, um Einblicke in das Kaufverhalten von Konsumenten zu erhalten. Jedoch ist die Aussagekraft ohne tiefergehenden Einblick in die Psyche des Konsumenten begrenzt, weswegen Frau Stüber auf eine Kombination mit einer standardisierten Befragung fokussiert, welche multivariat mit Hilfe einer PLS-Analyse auf Basis eines modifizieren TAM-Ansatzes ausgewertet wird. Der neue Messansatz erlaubt es im Unterschied zu bisherigen Messungen im Internethandel, nicht nur Mausbewegungen und Clicks, sondern auch die Verweildauer des Auges auf einzelnen Bildschirmabschnitten präzise zu erfassen und in die Parameterschätzung des TAM-Ansatzes einzubeziehen. So wird es ermöglicht, Nutzungsabsichten bezüglich vorgeschlagener Kaufempfehlungen frühzeitig zu erkennen und zu integrieren. Der Messansatz wird praktisch am Beispiel des Online-Shopping in der Bekleidungsbranche erprobt, ein Bereich, in dem inzwischen Kaufempfehlungen vielfältig angeboten werden (z.B. über Stiltipps als Up- und Cross-Selling-Angebote) und in dem man dennoch wenig Kenntnisse darüber hat, wie Kaufempfehlungen wirken und wie sie von Konsumenten akzeptiert werden. Zwei Studien werden durchgeführt und beschrieben. Jede umfasst eine Hypothesenformulierung, eine großzahlige Befragung auf Basis des erweiterten TAM-Ansatzes sowie dazwischen einen Besuch eines Internetshops mit Blickverfolgung und anschließender Auswertung unter Verwendung der PLS-Analyse. Die Ergebnisse sind sowohl inhaltlich als auch bezüglich der Modellanpassung überzeugend. So wird z.B. herausgearbeitet, dass die Konsumenten viel Zeit mit der Betrachtung der Kaufempfehlungen verbracht haben, dass dies aber nicht unbedingt zu einem Kauf führen muss. Kaufempfehlungen gefallen, ihre Nutzung bis hin zum Kauf ist aber noch weiteren Beschränkungen unterworfen. Ebenfalls ist es möglich, einzelne Kaufempfehlungen hinsichtlich ihrer Nützlichkeit und Bedienbarkeit zu gruppieren und entsprechend Handlungsempfehlungen abzugeben.

Frau Stüber hat mit ihrer Arbeit Beeindruckendes geleistet. Für ein aktuell hochinteressantes und wissenschaftlich anspruchsvolles Themengebiet hat sie einen neuen Messansatz entwickelt und für das Online-Shopping in der Bekleidungsbranche erfolgreich empirisch erprobt. Der selbst vorgegebene hohe methodische Anspruch wird sowohl im theoretischen als auch im empirischen Teil erfüllt. Die Arbeit wurde im November 2010 an der Fakultät für Maschinenbau, Elektrotechnik und Wirtschaftsingenieurwesen der Brandenburgischen Technischen Universität (BTU) Cottbus als Dissertation angenommen. Eine wohlwollende Aufnahme durch eine große, interessierte Leserschaft ist der Autorin und dem Werk auf jeden Fall zu wünschen.

Prof. Dr. Daniel Baier

Vorwort

Die vorliegende Arbeit entstand während meiner Tätigkeit als wissenschaftliche Mitarbeiterin am Lehrstuhl für Marketing und Innovationsmanagement der BTU Cottbus. Der lange Entstehungsprozess einer Dissertation wird oftmals sehr treffend mit einem Marathon verglichen. In beiden Fällen ist das Erreichen des Ziels mit einem guten Ergebnis ohne ein entsprechendes Support-Team im Hintergrund nur schwer möglich.

So gilt mein herzlicher Dank zunächst meinem Doktorvater Herrn Prof. Dr. Daniel Baier, der meine Vorhaben vorbehaltlos unterstützt und gefördert hat. Frau Prof. Dr. Magdalena Mißler-Behr möchte ich für die Übernahme des Zweitgutachtens und die konstruktiven Hinweise zur Arbeit danken. Ebenso gilt mein Dank Frau Prof. Dr. Katja Schimmelpfeng für die Übernahme des Vorsitzes der Promotionskommission sowie Frau Dr. Alexandra Rese für ihre Tätigkeit als Beisitzerin.

Von ganzem Herzen möchte ich weiterhin meinen Lehrstuhlkollegen für die gute Zusammenarbeit danken. Insbesondere die Unterstützung durch Herrn Prof. Dr. Michael Brusch, Herrn Matthias J. Kaiser und Herrn Nicolai Sand möchte ich in allen Phasen der Arbeit hervorheben. Durch das gemeinsame Arbeiten war es auch außerhalb der regulären Arbeitszeiten nie einsam am Lehrstuhl. Auch unsere Aktivitäten fernab der Forschung und Lehre bedeuten mir sehr viel. Nicolai leistet zudem unschlagbaren Pfälzer Beistand im „wilden Osten". Ebenso standen mir unsere studentischen Hilfskräfte bei verschiedensten Projekten immer tatkräftig zur Seite. Mein besonderer Dank gilt Katrin Baumert, Manuela Borchardt, Jadranka Halilović und Paul Zabar.

Auch das private Umfeld mit Freunden und Familie nimmt durch das Verständnis, wenn die Zeit etwas knapper war, ermutigende Worte und die nötige „Abwechslung" enormen Anteil an einem solch langfristigen Vorhaben. Meine Familie hat meinen bisherigen Lebens- und Ausbildungsweg vorbehaltlos unterstützt, obwohl sie deshalb oftmals auf meine Anwesenheit verzichten musste. Meine Oma sowie Pia und Marc standen immer hinter mir. Letztendlich haben meine Eltern mein Leben sehr früh geprägt und damit entscheidend zur Erreichung meiner Ziele beigetragen.

Eva Stüber

Inhaltsverzeichnis

Geleitwort V

Vorwort VII

Inhaltsverzeichnis IX

Abbildungsverzeichnis XIII

Tabellenverzeichnis XV

Abkürzungsverzeichnis XIX

1 Einleitung 1
   1.1 Ausgangssituation 1
   1.2 Personalisierung als Reaktion auf vorherrschende Rahmenbedingungen 3
   1.3 Begriffliche Grundlagen 5
   1.4 Zielsetzung und Aufbau der Arbeit 7

2 Kaufempfehlungen als Personalisierungsansatz im Internethandel 11
   2.1 Personalisierung im Internethandel 11
      2.1.1 Grundlegende Begriffe 11
      2.1.2 Theoretische Erklärungsmodelle zur Bedeutung der Personalisierung 15
      2.1.3 Einfluss der Personalisierung auf das Konsumentenverhalten 18
      2.1.4 Personalisierungsansätze 22
   2.2 Kaufempfehlungen im Internethandel 26
      2.2.1 Grundlegende Begriffe 26
      2.2.2 Recommendersysteme als Ausgangsbasis für Kaufempfehlungen ... 29
      2.2.3 Erkenntnisse zum Einfluss von Kaufempfehlungen 33
      2.2.4 Determinanten des Einflusses von Kaufempfehlungen 38

3 Technologieakzeptanz von Kaufempfehlungen 43
   3.1 Akzeptanz als zentrale Größe im Konsumentenverhalten 43
      3.1.1 Grundlegende Begriffe 43

	3.1.2	Theoretische Bezugspunkte zur Ermittlung der Akzeptanz	48
	3.1.3	Determinanten des Einflusses auf die Akzeptanz	54
	3.1.4	Modelle zur Messung von Akzeptanz	58

        3.1.4.1   Überblick 58
        3.1.4.2   TAM und seine Varianten 62
        3.1.4.3   Grundmodell der UTAUT 64
        3.1.4.4   Vergleich und Bewertung der betrachteten Modelle 66

3.2   TAM als Ausgangsbasis zur Bestimmung der Akzeptanz
von Kaufempfehlungen 67
     3.2.1   Vorstellung des TAM 67
     3.2.2   Anwendung des TAM im Internethandel 69
     3.2.3   Bekannte Erweiterungen des TAM 73
     3.2.4   Kritische Diskussion des TAM 75

4   Messung der Technologieakzeptanz von Kaufempfehlungen im Internethandel 79

4.1   Befragung als subjektive Datenerhebungsmethode 79
4.2   Beobachtung als objektive Datenerhebungsmethode 80
     4.2.1   Eye-Tracking als Beobachtungsmethode mit apparativer
             Unterstützung 80
     4.2.2   Bedeutung der visuellen Wahrnehmung zur
             Informationsaufnahme 83

               4.2.2.1   Neurophysiologische Grundlagen der visuellen
                            Wahrnehmung 83
               4.2.2.2   Fixationen als Indikatoren für Wahrnehmungsprozesse 84

     4.2.3   Verfahren des Eye-Tracking 87
     4.2.4   Ausgewählte Messgrößen und Kennzahlen des Eye-Tracking 89

4.3   Diskussion der betrachteten Datenerhebungsmethoden 93
4.4   Methodische Annäherung der Messung 96
     4.4.1   Messung und Gütebeurteilung von Konstrukten 96

               4.4.1.1   Messung von Konstrukten 96
               4.4.1.2   Beurteilung der Güte von Konstrukten 98

     4.4.2   PLS als Methode der Strukturgleichungsmodellierung 104

	4.4.2.1	Allgemeine Aspekte der Strukturgleichungsmodellierung	104
	4.4.2.2	Vorteilhaftigkeit von PLS für den vorliegenden Kontext	107
	4.4.2.3	Darstellung der Vorgehensweise sowie der Gütekriterien des PLS-Ansatzes	110
	4.4.2.4	Kritische Diskussion des PLS-Ansatzes	117

5 Erweiterter Untersuchungsansatz zur Akzeptanz von Kaufempfehlungen ... 121

5.1 Bisheriger Erkenntnisstand 121
    5.1.1 Erkenntnisse bisheriger Untersuchungen 121
    5.1.2 Defizite bisheriger Untersuchungen 127

5.2 Erweiterung des TAM zur Messung der Akzeptanz von Kaufempfehlungen 129
    5.2.1 Ausgangsbasis TAM und die verwendeten Erweiterungen 129
    5.2.2 Erweiterung des Modells durch die objektive Erfassung des Konsumentenverhaltens 130
    5.2.3 Erweiterungen des Modells durch zusätzliche Konstrukte 132
        5.2.3.1 Überblick 132
        5.2.3.2 Einbeziehung von sozialen und kognitiven Kriterien 135
        5.2.3.3 Einbeziehung von Merkmalen in Bezug auf die technologische Innovation 137
        5.2.3.4 Einbeziehung von Persönlichkeitsdeterminanten 139
    5.2.4 Zusammenfassende Darstellung der Hypothesen sowie der Modellkomponenten 147

6 Empirische Untersuchungen zur Akzeptanz von Kaufempfehlungen 151

6.1 Design der Untersuchungen 151
    6.1.1 Auswahl und Darstellung der zu untersuchenden Branche 151
    6.1.2 Untersuchungsgegenstand und Festlegung der Stichprobe 152
    6.1.3 Ablauf der Untersuchungen 154
    6.1.4 Vorgehensweise bei der Datenanalyse 160

6.2 Untersuchung der Akzeptanz mit rein subjektiver Messung (Studie 1) 161
    6.2.1 Operationalisierung der Konstrukte 161

| | | 6.2.2 | Ergebnisse der ersten Studie | 166 |

6.3 Untersuchung der Akzeptanz mit subjektiver und objektiver Messung 169
(Studie 2) 169
    6.3.1 Operationalisierungen 169
        6.3.1.1 Operationalisierung der Konstrukte 169
        6.3.1.2 Operationalisierung der objektiven Verhaltensvariablen .. 179
    6.3.2 Ergebnisse der zweiten Studie 182
        6.3.2.1 Ergebnisse der subjektiven Messung 182
        6.3.2.2 Ergebnisse der objektiven Messung 188

6.4 Vergleich der Messansätze und Studien 196
    6.4.1 Vergleich des subjektiven und objektiven Messansatzes 196
    6.4.2 Vergleich der ersten und zweiten Studie 201

7 Zusammenfassung und Implikationen für Wissenschaft und Praxis 205
7.1 Zusammenfassung 205
7.2 Implikationen für Wissenschaft und Praxis 209

Literaturverzeichnis 213

Anhang 265

Abbildungsverzeichnis

Abbildung 1:	Online-Umsätze in Mrd. Euro, 2000-2010	1
Abbildung 2:	Aufbau der Arbeit	9
Abbildung 3:	Überblick über den Personalisierungsprozess	14
Abbildung 4:	Benutzertypen nach Akzeptanzkomponenten „Einstellung (E)" und „Nutzung (N)"	46
Abbildung 5:	Adoptionsakzeptanz versus Adaptionsakzeptanz	47
Abbildung 6:	Fünf-Phasen-Modell des Entscheidungsprozesses bei Innovationen	49
Abbildung 7:	Darstellung der „Theory of Reasoned Action"	51
Abbildung 8:	Darstellung der „Theory of Planned Behavior"	53
Abbildung 9:	Grundlegendes Akzeptanzverständnis und Akzeptanzmodelle	58
Abbildung 10:	Grundmodell des TAM 1 und 2	64
Abbildung 11:	Grundmodell der UTAUT	65
Abbildung 12:	Grundmodell des TAM	67
Abbildung 13:	Anwendung des TAM im Zeitverlauf in verschiedenen Untersuchungskontexten	69
Abbildung 14:	Darstellung des menschlichen Auges	84
Abbildung 15:	Vollständiges Strukturgleichungsmodell	105
Abbildung 16:	Darstellung des PLS-Schätzalgorithmus	112
Abbildung 17:	Verfahren zur Schätzung von moderierenden Effekten	113
Abbildung 18:	Darstellung des erweiterten Basis-TAM	130
Abbildung 19:	Darstellung des Akzeptanzmodells für Kaufempfehlungen im Internethandel mit den vermuteten Zusammenhängen	150
Abbildung 20:	Online-Umsätze nach Produktgruppen in Mio. Euro, 2007-2009	151
Abbildung 21:	Produktseite mit Kaufempfehlungen für Alternativ- und Zusatzprodukte im genutzten Internetshop	153
Abbildung 22:	Proband während der Kalibrierung und der Eye-Tracking-Untersuchung	155

Abbildung 23:	Ablauf der empirischen Erhebungen in der ersten und zweiten Studie	156
Abbildung 24:	Darstellung des Eye-Tracking-System sowie der Eye-Tracking-Kameras	158
Abbildung 25:	Heatmap und Blickverlauf als grafische Ausgabemöglichkeiten der Eye-Tracking-Auswertung	159
Abbildung 26:	Darstellung des Strukturmodells (Studie 1)	168
Abbildung 27:	Aufteilung der Produktseite in AOIs	180
Abbildung 28:	Darstellung des Strukturmodells (Studie 2)	187
Abbildung 29:	Darstellung des Strukturmodells mit Berücksichtigung der objektiven Verhaltensvariable (Studie 2)	201
Abbildung 30:	Darstellung des geprüften Akzeptanzmodells für Kaufempfehlungen im Internethandel mit subjektiv gemessenen Bestandteilen und objektiver Verhaltensvariable	208

Tabellenverzeichnis

Tabelle 1:	Betrachtung der Personalisierung in unterschiedlichen Disziplinen	4
Tabelle 2:	Abgrenzung der Personalisierung	11
Tabelle 3:	Definitionsansätze für Personalisierung	13
Tabelle 4:	Studienübersicht zur Personalisierung in verschiedenen Bereichen	19
Tabelle 5:	Relevante Vorteile der Personalisierung im Internethandel aus Konsumentensicht	20
Tabelle 6:	Einflussfaktoren auf die Wirkung von Personalisierung	21
Tabelle 7:	Entwicklung der Personalisierungsschwerpunkte im Zeitverlauf	22
Tabelle 8:	Zusammenhang zwischen Bestandteilen der Personalisierung und deren Dimensionen	25
Tabelle 9:	Übersicht empirischer Studien zu Personalisierungsansätzen	26
Tabelle 10:	Arten von Recommender-Techniken	31
Tabelle 11:	Relevante Vorteile von Kaufempfehlungen im Internethandel	38
Tabelle 12:	Überblick der Determinanten des Einflusses von Kaufempfehlungen	42
Tabelle 13:	Begriffsverständnis und Konzeptualisierung der Akzeptanz im Kontext organisationaler und konsumentengerichteter Innovationen	44
Tabelle 14:	Vorteile und Kritik an der TRA	52
Tabelle 15:	Konsumentenbezogene Einflussgrößen im Akzeptanzprozess	57
Tabelle 16:	Akzeptanzmodelle zur Erklärung von Nutzungsentscheidungen von technologischen Innovationen unterteilt nach Forschungsrichtungen	61
Tabelle 17:	Vergleich der betrachteten Modelle mit Bewertung für den vorliegenden Untersuchungskontext	66
Tabelle 18:	Studienübersicht zur Anwendung des TAM im Internethandel	70

Tabelle 19:	Erweiterungen des TAM im Kontext des Internethandels	74
Tabelle 20:	Bedingungen für Fixationen als Indikatoren von Wahrnehmungsprozessen	86
Tabelle 21:	Parameter von Eye-Tracking-Untersuchungen	90
Tabelle 22:	Zusammenfassende Bewertung der betrachteten Datenerhebungsmethoden	94
Tabelle 23:	Entscheidungskriterien zur Bestimmung des Zusammenhangs zwischen einem Konstrukt und seinen Indikatoren	97
Tabelle 24:	Übersicht der Gütekriterien im Rahmen der Konstruktprüfung	103
Tabelle 25:	Notation in einem Strukturgleichungsmodell	105
Tabelle 26:	Methodenvergleich zwischen varianz- und kovarianzanalytischer Strukturgleichungsmodellierung	107
Tabelle 27:	Übersicht der Gütekriterien eines Messmodells in einem varianzbasierten Ansatz	115
Tabelle 28:	Übersicht der Gütekriterien eines Strukturmodells in einem varianzbasierten Ansatz	117
Tabelle 29:	Zusammenfassende Übersicht der bisherigen Erkenntnisse	126
Tabelle 30:	Bekannte Erweiterungen mit Eignung für den vorliegenden Kontext	134
Tabelle 31:	Klassifikationsansätze der Einkaufsmotive	143
Tabelle 32:	Übersicht der Hypothesen	148
Tabelle 33:	Erweiterung des TAM zur Messung der Akzeptanz von Kaufempfehlungen	149
Tabelle 34:	Überblick zu den Informationen der verwendeten Faktoren (Studie 1)	164
Tabelle 35:	Überblick zur Gütebeurteilung der Messmodelle (Studie 1)	166
Tabelle 36:	Ergebnisse des Strukturmodells (Studie 1)	167
Tabelle 37:	Informationen zum Faktor wahrgenommene einfache Benutzbarkeit (Studie 2)	170
Tabelle 38:	Informationen zum Faktor wahrgenommene Nützlichkeit (Studie 2)	171

Tabellenverzeichnis

Tabelle 39:	Informationen zum Faktor Nutzungsabsicht (Studie 2)	172
Tabelle 40:	Informationen zum Faktor Nutzungsverhalten (Studie 2)	172
Tabelle 41:	Informationen zum Faktor Involvement (Studie 2)	173
Tabelle 42:	Informationen zum Faktor Erlebnis-Orientierung (Studie 2)	174
Tabelle 43:	Informationen zum Faktor Convenience-Orientierung (Studie 2)	174
Tabelle 44:	Informationen zum Faktor Beratungs-Orientierung (Studie 2)	175
Tabelle 45:	Informationen zum Faktor Einstellung zu Verkaufspersonal (Studie 2)	176
Tabelle 46:	Informationen zum Faktor Einstellung zu Kaufempfehlungen (Studie 2)	177
Tabelle 47:	Informationen zum Faktor Technologieaffinität (Studie 2)	177
Tabelle 48:	Informationen zum Faktor subjektive Norm (Studie 2)	178
Tabelle 49:	Informationen zum Faktor Einkaufsrelevanz (Studie 2)	179
Tabelle 50:	Informationen zum Faktor Outputqualität (Studie 2)	179
Tabelle 51:	Übersicht der verwendeten AOIs	181
Tabelle 52:	Gütebeurteilung der Messmodelle der „latenten" Variablen (Studie 2)	183
Tabelle 53:	Gütebeurteilung der Messmodelle der Interaktionsvariablen (Studie 2)	184
Tabelle 54:	Ergebnisse des Strukturmodells (Studie 2)	185
Tabelle 55:	Übersicht der betrachteten sowie gekauften Produkte (alle Probanden)	189
Tabelle 56:	Übersicht der Probandenanzahl und -anteile je nach Nutzung	190
Tabelle 57:	Übersicht der betrachteten sowie gekauften Produkte (unterteilt nach Nutzergruppen)	192
Tabelle 58:	Benötigte Einkaufszeit je Nutzergruppe	193
Tabelle 59:	Übersicht der Eye-Tracking-Ergebnisse als Mittelwerte	194
Tabelle 60:	Verhältnis der Kaufempfehlungen zum Produkt bezüglich der Fixationshäufigkeit (FH) sowie der Fixationsdauer (FD)	196

Tabelle 61:	Durchschnittliche Fixationsdauer (Durchschnittliche FD), Fixationsdauer (FD) und Fixationshäufigkeit (FH) in Abhängigkeit der subjektiven Wahrnehmung	198
Tabelle 62:	Gütebeurteilung des Messmodells der objektiven Verhaltensvariablen (Studie 2)	199
Tabelle 63:	Ergebnisse des Strukturmodells mit objektiver Verhaltensvariable (Studie 2)	200
Tabelle 64:	Übersicht der Hypothesenprüfung (Studie 1 und Studie 2)	203

Abkürzungsverzeichnis

AGFI	Adjusted Goodness of Fit Index
AMOS	Analysis of Moment Structure
Anm. d. Verf.	Anmerkung des Verfassers
AOI	Area of Interest
BO	Beratungs-Orientierung
BTU	Brandenburgische Technische Universität
CAT	Consumer Acceptance Technology Model
CO	Convenience-Orientierung
COMPASS	Cooperation Model for Personalized and Situation dependent Services
DEF	Dauer bis zur ersten Fixation
DEV	Durchschnittlich erfasste Varianz
df	Anzahl der Freiheitsgrade („Degrees of Freedom")
DVD	Digital Versatile Disc
eCRM	electronic Customer Relationship Management
EKE	Einstellung zu Kaufempfehlungen
EO	Erlebnis-Orientierung
EOG	Elektrookulogramm
EQS	Equations based Language
ER	Einkaufsrelevanz
E-V	Einstellung-Verhalten
EVP	Einstellung zu Verkaufspersonal
expl.	exploratorisch

FD	Fixationsdauer
FH	Fixationshäufigkeit
FL	Faktorladung
FR	Faktorreliabilität
GFI	Goodness of Fit Index
GmbH	Gesellschaft mit beschränkter Haftung
Hz	Hertz
IDM	Informations-Display-Matrix
IDT	Innovation Diffusion Theory
INV	Involvement
IS	Informationssystem
IT	Informationstechnik
ITK	Item to Total-Korrelation
ITSUM	Interactive Technology-Mediated Service Usage Model
IR	Indikatorreliabilität
konf.	konfirmatorisch
LCD	Liquid Crystal Display
LED	Light Emitting Diode
LISREL	Linear Structural Relation System
LVPLS	Latent Variables Path Analysis with Partial Least Squares
Max.	Maximum
min	Minute
Min.	Minimum
ML	Maximum Likelihood
MW	Mittelwert

NA	Nutzungsabsicht
NG	Nutzergruppe
NV	Nutzungsverhalten
OQ	Outputqualität
PEOU	wahrgenommene einfache Benutzbarkeit („Perceived Ease of Use")
PDA	Personal Digital Assistant
PLS	Partial Least Squares
PU	wahrgenommene Nützlichkeit („Perceived Usefulness")
px	Pixel
s	Sekunde
SD	Standardabweichung („Standard Deviation")
SEM	Structural Equation Model
SGM	Strukturgleichungsmodell
SN	Subjektive Norm
TA	Technologieaffinität
TAM	Technology Acceptance Model
TMP	Technology-Mediated Personalization
TPB	Theory of Planned Behavior
TRA	Theory of Reasoned Action
TV	Tatsächliches Verhalten
ULS	Unweighted Least Squares
UTAUT	Unified Theory of Acceptance and Use of Technology

1 Einleitung

1.1 Ausgangssituation

Die Bedeutung des Internet als Einkaufskanal steigt zunehmend und wird laut Prognosen im Vergleich zu anderen Betriebs- und Vertriebstypen des Einzelhandels (z.b. Warenhaus) in den kommenden Jahren noch erheblich zunehmen. So konnte der Internethandel im Bereich des Distanzhandels 2009 erstmals die Vormachtstellung einnehmen und die klassischen Bestellwege (z.B. Katalog) mit 53 % Bestellanteil und einem Umsatzanteil von 15,4 Milliarden Euro überflügeln. Diese angegebenen Umsätze wurden nur durch den Verkauf von physischen Waren erzielt, weitere 6,4 Milliarden Euro wurden mit dem Verkauf von digitalen Dienstleistungen erwirtschaftet, womit der Internethandel 2009 ein Gesamtumsatzvolumen von 21,7 Milliarden Euro besitzt (vgl. Abbildung 1). Im Jahr 2008 überschritt die Zahl der Online-Käufer auch erstmals die 30 Millionen-Marke, wobei der Anteil der männlichen Käufer mit 17,01 Millionen (54,1 %) höher als der Anteil der weiblichen Käufer (14,43 Millionen) ist.

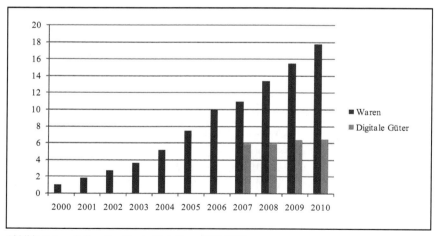

Abbildung 1: Online-Umsätze in Mrd. Euro, 2000-2010
(Quelle: eigene Darstellung in Anlehnung an BVH 2010)

Eine Voraussetzung für diesen Erfolg sind die technologischen und infrastrukturellen Rahmenbedingungen. Während in den Anfangszeiten des Internethandels bedingt durch die geringe Ausstattung der Nutzer, die mangelnden Kenntnisse in der Bedienung des Internet sowie die geringen Bandbreiten noch viele technische Barrieren bestanden (Diehl 2002, S. 45 ff.), kann die Informationsübertragung nun ohne zeitliche und räumliche Beschränkung vollzogen werden.

Hieraus ergeben sich sowohl Vor- als auch Nachteile für den Internethandel. Die Vorteile werden vor allem in der zeitlichen Dimension gesehen (z.B. Keeney 1999; Hung 2005), was einerseits eine Vereinfachung des Einkaufsprozesses mit sich bringt und andererseits mit einer erhöhten Bequemlichkeit einhergeht. Gleichzeitig bietet eine informationell-quantitative Dimension hinsichtlich der Produkt- und Informationsvielfalt sowie -verfügbarkeit erhebliche Vorteile gegenüber den klassischen Einkaufskanälen (z.B. Fiore et al. 2005a; b). Jedoch bedingt dieses überwältigende Warenangebot mit seinen zahlreichen Produktinformationen bei reduzierten Suchkosten (Huang 2000; Ariely et al. 2004) auch eine Informationsüberlastung beim Konsumenten.

Menschen verfügen nur über eine begrenzte Informationsverarbeitungskapazität (Bettman 1979; Kahneman/Lovallo 1993; Häubl/Murray 2003), welche bei Überschreitung durch zu viele Informationen in einem bestimmten Zeitraum zu einer Informationsüberlastung führen, deren Auswirkungen schon in den 1970er Jahren untersucht worden sind (Jacoby et al. 1974a; b).[1] Zahlreiche Studien (sowohl im stationären als auch im Internethandel) haben die Folgen zu vieler Wahlmöglichkeiten dokumentiert und sowohl einen Einfluss auf die Kaufentscheidung als auch auf die psychologischen Befindlichkeiten der Konsumenten festgestellt (Lee/Lee 2004). Insbesondere können Aufschübe der Kaufentscheidung, das Treffen von suboptimalen Entscheidungen (Häubl/Trifts 2000; Iyengar/Lepper 2000), der Abbruch der Suche bevor ein relevantes Produkt gefunden wurde (Diehl et al. 2003) und somit die Verschlechterung der Entscheidungsqualität (z.B. West 1996) nachgewiesen werden bzw. sogar Unzufriedenheit (Scammon 1977; Bechwati/Xia 2003; Lee/Lee 2004) und eine Abnahme der

---

[1] Zahlreiche Studien stellen diese Ergebnisse im späteren Verlauf jedoch in Frage, da die Anzahl an Informationen lediglich durch Multiplikation der Alternativen und deren Eigenschaften bestimmt worden ist (Malhotra 1982; Russo 1974; Summers 1974; Wilkie 1974). Weitere Diskussionspunkte sind bei Lee/Lee (2004) aufgeführt.

Zuversichtlichkeit einhergehend mit zunehmender Verwirrung festgestellt werden (Scammon 1977; Lee/Lee 2004).

In experimentellen Studien zeigen Iyengar und Lepper (2000), dass Konsumenten eher Kaufbereitschaft zeigen und zufrieden sind, wenn sie eine begrenzte Auswahl präsentiert bekommen. Jedoch bringt ein von Beginn an schmales Sortiment durch die Nicht-Befriedigung der Bedürfnisse vieler Konsumenten durchaus Nachteile mit sich (vgl. Restaurant mit kleiner Karte). Daher sollte nach Möglichkeiten gesucht werden, Konsumenten in Umgebungen mit vielen Wahlmöglichkeiten Entscheidungs- und Vergleichshilfen zu bieten (Alba et al. 1997; Swaminathan 2003), welche sie zum Schutz ihrer kognitiven Ressourcen einsetzen können (Todd/Benbasat 1992; 1999).

In genau dieser Situation befindet sich der Internethandel: Bei der immensen Anzahl an Internetshops mit ihrem überwältigenden Angebot muss Konsumenten die Suche und das Auffinden von relevanten Produkten erleichtert werden und entsprechende Hilfen zur Entscheidungsunterstützung angeboten werden.

1.2 Personalisierung als Reaktion auf vorherrschende Rahmenbedingungen

Der Internethandel kann von der „Fähigkeit der individuellen interaktiven Ansprache von Kunden", welche als „Motor für die Ausgestaltung effizienter Kundenbeziehungen" (Bauer et al. 2000, S. 1) und Erfolgsfaktor im Internethandel gilt, profitieren (Kim et al. 2001; Rust/Lemon 2001; Ansari/Mela 2003).

Personalisiertes Marketing fand bereits im 19. Jahrhundert Anwendung (Vesanen/Raulas 2006) und hat mit Zunahme an verfügbaren Kundendaten im Einzelhandel sowie den daraus resultierenden Analysemöglichkeiten eine erhebliche Bedeutungszunahme erfahren (z.B. Mild/Reutterer 2003). Diese individualisierte Kommunikation und Aufmerksamkeit mit ihren personalisierten Angeboten wird von vielen Konsumenten immer häufiger gefordert. Hieraus ergibt sich ein Wandel von reiner Marktsegmentierung zur Berücksichtigung der Interessen eines jeden Konsumenten (Simonson 2005). Allgemein gelten diese Möglichkeiten zur Individualisierung von Beziehungen sowie die interaktiven Kommunikationsformen als bedeutendste Anwendungen im Marketing und speziell im Internethandel stellt die Anpassung an die individuellen Vorlieben der Konsumenten einen entscheidenden Vorteil für die Entwicklung dar (Ying et al. 2006).

Personalisierung hat sich aus mehreren Gründen zur bedeutendsten Anwendung im Internet entwickelt: Einerseits stellt die Unterstützungsfunktion eine Möglichkeit der Komplexitätsreduktion im Kaufentscheidungsprozess der Konsumenten dar, andererseits entsteht durch die Differenzierungsmöglichkeiten ein Wettbewerbsvorteil für Unternehmen (Murthi/Sakar 2003). Hierbei ist eine Betrachtung und Analyse der Personalisierung in unterschiedlichen Disziplinen und somit aus verschiedenen Blickwinkeln erforderlich (vgl. Tabelle 1). Während Personalisierung im stationären Bereich eine „natürliche Sache" ist, sind im Online-Bereich entsprechend aufgearbeitete Daten für die Umsetzung notwendig (Lee/Park 2009). Aus diesem Grund erfolgt eine Diskussion der Personalisierung im Internethandel häufig aus der technischen Perspektive, während Verhaltensformen und Wirkungen aus sozialpsychologischer bzw. Marketingsicht diskutiert werden (Murthi/Sarkar 2003; Xiao/Benbasat 2007).

Tabelle 1: Betrachtung der Personalisierung in unterschiedlichen Disziplinen

Disziplin	Forschungsfragen (z.B.)	Quelle
Marketing	- Stellt Personalisierung eine Determinante der Servicequalität und Kundenbindung dar? (stationär)	- Mittal/Lassar (1996)
	- Welche Service-Funktionen und Wirkungsweisen von Personalisierung sind für die Konsumenten relevant? (Internet)	- Lee/Park (2009)
Sozialpsychologie	- Welche Bedeutung besitzt der Kontakt mit dem Verkaufspersonal für das Kaufverhalten der Konsumenten? (stationär)	- Solomon et al. (1985)
	- Welche Wirkung besitzt die unterschiedliche Gestaltung von Nachrichten auf die Konsumenten? (Internet)	- Moon (2002)
Informatik	- Welche Algorithmen in Recommendersystemen sind zur Modellierung des Konsumentenverhaltens geeignet?	- Kramer (2007); Bodapati (2008)
Informationswissenschaft	- Wird durch Recommendersysteme der Suchaufwand nach Produktinformationen verringert und dadurch die Kaufentscheidung erleichtert?	- Häubl/Trifts (2000)

(Quelle: eigene Darstellung)

Diese Personalisierungsmöglichkeiten bedingen das Potenzial des Internethandels und können sowohl die Kundenpräferenzen als auch die Entscheidungsprozesse signifikant beeinflussen (Häubl/Murray 2003). In den Augen einiger Forscher stellen diese Anpassungs- und Unterstützungsmöglichkeiten den eigentlichen Mehrwert des Internethandels dar und nicht die größere Auswahl oder die günstigeren Preise (Alba et al. 1997; West et al. 1999). Speziell die Aussprache von personalisierten Produktempfehlungen hat sich aus verschiedenen Gründen zu einem entscheidenden Vorteil im Internethandel entwickelt (Xiao/Benbasat 2007): Erstens wird die Bedienung individueller Präferenzen trotz Konsumentenheterogenität erreicht, zweitens wird dadurch ermöglicht Produkte zielgerichtet zu empfehlen und drittens sparen die Konsumenten Suchkosten im Entscheidungsprozess, woraus ein entscheidender Vorteil bei den vorhandenen vielfältigen Wahlmöglichkeiten entsteht.

1.3 Begriffliche Grundlagen

Zunächst werden die zentralen Begriffe dieser Arbeit

- Internethandel,
- Personalisierung,
- Recommendersystem,
- Kaufempfehlung sowie
- Akzeptanz

kurz definiert.

Internethandel (Electronic Shopping i.e.S.), auch als Onlineshopping, Online-Retailing oder Onlinehandel bezeichnet, stellt den virtuellen und interaktiven Vertriebskanal des Distanzhandels dar, bei welchem das Sortiment an Waren und/oder Dienstleistungen im Internet elektronisch abgebildet, beschrieben und den Konsumenten zur elektronischen Bestellung angeboten wird (Adolphs 2004). Hierbei wird die elektronische Einkaufsstätte, bei der alle Funktionen eines Bestellvorgangs unterstützt werden als Internetshop (auch Online-Shop, Electronic-Shop, eShop oder Webshop) bezeichnet. Waren aus dem präsentierten Angebot können analog zum Einkauf bei einem stationären Handelsbetrieb ausgewählt und in einen so genannten Warenkorb aufgenommen werden. Der Bestellvorgang wird schließlich abgeschlossen, indem die Bestellung online übermittelt wird. Jedoch differiert der Funktionsumfang der unterschiedlichen Internetshops erheblich (z.B. im Angebot von Zahlungsverfahren, One-to-One-Marketing oder der Umsetzung von Sicherheitsaspekten; Ausschuss für Definitionen zu Handel und Distribution 2006, S. 37).

Personalisierung bedarf einer ausführlicheren Betrachtung, da noch kein einheitliches Begriffsverständnis existiert. Eine umfassende Diskussion mit einer Abgrenzung zu ähnlichen Begriffen und einer Betrachtung der Begriffsentwicklung folgt an späterer Stelle (vgl. Kapitel 2.1.1).

Unter Recommendersystemen wurden ursprünglich Systeme verstanden, in welchen von Konsumenten gelieferter Input vom System aggregiert und entsprechend aufbereitet, anderen Konsumenten präsentiert wird (Resnick/Varian 1997). Da diese Definition sehr knapp greift, wird in dieser Arbeit eine breitere Definition angelegt, welche die Bestandteile späterer Definitionen berücksichtigt (vgl. Burke 2002a; Ansari et al. 2000; Li et al. 2005a; Xiao/Benbasat 2007) und eine Fokussierung auf das Produktangebot vornimmt. So wird unter einem Recommendersystem ein internetbasiertes System verstanden, welches Konsumenten individualisierte Empfehlungen auf Basis von explizit oder implizit erhobenen Daten liefert und durch das Aufführen relevanter Alternativen in einer personalisierten Art und Weise eine Entscheidungsunterstützungsfunktion einnimmt.

Kaufempfehlungen stellen einen essenziellen Teil der Interaktivität im Internethandel dar. Tam und Ho (2005) definieren Kaufempfehlungen als Ergebnis der Präferenzabgleichung, welches dem Konsumenten präsentiert wird, während Xiao und Benbasat (2007) Kaufempfehlungen für Produkte als Vorhersagen des letztendlichen Kaufverhaltens ansehen, welche zugeschnitten auf den jeweiligen Konsumenten den größten Nutzen bringen. Hierbei kann speziell in den Internetshops eine Unterscheidung vorgenommen werden, ob eine Empfehlung für Alternativ- oder Zusatzprodukte ausgesprochen wird (Baier/Stüber 2010). In der vorliegenden Arbeit wird unter Kaufempfehlungen die Aussprache bzw. Darbietung von Empfehlungen für Alternativ- oder Zusatzprodukte in einem Internetshop verstanden, welche auf der Produktseite unterhalb oder neben dem eigentlichen Produkt bzw. nach der Auswahl eines Produkts für den Warenkorb dargestellt werden.

Vom englischen Begriff „Acceptance" abgeleitet kann unter Akzeptanz das zustimmende Hinnehmen oder Bejahen des Annehmens einer Situation, eines Objektes oder einer Person verstanden werden (Pressmar 1982, S. 324). Dem heutigen marketingwissenschaftlichen Verständnis folgend, stellt Akzeptanz die allgemeine Bereitschaft eines Käufers zur tatsächlichen Nutzung einer Innovation in einer konkreten Anwendungssituation dar (Weiber 2001a, S. 39). Da diese Definition sehr knapp gehalten ist und die Mehrdimensionalität des Konstrukts nicht berücksichtigt, wird in dieser Arbeit unter Akzeptanz die „Verknüpfung einer inneren rationalen Begutachtung und Erwartungsbildung (Einstellungsebene), einer Übernahme der Nutzungsinnovation (Handlungsebene) und einer freiwilligen problemorientierten Nutzung (Nutzungsebene) bis zum Ende des gesamten Nutzungsprozesses" verstanden (Kollmann 1998, S. 69).

1.4 Zielsetzung und Aufbau der Arbeit

Studien haben sich bisher eher konzeptionell mit dem Thema Personalisierung beschäftigt (Tam/Ho 2005; Lee/Park 2009; Shen/Ball 2009) und so steckt die Forschung noch in den Kinderschuhen (Vesanen 2007). Dagegen liegen bereits detaillierte Forschungserkenntnisse für die hinter der Personalisierung stehende Technik, den sogenannten Recommendersystemen, vor. In diesem Gebiet setzte neben konzeptionellen Überlegungen schon früh eine Fokussierung auf die Entwicklung und Evaluierung von Algorithmen ein (Herlocker et al. 2004). Jedoch sind empirische Untersuchungen der Konsumentenakzeptanz von solchen Recommendersystemen eher auf allgemeinem Niveau bzw. aus technischer Sicht durchgeführt worden (z.B. Gershoff et al. 2003; Herlocker et al. 2004; Senecal/Nantel 2004). Dadurch sind detaillierte Konsumentenpräferenzen bezüglich verschiedener Ausgestaltungsformen von Recommendersystemen weitgehend unbekannt bzw. nur teilweise erforscht (Hansen et al. 2007), obwohl sowohl aus wissenschaftlicher als auch aus praxisorientierter Sicht solche Erkenntnisse wesentlich sind. Vor diesem Hintergrund verfolgt die vorliegende Arbeit folgende Zielsetzungen, um detaillierte Erkenntnisse zur Akzeptanz von Kaufempfehlungen zu erhalten:

- Welche Akzeptanz finden Kaufempfehlungen im Internethandel?
- Welche Methoden eignen sich zur Messung dieser Akzeptanz?
- Welche Determinanten beeinflussen die Akzeptanz von Kaufempfehlungen im Internethandel?

Ausgehend von diesen Zielsetzungen ergibt sich folgender Aufbau für die Arbeit: Zunächst wird im zweiten Kapitel näher auf den Untersuchungsgegenstand eingegangen. So werden theoretische Erklärungsansätze zur Wirkung von Personalisierung sowie deren Einfluss auf den Konsumenten betrachtet. Aus einer Diskussion verschiedener Personalisierungsansätze wird schließlich die Bedeutung der Kaufempfehlungen deutlich, auf welche im folgenden Teil auf Basis ihrer technischen Umsetzung näher eingegangen wird. Zum Abschluss des Kapitels werden die Erkenntnisse zum Einfluss sowie dessen Determinanten erörtert.

Im dritten Kapitel wird die Technologieakzeptanz behandelt. Nach einer Diskussion theoretischer Bezugspunkte für die Entstehung von Akzeptanz und Determinanten der Entstehung wird ein Überblick über bestehende Modelle zur Akzeptanzmessung gegeben. Als besonders vorteilhaft erweist sich hierbei das „Technology Acceptance Model" (TAM) von Davis (1989) und Davis et al. (1989). Nach Betrachtung der Anwendung und einer kritischen Diskussion soll dieses die Grundlage für die empirische Untersuchung bilden.

Die methodische Annäherung zur Messung von Technologieakzeptanz folgt schließlich im vierten Kapitel. Um die Untersuchungsmethodik abzuleiten, werden die Vor- und Nachteile von Befragung und Beobachtung diskutiert. Aus dieser Betrachtung zeigt sich die Vorteilhaftigkeit eines experimentellen Designs, welches beide Formen kombiniert. Neben einer standardisierten Befragung soll Eye-Tracking als apparative Beobachtungsmethode eingesetzt werden. Die Analyse der Daten erfolgt schließlich mit Hilfe der Strukturgleichungsmodellierung auf Basis des „Partial Least Squares"-(PLS)-Ansatzes.

Der erweiterte Untersuchungsansatz wird schließlich auf Basis der bisherigen Erkenntnisse und Defizite bisheriger Untersuchungen im fünften Kapitel abgeleitet. Unter Einbeziehung von Determinanten, welche insbesondere das Konsumentenverhalten betreffen, wird das zugrundegelegte TAM erweitert.

Im sechsten Kapitel erfolgt schließlich die empirische Überprüfung des entwickelten Modells anhand zweier Laboruntersuchungen. Die Ausgangsbasis beider Untersuchungen stellt ein Internetshop für Bekleidung dar. In der ersten Studie wird jedoch auf die Einbeziehung objektiv erfasstem Konsumentenverhaltens durch Eye-Tracking

1.4 Zielsetzung und Aufbau der Arbeit

verzichtet und in der zweiten Studie das Gesamtmodell angewendet, falls sich bestätigt, dass Unterschiede zwischen objektiven und subjektiven Messungen bestehen.

Im letzten Kapitel werden die gewonnenen Erkenntnisse noch einmal systematisch zusammengefasst und ein Ausblick auf weiteren Forschungsbedarf in diesem Bereich gegeben. Gleichzeitig werden Implikationen sowohl für die Forschung als auch für die Praxis ausgesprochen. Der beschriebene Ablauf ist in Abbildung 2 bildlich verdeutlicht.

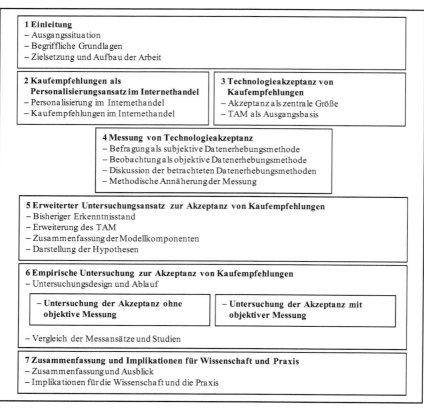

Abbildung 2: Aufbau der Arbeit
(Quelle: eigene Darstellung)

2 Kaufempfehlungen als Personalisierungsansatz im Internethandel

2.1 Personalisierung im Internethandel

2.1.1 Grundlegende Begriffe

Im Zusammenhang mit bzw. zur Abgrenzung von Personalisierung werden in der Literatur unterschiedliche Begriffe, wie z.b. Segmentierung, One-to-One-Marketing, (Mass) Customization, synonym bzw. für ähnliche (Teil-)Gebiete verwendet. Für die vorliegende Arbeit werden im Folgenden diese Begriffe vom Personalisierungsbegriff abgegrenzt (vgl. Tabelle 2).

Tabelle 2: Abgrenzung der Personalisierung

Begriff	Erläuterung
Segmentierung	- Aufteilung heterogener Gruppen hinsichtlich bestimmter Kriterien zur Bildung homogener Teilgruppen (Freter 2001, S. 1069) - Kompromiss zwischen kostenintensiver „individueller" und kostengünstigerer „undifferenzierter" Marktbearbeitung (Baier/Brusch 2008, S. 771)
Individualisierung	- Personalisierung i.w.S.: auf Zielperson ausgerichtete Anpassung von Werbemitteln und Angeboten (Strauß/Gerth 2001, S. 1260) - Direkter Kundenkontakt (z.B. im Direktmarketing) wird vorausgesetzt (Weiber 2001b, S. 634)
One-to-One-Marketing	- Extremform der Segmentierung, bei welcher die Zielgröße eine Person ist und der Fokus auf der Erfüllung der Kundenbedürfnisse liegt, durch Empfehlung von angepassten Produkten oder Dienstleistungen (Weng/Liu 2004) - Unterscheidung von zwei Arten: Personalisierung und Customization (Arora et al. 2008)
Customization	- Konsument legt Form und Grad der Anpassung fest (Kalyanam/McIntyre 2002) - Mass Customization: speziell auf Produkt- bzw. Sortimentspolitik bezogen (i.S.v. kundenindividuellen Produkten; Piller 2006, S. 159; Arora et al. 2008)
Personalisierung	- Kundenindividuelles Marketing, welches von Unternehmensseite gesteuert wird (Arora et al 2008) - Arten: Personalisierung von Informationen, Produkten, Service und Beziehung (Miceli et al. 2007)

(Quelle: eigene Darstellung)

Insbesondere die beiden Formen Personalisierung und Customization, welche eng miteinander verbunden sind, werden in der Literatur intensiv diskutiert (z.B. Arora et al.

2008). Neben der in Tabelle 2 vorgestellten Abgrenzungssystematik über den Auslöser (Konsument bzw. Unternehmen) wird häufig auch die eigentliche Leistung herangezogen. So bezieht sich Customization auf die kundenindividuelle Produkt- und Leistungserstellung (siehe z.B. Piller 2006), während Personalisierung die kundenindividuelle Kommunikation umfasst, welche im Mittelpunkt dieser Arbeit steht.

Die Betrachtung der Personalisierung erfolgt häufig im „electronic Customer Relationship Management" (eCRM)-Kontext und wird dort der Phase der eServices zugeordnet. Jedoch entstand die Idee der Personalisierung nicht erst mit dem Internet, sondern wurde bereits davor im stationären Bereich angewendet und fand im Service-Kontext erstmalig Erwähnung bei Solomon et al. (1985). Im Internethandel wird Personalisierung auch intensiv als Dimension der Dienstleistungs- (Parasuraman et al. 1985; 1988; Zeithaml et al. 2002; Parasuraman et al. 2005) und der Kaufverhaltensorientierung diskutiert (Ahearne et al. 2007; Plouffe et al. 2009) bzw. als Teil des Online-Services angesehen (Cai/Jun 2003) sowie zur Messung der Wahrnehmung der elektronischen Handelsqualität herangezogen (Wolfinbarger/Gilly 2003).

Obwohl Personalisierung im Internet eine der am häufigsten angewendeten Techniken ist (z.B. Arora et al. 2008), hat sich in der Literatur noch keine einheitliche Definition durchgesetzt, was einerseits der Betrachtung in unterschiedlichen Disziplinen (siehe Kapitel 1.2) und andererseits dem breiten Anwendungsspektrum (z.B. Verkauf, Werbung) geschuldet ist. Jedoch haben sich im Zeitverlauf, auch über die unterschiedlichen Disziplinen hinweg, einige Schwerpunkte gebildet, welche sich in den aufgeführten Definitionen widerspiegeln (vgl. Tabelle 3).

Unter Beachtung der vorliegenden Definitionen und unter Rückgriff auf die Definition von Shen und Ball (2009), die bereits (eingeschränkt) unterschiedliche Sichtweisen berücksichtigt, wird in der vorliegenden Arbeit unter Personalisierung die individuelle Darbietung von angepassten Dienstleistungen an Konsumenten verstanden, welche sich einerseits in einem angepassten zwischenmenschlichen Verhalten (z.B. namentliche Ansprache, Small Talk) und andererseits in einer angepassten Produktdarbietung (z.B. Kaufempfehlungen) äußert. Die Umsetzung erfolgt mit Hilfe von Recommendersystemen, welche basierend auf unterschiedlichen Verfahren z.B. demografische Daten oder Daten vergangener Käufe nutzen, um Konsumenten das anzubieten, was sie sich wünschen, ohne aber explizit danach zu fragen.

2.1 Personalisierung im Internethandel

Tabelle 3: Definitionsansätze für Personalisierung

Quelle	Definition	Weitere Verwendung (z.B.)	Schwerpunkte
Surprenant/ Solomon (1987)	Personalisierter Service kann mit „gutem Service" gleichgesetzt werden und besteht zum einen aus Freundlichkeit, Augenkontakt zwischen Kunde und Verkäufer, sowie Begrüßungsfloskeln, und zum anderen aus der Darbietung von Service, der auf die Kundenwünsche abgestimmt ist.	Bettencourt/Gwinner (1996) Mittal/Lassar (1996) Lee/Park (2009)	- Abgestimmter Inhalt (z.B. auf Kundenwünsche) - Sozialer Inhalt (z.B. Small Talk)
Goodwin/ Smith (1990)	Der Ansatz von Surprenant/Solomon (1987) wird um die namentliche Ansprache der Kunden erweitert.	Kalyanam/McIntyre (2002) Shen/Ball (2009)	- Abgestimmter Inhalt - Sozialer Inhalt - Namentliche Ansprache
Peppers/ Rogers (1997)	Personalisierung bezeichnet einen Prozess, bei welchem Kundeninformationen genutzt werden, um eine zielorientierte Kundenansprache (z.B. Produktempfehlungen) durchzuführen.	Kramer (2007) Vesanen/Raulas (2006)	- Prozessorientierte Sichtweise
Mertens/ Höhl (1999)	Die Personalisierung, die automatische Anpassung eines Informationssystems anhand eines Benutzermodells an den Menschen, stellt ein wichtiges Ziel zur sinnhaften Vollautomation als Langfristziel der Wirtschaftsinformatik dar.	West et al. (1999)	- Elektronische Agenten
Kim et al. (2001)	Personalisierung ist die angepasste Darbietung von Produkten und Dienstleistungen im Internet mit Hilfe von Recommendersystemen, welche basierend auf unterschiedlichen Verfahren z.B. demografische Daten oder zurückliegende Verkaufsdaten der Konsumenten nutzen, um Konsumenten das anzubieten, was sie sich wünschen, ohne explizit zu fragen.	Lawrence et al. (2001) Rust/Verhoef (2005) Ying et al. (2006) White et al. (2008) Shen/Ball (2009)	- Abgestimmter Inhalt - Recommendersysteme
Wind/Rangaswamy (2001)	Personalisierung stellt die Anpassung von Funktionen eines Produkts oder Services dar, so dass mehr Convenience und sonstiger Nutzen entstehen sowie weniger Kosten anfallen.		- Funktionenorientierte Sichtweise
Ansari/ Mela (2003)	Personalisierung bedeutet die Bereitstellung der richtigen Informationen für die richtigen Personen zur richtigen Zeit, um dem individuellen Informationsbedürfnis der Konsumenten gerecht zu werden (angepasstes Design).	Zhang (2003) Tam/Ho (2005)	- Angepasstes Design

(Quelle: eigene Darstellung)

Für diese Kundenorientierung existieren im Bereich des persönlichen Verkaufs („Personal Selling") vor allem in der englischsprachigen Literatur noch weitere Begriffe mit ähnlichen Inhalten, wie zum Beispiel „Customer-oriented Selling" (Saxe/Weitz 1982) oder insbesondere „Adaptive Selling" (Weitz et al. 1986; Spiro/Weitz 1990; Porter et al. 2003; Gwinner et al. 2005; Franke/Park 2006; Giacobbe et al. 2006; Román/Iacobucci 2010). Da jedoch „Adaptive Selling" nicht unbedingt persönlich ausgerichtet sein muss, sondern je nach Kundenwunsch persönlich oder eben auch unpersönlich sein kann, ist hier ein wesentlicher Unterschied zu erkennen (Gwinner et al. 2005). Zudem findet im Internethandel kein direkter Kontakt zwischen Konsument und Verkäufer statt, wie er im Persönlichen Verkauf definiert ist (Huber 2008, S. 21 f.), weswegen die hier fokussierte Personalisierung eine erweiterte Betrachtungsperspektive der Kundenorientierung in der Kunden-Handelsbeziehung darstellt. Abschließend verdeutlicht Abbildung 3 den Ablauf eines Personalisierungsprozesses.

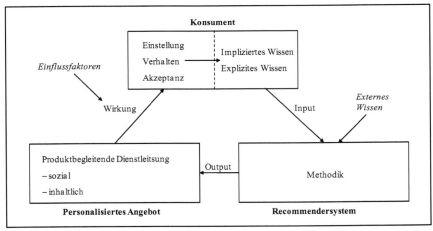

Abbildung 3: Überblick über den Personalisierungsprozess
(Quelle: eigene Darstellung)

2.1.2 Theoretische Erklärungsmodelle zur Bedeutung der Personalisierung

Zur Erklärung der Bedeutung von Personalisierung können einerseits Theorien herangezogen werden, welche (aus informationswissenschaftlicher Sicht) auf die mit Personalisierung verbundene Interaktivität (z.B. Song/Zinkhan 2008; Yoo et al. 2010) abzielen, oder andererseits Theorien, welche (aus interpersoneller Sicht) den Interaktionscharakter der Personalisierung (z.B. Surprenant/Solomon 1987) in den Vordergrund stellen. Im Folgenden soll zunächst aufgezeigt werden, in welcher Verbindung Personalisierung und Interaktivität/Interaktion stehen. Hierzu wird jeweils eine kurze Einordnung und Definition der Begriffe vorgenommen, bevor anschließend ausgewählte Theorien aus den genannten Bereichen erörtert werden, um dadurch die Bedeutung der Personalisierung belegen zu können.

Interaktivität nimmt sowohl in der Informationswissenschaft als auch im Marketing einen hohen Stellenwert ein (Spieckermann/Paraschiv 2002) und findet im Internethandel eine breite Anerkennung (Varadarajan/Yadav 2002). Hierbei sind die Definitionsansätze von Interaktivität vielfältig und können danach klassifiziert werden, ob der Fokus auf „user-machine", „user-user" oder „user-message" Interaktion liegt (Liu/Shrum 2002), wobei der einfache Erhalt von relevanten Informationen ein zentrales Ziel der Mensch-Computer-Interaktion darstellt. Im Internethandel erzeugen „Charakteristika einer Software, die den Konsumenten eine Reihe von Interaktions- und Navigationsmöglichkeiten erlauben" (Diehl et al. 2007, S. 482) die Interaktivität. Srinivasan et al. (2002, S. 42) verfolgen einen ähnlichen Weg und definieren die Kontaktinteraktivität als „availability and effectiveness of customer support tools on a website, and the degree to which two-way communication with customers is facilitated". In der Literatur konnte der positive Einfluss dieser auf die Kundenzufriedenheit bzw. -bindung bereits mehrfach aufgezeigt werden (z.B. Stewart/Pavlou 2002; Srinivasan et al. 2002; Raney et al. 2003; Yoo et al. 2010), wodurch sich auch die hohe Bedeutung im Internethandel begründen lässt. Personalisierung zeichnet sich durch die jeweiligen individualisierten Anpassungen und damit einhergehend einer hohen Interaktivität aus, weswegen Interaktivitätstheorien zur Erklärung der Bedeutung von Personalisierung herangezogen werden können.

Gleichsam ist Personalisierung durch Interaktionen zwischen Konsument und Internet/Computer gekennzeichnet. In der Marketingforschung haben Interaktionstheorien breite Anwendung gefunden, da interpersonelle Interaktionen einen großen Einfluss auf das Konsumentenverhalten besitzen (Solomon et al. 1985; Crosby et al. 1990), und auch im Dienstleistungskontext eine herausragende Stellung einnehmen (Bitner et al. 1994). So wird die Existenz der sozialen Interaktion als Einkaufsmotiv in der Marketingliteratur bereits seit Jahrzehnten, z.b. in Form des „personifizierenden Einkäufer" (Stone 1954; Webster 1968), diskutiert (Mittal/Lassar 1996) und findet auch im Kontext des Internethandels Anwendung (z.B. Vrechopoulos et al. 2004; Mukherjee/Nath 2007). Hierbei kann auf vielfältige Erklärungsansätze zurückgegriffen werden, da Marketing an sich schon eine interdisziplinäre Disziplin der Betriebswirtschaftslehre darstellt und zudem Theorien des menschlichen Handelns traditionell in verschiedenen Disziplinen (z.b. Philosophie, Psychologie, Soziologie, Ökonomie) diskutiert werden (Seidel 2007, S. 34).[2]

Vielfältig werden die Begriffe Interaktivität und Interaktion auch im selben Zusammenhang verwendet, da Ergebnis bzw. Verlauf gleich sind und sich nur der Betrachtungsfokus unterscheidet. Im Folgenden werden nun zunächst die aus verhaltenswissenschaftlicher Sicht relevanten Interaktivitätstheorien, der Ansatz der emotionalen Umweltpsychologie bzw. das Flow-Konzept erklärt sowie die sozialpsychologische Interaktionstheorie dargestellt, welcher sich als Erklärungstheorie zur Interaktion etabliert hat.

Der emotionale Ansatz der Umweltpsychologie stellt Gefühle und Reaktionen, welche durch Umwelteinflüsse ausgelöst werden können, in den Mittelpunkt seiner Überlegungen. Das umweltpsychologische Verhaltensmodell stellt das Kernstück des Ansatzes dar. Laut Modell werden durch Stimulusvariablen in Abhängigkeit des Persönlichkeitstyps primär emotionale Reaktionen ausgelöst, welche die folgende Reaktion (Annäherung an die Umwelt bzw. Vermeidung) bedingen. Hierbei können die drei grundlegenden Dimensionen Aktivierung, Gefallen und Dominanz unterschieden werden (Mehrabian/Russell 1974). Interaktivität und Interaktionsmöglichkeiten bieten den Konsumenten zusätzliche Beeinflussungs- und Navigationsmöglichkeiten und erhöhen dadurch die Informationsrate, d.h. die Anzahl der Stimuli, die in einer Umwelt vorhanden sind, was zu einer Erhöhung der Aktivierung führt (Diehl et al. 2007, S. 484).

---

[2] Relevante Erklärungsansätze existieren beispielsweise in der Institutionenökonomie (Transaktionskostenansatz, Prinzipal-Agent-Ansatz), der Verhaltenswissenschaft (Theorie der kognitiven Dissonanz, Lern- und Risikotheorie) und der Sozialwissenschaft (Interaktionsansätze, Transaktionsansätze i.e.S.).

2.1 Personalisierung im Internethandel

Diese Aktivierung ist zudem eng mit dem Gefallen verknüpft, was sich in der Forschung zum „Sensation Seeking" zeigt: Individuen suchen neue Stimulationen, um einen größeren Nutzen zu ziehen (Zuckerman 1979). Somit bietet Interaktivität neue Stimulationsmöglichkeiten, welche positiv beurteilt werden, und so das Gefallen beeinflussen. Die dritte Dimension, Dominanz, impliziert im Bereich des Internethandels ein Gefühl der Kontrolle von Nutzerseite, welches durch die mit Interaktivität verbundenen Wahlmöglichkeiten erhöht werden kann (Diehl et al. 2007, S. 484 f.). Diese positive Beurteilung der Dimensionen führt zu einem Annäherungsverhalten gegenüber einer Umwelt, weswegen von einem positiven Einfluss der Personalisierung auf das Annäherungsverhalten im Internethandel ausgegangen werden kann. Hierbei gilt es aber die verschiedenen Persönlichkeitstypen zu berücksichtigen, welche unterschiedlich auf dargebotene Stimuli reagieren (vgl. Reizsucher/Reizabschirmer) und demzufolge unterschiedliche Reaktionen zeigen.

Das aus der Motivationsforschung stammende Flow-Konzept beschreibt einen Zustand der völligen Konzentration auf eine Aufgabe ohne Ablenkung durch Umwelteinflüsse (emotionale Komponente), bei welchem das Individuum die Situation kontrolliert und die Zeit (kognitive Komponente) verfliegt (Csikszentmihalyi 1997; 2000). Dieses Konzept wird zur Erklärung des hedonistischen Internet-Surfens häufig auf den Internethandel übertragen (z.B. Hoffman/Novak 1996; Mathwick/Ridgon 2004). Erkenntnisse dieses Konzeptes lassen darauf schließen (z.B. Novak et al. 2000; Bauer et al. 2001), dass Interaktivität und Interaktionsmöglichkeiten im Internethandel zu einer Steigerung des Flow-Gefühls betragen (Diehl et al. 2007, S. 485 f.). Da sich Personalisierung durch Interaktivität und Interaktion auszeichnet, kann somit auch davon ausgegangen werden, dass Personalisierung eine große Bedeutung besitzt.

Zuletzt soll die sozialpsychologische Interaktionstheorie, welche die Entstehung und Gestaltung wechselseitigen Verhaltens in menschlichen Austauschbeziehungen als Kern beinhaltet, herangezogen werden, um die Bedeutung der Personalisierung zu begründen. Die sozialpsychologische Interaktionstheorie wurde zur Erklärung von interpersonalen Beziehungen entwickelt (Bagozzi 1975) und kann aber auch zur Erklärung von Beziehungen zwischen Konsumenten und Unternehmen herangezogen werden (z.B. Greve 2006, S. 50). Die soziale Austauschtheorie von Thibaut und Kelley (1959) ist eine der bekanntesten Varianten der sozialpsychologischen Interaktionstheorie und führt die Bindung der Konsumenten auf die Kosten und den Nutzen während des Kontakts zurück. Hierbei stellt das Entdecken und Berücksichtigen der Persönlichkeit des Konsumenten einen essenziellen Bestandteil der Beziehung dar. Im Rahmen der Personalisierung lernt das Unternehmen den Konsumenten und seine Vorlieben immer näher kennen und reduziert dadurch Kosten (im Sinne von Zeitersparnis), während der Nutzen durch eine zielgerichtete Informationspräsentation erhöht wird.

Somit wurde gezeigt, dass die Bedeutung der Personalisierung durch unterschiedliche theoretische Ansätze erklärt werden kann. Hierbei nimmt die Persönlichkeit des Konsumenten innerhalb der vorgestellten Theorien eine herausragende Stellung ein und sollte daher auch in den folgenden Überlegungen bzw. in der Untersuchung der Akzeptanz und deren Einflussfaktoren berücksichtigt werden.

2.1.3 Einfluss der Personalisierung auf das Konsumentenverhalten

Die Bedeutung der Personalisierung mit ihren vielfältigen Einflussmöglichkeiten kann anhand der bisherigen Erkenntnisse aufgezeigt werden. Zudem lassen sich aus den vorhandenen Studien die Determinanten, welche diesen Einfluss bedingen, herausarbeiten. So wird im Folgenden zunächst eine Übersicht bisheriger Studien im Personalisierungsbereich gegeben, woraus sich die Vorteile der Personalisierung mit ihren Einflussfaktoren ableiten lassen.

Personalisierung im Internethandel wird in der Literatur sehr kritisch diskutiert, da im Gegensatz zum stationären Bereich durch die verfügbaren Technologien (Rust/Lemon 2001; Wind/Rangaswamy 2001) ein wesentlich höheres Personalisierungsniveau möglich ist, welches stärkere Effekte hervorruft (Vesanen 2007). Jedoch ist man sich einig, dass eine gute Personalisierungsstrategie für Konsumenten sehr nützlich ist (Ansari/Mela 2003; Lee/Park 2009), da durch die zielgerichtete Kundenansprache basierend auf Wünschen und Bedürfnissen Vorteile gezogen werden können. In Tabelle 4 sind grundlegende Personalisierungsstudien aus dem stationären Bereich sowie Studien aus dem Internet und dem Internethandel mit ihren zentralen Erkenntnissen aufgeführt.

2.1 Personalisierung im Internethandel

Tabelle 4: Studienübersicht zur Personalisierung in verschiedenen Bereichen

Bereich	Quellen	Zentrale Ergebnisse
Stationärer Bereich (Grundlagen)	Surprenant/Solomon (1987); Goodwin/Smith (1990); Bettencourt/ Gwinner (1996); Mittal/ Lassar (1996); Gordon et al. (1998); Gwinner et al. (2005)	- Personalisierung als mehrdimensionales Konstrukt - Positive Konsumentenreaktionen (aber auch negative möglich) - Höherer Personalisierungsgrad nicht automatisch mit positiverer Reaktion verbunden - Konsumentenunterschiede bezüglich des Wunsches nach und der Wirkung von Personalisierung
Internet allgemein	Moon (2002); Ansari/Mela (2003); Häubl/Murray (2003); Tam/Ho (2005); Ball et al. (2006); White et al. (2008); Shen/Ball (2009)	- Personalisierung als Teil der Interaktivität im Internet und elektronische Entscheidungshilfen mit Assistenzfunktion - Bestätigung der Erkenntnisse aus dem stationären Bereich bezüglich der Wirkung - Ableitung weiterer internetspezifischer Einflussfaktoren - Vermeidung von Irritationen und Reaktanz beim Konsumenten durch Offenlegung der Vorgehensweise
Internethandel	Häubl/Trifts (2000); Aksoy et al. (2006); Komiak/Benbasat (2006); Kramer (2007); Kramer et al. (2007); Lee/Park (2009)	- Recommendersysteme als Verkäuferersatz bei minimalen Kosten - Kaufempfehlungen zur Verringerung des Suchaufwands und Erhöhung der Entscheidungsqualität - Starke Abhängigkeit der Wirkung von der Art der Personalisierung und weiteren Einflussfaktoren

(Quelle: eigene Darstellung)

Hieraus zeigt sich, dass die grundlegenden Erkenntnisse zur Personalisierung aus dem stationären Bereich im hohen Maße auf den Internetbereich übertragbar sind. Während sich jedoch im stationären Bereich die Personalisierung durch eine hohe Adaptivität an die Kundenwünsche vor allem auf sozialer Ebene auszeichnet, spielt im Bereich des Internet vor allem die inhaltliche Anpassung eine bedeutende Rolle. Jedoch sind die Erkenntnisse zur Personalisierung trotz dieser vielfältigen Ansätze noch begrenzt und zeigen teilweise auch widersprüchliche Ergebnisse. So konnten für die Personalisierung nicht ausschließlich positive Effekte nachgewiesen bzw. sogar negative Auswirkungen auf die Kundenwahrnehmung des Unternehmens festgestellt werden (Surprenant/Solomon 1987; Shen/Ball 2009). Dies gilt insbesondere im Zusammenhang mit einem steigenden Personalisierungsniveau (Gwinner et al. 2005). Beispielsweise haben Tsang et al. (2004) im Kontext der personalisierten Werbung gezeigt, dass Kunden negativ auf eine personalisierte Ansprache reagieren, wenn sie dazu nicht explizit zugestimmt haben bzw. wird Verwirrung und Verwunderung hervorgerufen, wenn das Unternehmen Informationen über Kunden besitzt, welche sie nicht explizit angegeben haben. So führen einige Unternehmen (z.B. Amazon) mit der Aussprache von Kaufempfehlungen eine Erklärung an, warum diese Produkte empfohlen werden (Arora et al. 2008). Hieraus ergibt sich für Unternehmen ein Dilemma zwischen Personalisierung und Privatsphäre (Caudill/Murphy 2000), da einerseits die Privatsphäre der Konsumenten gewahrt werden muss (z.B. Culnam 1993; Arora et al. 2008) und andererseits eine Personalisierung aufgrund der positiven Effekte angestrebt wird. Die Bedeutung der Wahrung der Privatsphäre wurde im Bereich der unerwünschten Nachrichten bereits frühzeitig aufgezeigt (Caudill/Murphy 2000). Jedoch wird beim Erhalt von erwünschten Nachrichten auch Reaktanz hervorgerufen, wenn diese zu persönliche Inhalte verarbeitet haben (White et al. 2008). Somit ist bei der Umsetzung von Personalisierungsmaßnahmen darauf zu achten, dass Konsumenten eine Wahlfreiheit bezüglich des Einsatzes haben und so auch die Möglichkeit besitzen, den Einsatz von Personalisierungsmaßnahmen abzulehnen. Wichtig ist hierbei, dass vom Unternehmen klar kommuniziert wird, auf welcher Datenbasis die Personalisierungsmaßnahmen durchgeführt werden. Bei Beachtung dieser Vorgehensweise, können durch Personalisierung eindeutige Vorteile für die Konsumenten erzielt werden (vgl. Tabelle 5).

Tabelle 5: Relevante Vorteile der Personalisierung im Internethandel aus Konsumentensicht

Einfluss auf	Vorteile aus Kundensicht	Quellen
Informations-verarbeitung	Unterstützungsfunktion, welche Komplexität reduziert und Informationsüberlastung entgegenwirkt:	Häubl/Trifts (2000); Mulvenna et al. (2000); Ansari/Mela (2003); Murthi/Sakar (2003); Kramer et al. (2007)
	- Verkürzung des Entscheidungsprozesses	Häubl/Trifts (2000)
	- Erleichterung der Kommunikation	Light/Maybury (2002)
	- Erhöhung der Effektivität	Kramer et al. (2007)
Wahrnehmung	Kostenreduktion (im Sinn von geringeren Such-, Risiko- und Transaktionskosten)	Wind/Rangaswamy (2001); Rust/Kannon (2003)
	Erhöhung der Servicequalität und -bewertung	Ball et al. (2006)
Kundenbeziehung	Erhöhung des Vertrauens	Tam/Ho (2005); Komiak/Benbasat (2006)
	Erhöhung der Kundenzufriedenheit	Ansari/Mela (2003); Kramer et al. (2007); Vesanen (2007); Arora et al. (2008); Shen/Ball (2009)
	Erhöhung der Kundenbindung	Maes (1999); Srinivasan et al. (2002); Ansari/Mela (2003); Kramer et al. (2007)

(Quelle: eigene Darstellung)

2.1 Personalisierung im Internethandel

Für die vorliegende Arbeit ist von besonderer Bedeutung, dass Personalisierung eine Unterstützungsfunktion einnehmen kann, indem die Komplexität reduziert wird. Vor dem Hintergrund des überwältigenden Warenangebots, welches zur Informationsüberlastung beim Konsumenten führen kann, wird somit eine Möglichkeit der Vereinfachung geboten. Durch die Berücksichtigung von wenigen, aber relevanten Auswahlalternativen, die gleichzeitig eine hohe Qualität aufweisen, führt dies zu erheblichen Erleichterungen auf Seiten des Konsumenten, verkürzt den Entscheidungsprozess und wirkt einer Informationsüberlastung entgegen. Diese Wirkungsweisen und somit die von Personalisierung ausgehenden Vorteile werden von zahlreichen Einflussfaktoren bedingt. In Tabelle 6 sind diese Einflussfaktoren überblicksartig zusammengefasst.

Tabelle 6: Einflussfaktoren auf die Wirkung von Personalisierung

	Einflussfaktor	Quelle(n)
Technik	Transparenz der Präferenzmessung	Kramer (2007)
	Grad der Anpassung an Vorlieben	Tam/Ho (2005)
	festgesetzte Empfehlungsgröße sowie Sortierungshinweise	Tam/Ho (2005)
Persönlichkeit	Persönlichkeit	Surprenant/Solomon (1987); Thompson (1989); Goodwin/Smith (1990); Bettencourt/Gwinner (1996); Moon (2002); Tam/Ho (2005)
	Stabilität und Klarheit der Kundenpräferenzen	Simonson (2005)
	Kultur	Kramer et al. (2007)
Rahmenbedingungen	Jeweilige Situation	Thompson (1989); Bettencourt/Gwinner (1996)
	Produkt	Mittal/Lassar (1996); Tam/Ho (2005)

(Quelle: eigene Darstellung)

Da in vorliegender Arbeit die Wirkung verhaltenswissenschaftlicher Einflussfaktoren im Vordergrund stehen soll, sind die technischen Einflüsse zu vernachlässigen. Bedeutsam für den weiteren Verlauf ist dagegen, dass sich Konsumenten bezüglich des Wunsches nach Personalisierung unterscheiden, womit eine Abhängigkeit von der individuellen Persönlichkeit sowie der jeweiligen Situation herrscht (siehe auch Kapitel 2.1.2). Gleichzeitig gilt zu beachten, dass auch das Produkt einen Einfluss auf die Wirkung der Personalisierung nimmt.

2.1.4 Personalisierungsansätze

Entsprechend der zugrunde gelegten Definition von Personalisierung äußert sich die individuelle Darbietung von angepassten Dienstleistungen einerseits in einem angepassten zwischenmenschlichen Verhalten und andererseits in einer angepassten Produktdarbietung (siehe Kapitel 2.1.1). Personalisierung setzt sich so aus verschiedenen Funktionalitäten zusammen (Lee/Park 2009), welche gemeinsam die von Konsumenten wahrgenommene Servicequalität beeinflussen (Zeithaml et al. 2002). Im Zeitverlauf fand eine Entwicklung vom reinen sozialen Interaktionsdenken im stationären Bereich hin zur kundenindividuellen Anpassung des gesamten Marketing-Mix, vor allem im Internetbereich, statt (Tabelle 7).

Tabelle 7: Entwicklung der Personalisierungsschwerpunkte im Zeitverlauf

Zeitraum	Schwerpunkt	Autor (en)	Personalisierungsinhalte und -besonderheiten
1950er bis 1990er Jahre	Soziale Inhalte als Hauptbestandteile der Personalisierung	Stone (1954); Webster (1968)	- Soziale Interaktion als Einkaufsmotiv - Identifizierung eines „personifizierten" Einkäufers
		Surprenant/ Solomon (1987)	- Bestandteile: Freundlichkeit, Small Talk, Begrüßungsfloskeln, Interaktion zwischen Kunde und Verkäufer und Darbietung von Service
		Mittal/Lassar (1996)	- Sozialer Inhalt der Interaktion zwischen Mitarbeitern und Konsumenten im Handel oder Servicebereich
Anfang 2000er Jahre	Ansätze der Umsetzung von Personalisierung im Internet durch Unternehmen	Wind/ Rangaswamy (2001)	- Berücksichtigung der Kundenpräferenzen im Personalisierungsprozess unter Rückgriff auf Recommendersysteme
		Ansari/Mela (2003)	- Erfolgreiche Personalisierung: permanenter Lernprozess bzgl. der Kundenpräferenzen sowie Weiterentwicklung der Algorithmen
		Murthi/Sarkar (2003)	- Identifizierung von Schlüsselfiguren im Personalisierungsprozess (strategische Managementbetrachtung)
Mitte/Ende 2000er Jahre	Inhalts- und interaktionsbasierte Personalisierung des Marketing-Mix	Miceli et al. (2007)	- Inhalts- und interaktionsbasierte Online-Personalisierung
		Arora et al. (2008)	- Personalisierter Marketing-Mix basierend auf Kundendaten
Ende 2000er Jahre	Berücksichtigung der Multidimensionalität	Lee/Park (2009); Shen/Ball (2009)	- Multidimensionale Betrachtung von Online-Personalisierung - Durchsetzung der sozialen und inhaltlichen Personalisierung im Kommunikationsbereich

(Quelle: eigene Darstellung)

2.1 Personalisierung im Internethandel

So werden auch in der Literatur verschiedene Arten von Personalisierung unterschieden, wobei insbesondere die Ansätze von Surprenant und Solomon (1987), Shen und Ball (2009) sowie Lee und Park (2009) genannt werden können. Der erste Ansatz von Surprenant und Solomon (1987) stammt noch aus dem stationären Bereich. Sie unterscheiden drei Arten: Bei der Wahl-Personalisierung („Option Personalization") kann der Konsument frei zwischen verschiedenen Servicemöglichkeiten wählen. Sie stellt die am meisten verbreitetste Form dar. Die geplante Personalisierung („Programmed Personalization") dagegen möchte jeder Person das Gefühl geben, das sie ein Individuum ist und nutzt dazu bspw. Small-Talk-Elemente sowie eine namentliche Ansprache. Die angepasste Personalisierung („Customized Personalization") basiert dagegen auf dem Wunsch, dem Konsumenten zu assistieren und die bestmögliche Servicedarbietung zu erreichen, je nach seinen Bedürfnissen. Diese drei Arten bringen unterschiedliche Konsequenzen für die Servicebewertung mit sich. Während die Wahl-Personalisierung auf die Personalisierung des Serviceergebnisses ausgerichtet ist, fokussieren die beiden anderen Arten auf die Personalisierung des interaktiven Serviceprozesses an sich. So führt die geplante Personalisierung zu einem höheren Involvement beim Konsumenten, da die Vorhersagbarkeit des Angebots abnimmt und somit die gedanklichen Anstrengungen steigen. In Kombination mit der verbreitesten Form, der Wahl-Personalisierung, erzeugt dieser Beratungstyp und Aufmerksamkeitserreger zudem ein höheres Zufriedenheitsempfinden.

Diese Betrachtungsweise wird von Shen und Ball (2009) erweitert und fokussiert auf die durch Technologie erzeugte Personalisierung („Technology-Mediated Personalization"; TMP), welche die Formen der Personalisierung kategorisch ausschließt, die mit Servicepersonen verbunden sind. Auch hier werden drei Arten von Personalisierung unterschieden: Die Interaktions-Personalisierung („Interaction Personalization") stellt den sozialen Inhalt in den Vordergrund der Kommunikation (vgl. zwischenmenschliches Verhalten in der Kundenorientierung), während die Ergebnis-Personalisierung („Transaction Outcome Personalization") auf die Anpassung von Produkten und Dienstleistungen abzielt (vgl. dienstleistungsorientiertes Verhalten in der Kundenorientierung, obwohl das Verhalten der Servicemitarbeiter nicht in die Sichtweise integriert ist). Bei der Dauer-Personalisierung („Continuity Personalization"), findet dagegen eine fortlaufende Umfeldanpassung auf Basis von Kundendaten statt, welche über die Zeit gesammelt und entsprechend aufbereitet wurden. Sie spielt allerdings in der Forschung im Dienstleistungsbereich keine Rolle, sondern wird eher in den technischen Disziplinen untersucht.

Der letzte Unterscheidungsansatz stammt von Lee und Park (2009), die bei ihrer Betrachtung der Online-Personalisierung ebenfalls drei Arten unterscheiden: Die Angebots-, Beratungs- und wiedererkennende Personalisierung. Im Rahmen der Angebots-Personalisierung („Offer Personalization") wird z.b. personalisierte Werbung eingesetzt sowie die Umgebung und die Preise personalisiert. Bei der wiedererkennenden Personalisierung („Recognition Personalization") besteht die Möglichkeit persönliche Daten zu speichern und beim nächsten Besuch darauf zurückzugreifen, somit „erinnert" sich das System an den Konsumenten und spricht ihn namentlich an. Letztendlich ist die Beratungs-Personalisierung („Personal Advice"), welche personalisierte Produkt- und Preisvergleiche anbietet sowie personalisierte Auswahlhilfen zur Verfügung stellt, die bedeutendste der drei Arten.

Es wird deutlich, dass die drei vorhandenen Unterscheidungsansätze von Personalisierung die identifizierten Hauptbestandteile – angepasstes zwischenmenschliches Verhalten sowie angepasste Produktdarbietung – enthalten, welche durch Teildimensionen (bzw. Personalisierungsansätze) repräsentiert werden. Diese können im Kommunikationsprozess gemeinsam, teilweise oder einzeln angewendet werden. Während im stationären Handel das kundenorientierte Verkaufspersonal die verschiedenen Personalisierungsdimensionen, sowohl sozialer als auch inhaltlicher Art, abdeckt (z.B. Haas 2006), erfolgt die Umsetzung im Internethandel mit Hilfe von Recommendersystemen und wird durch unterschiedliche Ansätze ausgedrückt (vgl. Tabelle 8).

Tabelle 8: Zusammenhang zwischen Bestandteilen der Personalisierung und deren Dimensionen

Hauptbestandteil	Ansatz zur Umsetzung im Internethandel	Abgeleitete Personalisierungsdimension
Angepasstes zwischenmenschliches Verhalten (sozialer Teil) - Geplante Personalisierung nach Surprenant/Solomon (1987) - Wiedererkennende Personalisierung nach Lee/Park (2009) - Interaktions-Personalisierung nach Shen/Ball (2009)	Avatare als Verkäufer (z.B. Bauer et al. 2005; Holzwarth et al. 2006)	Persönlicher Ansprechpartner
	Namentliche Ansprache (z.B. Lee/Park 2009)	Namentliche Ansprache
Angepasste Produktdarbietung (inhaltlicher Teil) - Angepasste Personalisierung nach Surprenant/Solomon (1987) - Angebots- und Beratungs-Personalisierung nach Lee/Park (2009) - Ergebnis-Personalisierung nach Shen/Ball (2009)	Darstellung von Kaufempfehlungen (z.B. Bodapati 2008)	Kaufempfehlungen für Alternativ- oder Zusatzprodukte

(Quelle: eigene Darstellung)

Die Anwendungshäufigkeit in der Praxis und vor allem die Wirkung der einzelnen Ansätze unterscheiden sich stark. So ist man sich über die Wirkung und Bedeutung der sozialen Inhalte bewusst (für einen Überblick siehe Hess et al. 2009), jedoch ist die Umsetzung in der Praxis noch gering. Avatare, die „figurativen, meist anthropomorphen Darstellungen, welche in interaktiven Medien zur Repräsentation von Anbietern eingesetzt werden" (Bauer et al. 2005), können zwar als Vertrauensintermediäre den Unterhaltungswert, die Einstellung zum Produkt sowie die Kaufabsicht signifikant beeinflussen (Bauer et al. 2005) und dem Internethandel eine menschliche Note verleihen (Wang et al. 2007), sind jedoch in der Praxis und der Forschung bisher kaum vertreten (z.B. Wang/Benbasat 2005; Sivaramakrishnan et al. 2007; Wang/Benbasat 2007; Lee/Kwon 2008). Dies könnte unter anderem daran liegen, dass auf der einen Seite eine gewisse Technik zur Umsetzung vorhanden sein muss und auf der anderen Seite genügend Informationen vorliegen müssen, um einen sinnvollen Einsatz zu gewährleisten. So konnte beobachtet werden, dass bekannte Beispiele entweder nur kurzzeitig genutzt wurden (z.B. Robert von T-Online) oder nur mäßigen Erfolg aufweisen bzw. Bekanntheit besitzen (z.B. Anna von Ikea oder Eva von buch.de). Obwohl die namentliche Ansprache im stationären Bereich beliebt ist und zunehmend häufiger eingesetzt wird (z.B. beim Bezahlen mit ec- oder Kreditkarte), ist sie im Internethandel eher weniger verbreitet. Dies ist wahrscheinlich damit zu begründen, dass dies von den Konsumenten häufig als zu persönlich und privat aufgefasst wird (Bettencourt/Gwinner 1996). Dagegen ist die Nutzung von Recommendersystemen, um Kaufempfehlungen zu erzeugen, eine geläufige Anwendungsform (Murthi/Sakar 2003), welche in den verschiedensten Bereichen anzutreffen ist (z.B. Elektronik-, Textil-, Buch-Shops). Auch die Übersicht empirischer Studien zu den Personalisierungsansätzen (vgl. Tabelle 9) bestätigt diese Aussage und somit die Relevanz von Kaufempfehlungen in Forschung und Praxis.

Tabelle 9: Übersicht empirischer Studien zu Personalisierungsansätzen

Personalisierungsansätze	Auswahl empirischer Studien
Avatar	Bauer et al. (2005); Holzwarth et al. (2006); Sivaramakrishnan et al. (2007); Song/Zinkhan (2008)
Personalisierte Kommunikation (z.B. über Webseiten, E-Mail)	Moon (2002); Thorbjørnsen et al. (2002); Ansari/Mela (2003)
Kaufempfehlung	Häubl/Trifts (2000); Häubl/Murray (2003); Fitzsimons/Lehmann (2004); Senecal/Nantel (2004); Wang/Benbasat (2005); Aksoy et al. (2006); Gretzel/Fesenmaier (2006); Komiak/Benbasat (2006); Kramer (2007); Kramer et al. (2007) Xiao/Benbasat (2007); Baier/Stüber (2010)

(Quelle: eigene Darstellung)

2.2 Kaufempfehlungen im Internethandel

2.2.1 Grundlegende Begriffe

Wie zu Beginn in Kapitel 1.3 dargestellt, wird in der vorliegenden Arbeit unter Kaufempfehlungen die Aussprache bzw. Darbietung von Empfehlungen für Alternativ- oder Zusatzprodukte in einem Internetshop verstanden, welche auf der Produktseite unterhalb oder neben dem eigentlichen Produkt bzw. nach der Auswahl eines Produkts für den Warenkorb dargestellt werden. Kaufempfehlungen als Teil der persönlichen Beratung im stationären Handel basieren im Internethandel z.B. auf historischen Kaufdaten oder Expertenwissen, und können in verschiedenen Darstellungsformen auftreten. So werden Kaufempfehlungen auch häufig als sortierte Listen (nach den jeweiligen Präferenzen) von speziellen Vergleichsseiten (z.B. Preissuchmaschinen oder Produktvergleichsseiten) ausgegeben (z.B. Häubl/Trifts 2000; Häubl/Murray 2003), was

2.2 Kaufempfehlungen im Internethandel

in dieser Arbeit keine Rolle spielen wird, da ein Online-Händler und somit ein Internetshop im Fokus steht. Im Bereich des Internethandels gilt der größte Online-Händler Amazon als absoluter Vorreiter im Bereich Kaufempfehlungen und setzt diese auch vielfältig ein (siehe Kapitel 2.2.2).

Nach Senecal und Nantel (2004) sollte der Einfluss von Kaufempfehlungen stets im Zusammenhang der Weiterempfehlungsforschung diskutiert werden, was im Internethandel nur in der Verbindung mit eMarketing-Technologien möglich ist. Dies sind Informationssysteme, insbesondere elektronische Entscheidungshilfen, welche nach dem Erlernen der Kundenpräferenzen eine Angebotsanpassung vornehmen, wobei der Lern- und Anpassungsprozess stetig evaluiert wird (Murthi/Sarkar 2003; Vesanen/ Raulas 2006; Miceli et al. 2007). Diese Informationssysteme ermöglichen zum ersten Mal, dass unpersönliche Quellen personalisierte Informationen darbieten (Alba et al. 1997; Maes 1999; West et al. 1999; Ansari et al. 2000; Häubl/Trifts 2000).

Recommendersysteme (oder auch Empfehlungs- bzw. Vorschlagssysteme) stellen solche Personalisierungswerkzeuge dar und gelten als die bedeutendsten Informationssysteme im Internethandel, welche Mitte der 90iger Jahre entstanden sind.[3] Li et al. (2005b) sehen darin vor allem ein Unterstützungstool für Konsumenten zum Auffinden von Produkten, zur Verwandlung von Besuchern eines Internetshops in Kunden, zur Erhöhung des Cross-Selling-Anteils sowie zur Verbesserung der Kundenbindung durch Zusatzdienste.

Die Betrachtung erfolgt stets im Kontext von Informationssystemen, da Recommendersysteme eine Art Entscheidungsunterstützungssysteme darstellen, jedoch im Unterschied zu herkömmlichen Systemen (wie z.B. verkaufsunterstützende Systeme oder Suchmaschinen) durch Ausgabe von relevanten Objekten, auf die Bedürfnisse der einzelnen Konsumenten eingehen (Burke 2002a; Xiao/Benbasat 2007) und Empfehlungen eigenständig auf Basis bestimmter Algorithmen aussprechen, so dass keine aktive Beteiligung der Konsumenten notwendig ist (Hinz/Eckert 2010). Als beratschlagende und generische Informationstechnologie (Komiak/Benbasat 2006) ermöglichen sie neben der Personalisierung des Angebots in Form von Kaufempfehlungen auch eine Personalisierung des Preises, des Produkts oder des Services (Brusilovsky 2001; Mur-

---

[3] Zum Hintergrund der Entwicklung von Recommendersystemen vergleiche Ansari et al. (2000) und Schneider (2005).

thi/Sarkar 2003). Somit bilden Recommendersysteme ein Unterstützungstool in verschiedenen Phasen des Kaufprozesses (Wang/Benbasat 2007) und übernehmen dadurch Aufgaben eines Verkäufers aus dem stationären Handel (Ariely et al. 2004), wobei ihnen sogar ein größeres Einflusspotenzial im Kaufentscheidungsprozess eingeräumt wird (Senecal/Nantel 2004). Im Rahmen der Erzeugung von Kaufempfehlungen können Recommendersysteme als technische Dimension des Services angesehen werden, während die Kaufempfehlung an sich als Serviceoutput bzw. funktionenorientierte Dimension des Services gelten (Bauer et al. 2006). Somit können Kaufempfehlungen als Ergebnis technologischer Innovationen angesehen werden.

Aus Firmensicht wird der Einsatz von Kaufempfehlungen einerseits im Zusammenhang mit Cross-Selling[4] (Kaufempfehlungen in Form von Zusatzprodukten) und andererseits mit Up-Selling[5] (Kaufempfehlungen in Form von Alternativprodukten) diskutiert. „Cross-Selling beschreibt Aktivitäten eines Anbieters zur Deckung eines Kundenbedarfs durch den Verkauf zusätzlicher Produkte, die mit den Einstiegsprodukten verbunden sind. Diese zusätzlichen Produkte wurden vom Konsumenten bisher entweder (1) ausschließlich bei anderen Anbietern oder (2) noch nicht bezogen" (Homburg/Schäfer 2002, S. 8). Hieraus wird wiederum die Beziehung zum persönlichen Verkauf deutlich: Das Cross-Selling-Potenzial bzw. das Kundenpotenzial wird im Internethandel durch den Einsatz von Recommendersystemen besser ausgenutzt (Tam/Ho 2005) und kann zudem in einem engen Zusammenhang mit CRM und dem Kundenwert gesehen werden, da effektives Cross-Selling die Kundenbindung stärkt und so die Wechselkosten aus Kundensicht erhöht (Bodapati 2008; Kumar et al. 2008).

---

[4] Zu den Möglichkeiten der Erschließung von Kundenpotenzialen durch Cross-Selling siehe Kamakura et al. (1991), welche zum ersten Mal ein formales Modell zu dieser Thematik aufgestellt haben, und Schäfer (2002), zu verschiedenen Definitionsansätzen des Cross-Selling-Begriffes siehe Papenhoff (2009, S. 35 ff.) und zu einer Studienübersicht zum Thema Cross-Selling siehe Reinartz et al. (2008).

[5] Verschiedene Definitionsansätze von Up-Selling sowie Abgrenzungen zu ähnlichen Begriffen finden sich bei Pohlkamp (2009, S. 15), wobei die Betrachtung von Up-Selling im Allgemeinen und speziell in diesem Kontext noch am Anfang steht (Pohlkamp 2009, S. 13 ff.). Aus diesem Grund wird die Up-Selling-Thematik hier nicht vertieft.

2.2.2 Recommendersysteme als Ausgangsbasis für Kaufempfehlungen

Die Wirkung von Kaufempfehlungen wird in der bisherigen Literatur hauptsächlich anhand der eingesetzten Recommendersysteme (siehe zum Überblick Schafer et al. 2001; Montaner et al. 2003; Herlocker et al. 2004) sowie deren verwendeten Technik und Algorithmen (siehe zum Überblick Kramer 2007; Bodapati 2008) betrachtet. So stellen Recommendersysteme zwar schon längere Zeit ein bevorzugtes Themenfeld in der Informatik und der Informationswissenschaft dar, werden aber erst neuerdings im Marketing dank der Arbeit von Ansari et al. (2000) als Kernstück behandelt.

Recommendersysteme nutzen zur Bereitstellung der Empfehlungen gespeicherte und aggregierte historische Daten der Konsumenten, zeichnen das aktuelle Navigations- und Kaufverhalten auf, berücksichtigen zusätzliches Wissen (z.B. Kenntnisse zu ähnlichen Angeboten im Wettbewerbsumfeld) bzw. greifen auf unterschiedliche Kombinationen von geeigneten Datenquellen zurück (Gaul et al. 2002). So arbeiten Recommendersysteme auf Basis von Ähnlichkeitsmetriken und analysieren mittels verschiedener Algorithmen Produkte sowie Konsumentenverhalten mit dem Ziel, Ähnlichkeiten festzustellen und entsprechend für spezifische Konsumenten Kaufempfehlungen auszusprechen (Ansari et al. 2000). Das Hauptproblem der Algorithmus-Formulierung ergibt sich aus der Annahme von stabilen und konstanten Kundenpräferenzen, während nicht bekannt ist, wie häufig die Konsumenten einkaufen. Als Schlussfolgerung sammeln die Systeme Alternativen ohne Berücksichtigung eines Rankings (Bodapati 2008). Einige wenige Forschungsarbeiten berücksichtigen bereits sich verändernde Ziele, Bedürfnisse und Präferenzen der Konsumenten und lassen das Wissen über Kaufsequenzen einfließen (Kamakura et al. 2003; 2004; Knott et al. 2002; Li et al. 2005b), wobei sich dieses Vorgehen bisher noch nicht durchgesetzt hat.

Zur Klassifikationen von Recommendersystemen bzw. deren -techniken existieren unterschiedliche Vorgehensweisen (z.B. Resnick/Varian 1997; Schafer et al. 2001; Adomavicius/Tuzhilin 2005; McGinty/Smyth 2006; Punj/Moore 2007), in deren Mittelpunkt nicht die Art der Schnittstelle oder die Eigenschaften der Kundeninteraktion steht, sondern die Datenbasis, welche zur Erzeugung der Empfehlungen verwendet wird. Hierbei werden (1) Hintergrund-Daten, welche bereits vorliegen, bevor der Personalisierungsprozess startet, (2) Input-Daten, welche der Konsument dem System implizit oder explizit zur Verfügung stellt, um die Empfehlungen zu generieren, und

(3) ein Algorithmus, welcher die Hintergrund- und Input-Daten miteinander in Verbindung bringt, verwendet (Burke 2002a). Diese Daten können aus unterschiedlichen Datenquellen herangezogen werden, beispielsweise Kundenpräferenzen bezüglich verschiedener Produktalternativen, Präferenzen gegenüber bestimmter Produkteigenschaften, Präferenzen anderer Konsumenten bezüglich verschiedener Produktalternativen, Expertenmeinungen und Persönlichkeitsmerkmale, welche Präferenzen bedingen (Ansari et al. 2000). Je nach Datenquelle und Vorgehensweise innerhalb der aufgeführten Schritte zur Erzeugung von Empfehlungen können unterschiedliche Arten von Techniken (Methoden) unterschieden werden (Burke 2002a). Die geläufigsten Arten von Recommender-Techniken, welche zur Informationsverarbeitung herangezogen und mittels unterschiedlicher Algorithmen umgesetzt werden sind in Tabelle 10 überblicksartig dargestellt, wobei häufig nur „Collaborative" und „Content-Based Filtering" Methoden betrachten werden.[6]

„Collaborative-Filtering" Techniken[7] sind die wahrscheinlich bekanntesten und am meisten verbreitetesten Technologien (Mild/Reutterer 2003; Herlocker et al. 2004; Yu et al. 2004), da inhaltsbasierte Vorgehensweisen beispielsweise keine Vergangenheitsdaten berücksichtigen, wodurch eine geringere Angebotsvielfalt entsteht (Fleder/Hosanagar 2009). So findet beispielsweise bei Amazon nach Auswahl eines Produkts ein Vergleich von Kaufentscheidungen verschiedener Konsumenten statt, gefolgt vom Hinweis „Kunden, die diesen Artikel gekauft haben, kauften auch". Jedoch beschränkt sich Amazon nicht nur auf „Collaborative Filtering", sondern nutzt verschiedene Techniken, welche von Gaul et al. (2002) ausführlich analysiert worden sind.

---

[6] Neben Burke (2002a) liefern Huang et al. (2004) eine strukturierte Übersicht der Forschungsarbeiten zu Recommendersystemen.
[7] Eine detaillierte Analyse der Collaborative Filtering Methoden findet sich bei Runte (2000, S. 15 ff.) oder Im/Hars (2007).

2.2 Kaufempfehlungen im Internethandel

Tabelle 10: Arten von Recommender-Techniken

Technik	Vorgehen	Grenzen/Probleme	Quellen
Collaborative Filtering (gemeinschaftliche Vorgehensweise)	Suche nach Konsumenten mit ähnlichem Produktbeurteilungsprofil, auf deren Verhaltensmuster basierend Empfehlungen ausgesprochen werden	- Kaltstart: begrenzte Möglichkeiten bei neuen Produkten und Benutzern - Schlechte Qualität bei wenig vorliegenden Nutzerbewertungen (Spärlichkeit) - Lemming-Effekt: Permanent positive Bewertung	Ansari et al. (2000) Iacobucci et al. (2000) Herlocker et al. (2002) Mild/Reutterer (2003) Ansari/Mela (2003) Zeng et al. (2004) Ying et al. (2006)
Content-based Filtering (inhaltsbasierte Vorgehensweise)	Suche nach Produkten, welche ähnliche Eigenschaften aufweisen wie Produkte, die bereits gekauft worden sind	- Analysemethoden stark abhängig von zu empfehlenden Elementen (z.B. Bücher, Textilien)	Ansari et al. (2000) Lawrence et al. (2001) Ansari/Mela (2003) Montaner et al. (2003) Hung (2005)
Demographic Filtering (demografische Vorgehensweise)	Zusammenhang zwischen soziodemografischen bzw. Persönlichkeitsmerkmalen mit bevorzugten Produkteigenschaften	- Statische Methode - Verallgemeinerung der Nutzerinteressen	Ahn (2006) Zanker/Jessenitschnig (2009)
Utility-based Filtering (nutzenbasierte Vorgehensweise)	Übereinstimmungen von Objekteigenschaften mit den festgelegten Präferenzen des Benutzers	- Benutzer muss Nutzenfunktion/Präferenzen festlegen - Statisches Vorschlagswesen ohne Lernfunktion	Spieckermann/Paraschiv (2002) Murthi/Sakar (2003) Ahn (2006) Zanker/Jessenitschnig (2009)
Knowledge-based Filtering (wissensbasierte Vorgehensweise)	Ermittlung des individuellen Nutzens eines Benutzers und zusätzlicher Abgleich des Benutzerprofils mit Objekteigenschaften	- Statisches Vorschlagswesen ohne Lernfunktion - Wissensbasierte Technik erforderlich	Burke (2002a) Ahn (2006) Felfernig et al. (2006) García et al. (2009) Zanker/Jessenitschnig (2009)
Hybride Methoden	Kombination verschiedener Techniken, um Stärken und Schwächen optimal auszunutzen	- Abhängig von den gewählten Kombinationen	Balabanović/Shoham (1997) Burke (2002a) Li et al. (2005a) Ahn (2006) Zanker/Jessenitschnig (2009)

(Quelle: eigene Darstellung)

Um die Recommendersysteme mit den eingesetzten Techniken und verwendeten Algorithmen schließlich sinnvoll strukturieren zu können, ist eine Unterscheidung anhand verschiedener Untersuchungskriterien notwendig. Montaner et al. (2003) führen dazu jeweils vier Kriterien in den Bereichen Profilerzeugung und -verwaltung sowie Profilverarbeitung auf, welche die wesentlichen technischen Aspekte beinhalten. Gaul et al. (2002) erweitern diese Betrachtungsweise und führen in einer Input-/Output-Charakterisierung die Dimensionen Personalisierungsniveau, Art der Informationsübermittlung, Informationsaufbereitung, (individuelle) Information über den Empfehlungsempfänger sowie (aggregierte) Information über (virtuelle) Gemeinschaften auf. Somit kann zusammenfassend festgehalten werden, dass ein Recommendersystem aus den drei Komponenten Input, Technologie/Prozess und Output besteht (siehe auch Xiao/Benbasat 2007), wobei in der Literatur entweder auf die Technologie oder auch den In- und Output der Systeme fokussiert wird.

Aus Konsumentenperspektive wird die Effektivität eines Recommendersystems jedoch außer vom dahinter liegenden Algorithmus noch von weiteren Einflussfaktoren (einschließlich produkt- und konsumentenbezogener Faktoren) beeinflusst (Xiao/Benbasat 2007). Im Idealfall sollte ein Recommendersystem mehrere Informationsquellen (z.B. Präferenzen des Konsumenten sowie aller Konsumenten und Experteneinschätzungen) berücksichtigen, in Abhängigkeit des Produkts und der Kundenintegration geeignete Empfehlungstechniken einsetzen und dynamische Lernverfahren integrieren, um geänderte Benutzerpräferenzen adaptieren zu können (Hansen et al. 2007). Dadurch werden genaue Schätzungen unterstützt sowie Gründe für ausgesprochene Empfehlungen geliefert. Die Qualität der Empfehlungen sollte hierbei durch einen kontinuierlichen Lern- und Anpassungsprozess stetig verbessert werden (Ansari et al. 2000; Brusilovsky 2001).

Betrachtet man aktuell durchgeführte Studien zu Recommendersystemen, kann festgestellt werden, dass eindeutige Branchenschwerpunkte zu erkennen sind, welche so auch in der praktischen Umsetzung widergefunden werden können. So erfolgt ein schwerpunktmäßiger Einsatz sowie die Analyse von Recommendersystemen im Bereich der Konsumgüter (Im/Hars 2007) erstens in der Medienbranche vor allem bei Produkten wie Filmen, Klingeltönen, Musik und Videos (Cooke et al. 2002; Gershoff et al. 2003; Tam/Ho 2005; Ahn 2006; Fleder/Hosanagar 2009) und zweitens in der Elektronikbranche bei Digitalkameras, Handys, Haushaltsgeräten, Notebooks sowie PCs (Wang/Benbasat 2005; Aksoy et al. 2006; Komiak/Benbasat 2006; Felfernig et al. 2006; Wang/Benbasat 2007; Kramer 2007; Bodapati 2008). Eher selten findet eine

2.2 Kaufempfehlungen im Internethandel

branchenübergreifende Analyse dieser Systeme statt (z.B. Swaminathan 2003; Senecal/Nantel 2004; Nikolaeva/Sriram 2006). Dies lässt sich dadurch begründen, dass einerseits eine Verkaufsunterstützung bei der Suche nach unterschiedlichen Produkten nicht dieselbe Wichtigkeit besitzt (Spieckermann 2001) und andererseits, dass die Erzeugung von Kaufempfehlungen in verschiedenen Branchen unterschiedlich komplex ist (z.B. aufgrund schlecht quantifizierbarer Produkteigenschaften).

2.2.3 Erkenntnisse zum Einfluss von Kaufempfehlungen

Die Darstellung von personalisierten Empfehlungen ist aufgrund der Heterogenität der Konsumenten notwendig geworden, um auf die individuellen Präferenzen einzugehen und eine zielorientierte Ansprache zu ermöglichen (Ying et al. 2006). Hierbei ist es von größter Bedeutung, die Präferenzen der Konsumenten genauestens zu kennen und im Personalisierungsprozess entsprechend zu berücksichtigen (Kramer 2007).[8] Im Folgenden sollen durch die Vor- aber auch die Nachteile, welche der Einsatz von Kaufempfehlungen mit sich bringt, die Erkenntnisse zusammenfassend aufgezeigt werden.

Internetshops bieten durch ihre Virtualität und die damit nicht vorhandene Beschränkung der Lagerkapazität eine größere Produktauswahl (Häubl/Trifts 2000), welche durch die technologische Konzeption des Internethandels auch leicht zugänglich ist (Wang/Benbasat 2007). Dies bedeutet, dass durch einfaches Navigieren im Internetshop der Konsument schnell und einfach Produkte aufrufen kann. Diese Vielfalt kann jedoch zu einer Frustration beim Konsumenten im Entscheidungsprozess führen (Iyengar/Lepper 2000), da die Informationsmenge und -vielfalt nicht eingeschränkt ist und es so schnell zu einer Überforderung oder Informationsüberlastung kommen kann. Aus diesem Grund wird häufig eine Unterstützung durch Recommendersysteme angestrebt, welche den Entscheidungsprozess vereinfachen sollen (Maes et al. 1999), indem sie den Evaluierungsprozess der Alternativen unterstützen, Aufmerksamkeit erzeugen (Gaul et al. 2002) und dadurch Aufgaben des Verkaufspersonals im stationären Handel übernehmen. Konsumenten sehen Recommendersysteme sogar als soziale Akteure an, welche mit menschlichen Eigenschaften versehen werden und zu denen

---

[8] Xiao und Benbasat (2007) geben eine Übersicht über vorhandene empirische Studien zu Recommendersystemen allgemein.

Vertrauen aufgebaut wird. Anfängliches Vertrauen in die Systeme ist für die Nützlichkeit und die Adoption ebenso von Bedeutung (Wang/Benbasat 2005).

Unter Rückgriff auf eine Klassifizierung der Kaufempfehlungen nach dem Erzeuger der Empfehlungen (persönliche bzw. unpersönliche Quelle) und nach der Art der Empfehlung (personalisierte bzw. nicht-personalisierte Information) konnte die Bedeutung der personalisierten Empfehlungen durch eine unpersönliche Quelle bereits mehrfach belegt werden (Alba et al. 1997; Maes 1999; West et al. 1999; Ansari et al. 2000; Häubl/Trifts 2000). Jedoch ist wichtig, dass die Empfehlungen von Experten (Fitzsimons und Lehmann 2004) ausgesprochen werden bzw. aus kompetenten und objektiven (Hansen et al. 2007) sowie vertrauenswürdigen Quellen stammen (Smith et al. 2005). Gleichzeitig sollte der Konsument eine Wahlmöglichkeit bezüglich der Aussprache besitzen (Hansen et al. 2007). So werden Empfehlungen durch andere Konsumenten oder durch das Unternehmen denjenigen vorgezogen, die im Werbeumfeld ausgesprochen werden (Smith et al. 2005). Vor diesem Hintergrund haben Senecal und Nantel (2004) den Einfluss von computerbasierten Kaufempfehlungen auf die Produktwahl und den Kaufentscheidungsprozess der Konsumenten untersucht und einen signifikanten Einfluss auf die Kundenbindung festgestellt. Auch Häubl und Trifts (2000) konnten einen positiven Einfluss von interaktiven Entscheidungshilfen im Internethandel in ihrer Untersuchung nachweisen. So wird der Suchaufwand nach Produktinformationen verringert, während die Qualität der Kaufentscheidung gesteigert werden kann (siehe auch Ansari et al. 2000; Ariely et al. 2004). Speziell bei Produkten, welche den Konsumenten noch nicht bekannt sind, bietet sich eine Unterstützung in Form von Empfehlungen für Alternativen zu einem bekannten Produkt an. Der Konsument erhält dadurch eine Vergleichs- sowie Bewertungsmöglichkeit zum angeschauten (und bekannten) Produkt, womit einerseits die Attraktivität des unbekannten Produkts erhöht und andererseits die Entscheidungssituation vereinfacht wird (Cooke et al. 2002).

Kaufempfehlungen besitzen somit das Potenzial, die Informationssuche im Kaufentscheidungsprozess zu erleichtern und eine Unterstützungsfunktion einzunehmen (Hansen et al. 2007). Das Auffinden von angemessenen Produkten im vielfältigen Angebot wird selbst dann erleichtert, wenn beim Konsumenten ein geringes Produktwissen vorliegt (Schafer et al. 2001). Idealerweise führt ein Recommendersystem den Konsumen-

2.2 Kaufempfehlungen im Internethandel

ten auch dann auf dem kurzmöglichsten Weg zu einem idealen Produkt, ohne ein weiteres Bedürfnis an zusätzlichen Informationen (McGinty/Smyth 2006). Mit Hilfe des „Cognitive Cost"-Modells, welches davon ausgeht, dass Konsumenten eine Abwägung zwischen der Auswahlgenauigkeit und einer Aufwandsreduzierung durchführen (siehe z.B. Bellman et al. 2006), kann der Einfluss von Kaufempfehlungen auf das Suchverhalten und die Bewertung durch Konsumenten erklärt werden, was am Beispiel von unterschiedlichen Recommendersystemen von Punj und Moore (2007) bestätigt wurde. So haben die Konsumenten entweder die Möglichkeit eine bessere Entscheidung zu treffen oder den Aufwand zu reduzieren, wobei die zweite Möglichkeit eher fokussiert wird. Jedoch nehmen Konsumenten Empfehlungen anders wahr als im stationären Handel, was im Online-Experiment von Smith et al. (2005) gezeigt werden konnte: Stehen keine Kaufempfehlungen zur Verfügung, suchen die Konsumenten mehr „auf eigene Faust" und entscheiden sich oft für irgendeine der dargebotenen Alternativen, um den Aufwand zu reduzieren.

Gleichzeitig besitzen Recommendersysteme enorme Fähigkeiten zur Beeinflussung der Kundenwahrnehmung (z.B. Bechwati/Xia 2003; Häubl/Murray 2003; Gretzel/Fesenmaier 2006), was Häubl und Murray (2003) durch verschiedene Möglichkeiten der Beeinflussung von Kundenpräferenzen aufzeigen. Ebenso weisen sie nach, dass das Angebotsformat die Informationsaufnahme und -verarbeitung im Entscheidungsprozess beeinflusst. Im Bereich des DVD-Handels konnten Fleder und Hosanagar (2009) nachweisen, dass Kaufempfehlungen Konsumenten von Blockbustern zu Nischenprodukten leiten, welche ihren Präferenzen besser entsprechen, womit die Suchkosten für Nischenprodukte erheblich gesenkt werden. In derselben Branche analysieren Hinz und Eckert (2010) den Einfluss verschiedener Klassen von Such- und Empfehlungssystemen auf Absatzverteilung, Gesamtabsatz, Gewinn und Konsumentenrente und konnten eine substanzielle Gewinnsteigerung durch eine Verschiebung des Absatzes von Nischen zu Blockbustern bei sinkenden Suchkosten feststellen.

Aufbauend auf der Studie von Ariely et al. (2004) untersuchen Nikolaeva und Sriram (2006) die Auswirkungen von Kaufempfehlungen auf das konsumentenseitige Interesse am empfohlenen Produkt und können hierbei als Einflussfaktoren die Präferenzstruktur der Empfänger, die Attribute des empfohlenen Produkts sowie die Charakteristika der Konsumenten allgemein identifizieren. Aksoy et al. (2006) weisen in einer experimentellen Studie einen positiven Einfluss von Kaufempfehlungen auf die Kundenbindung und Kundenzufriedenheit beim Verkauf von Handys nach, unter der Voraussetzung, dass die Einstellung des Konsumenten und die Herangehensweise des Empfehlungssystems bezüglich der Eigenschaftsgewichtung und der Entscheidungsstrategie ähnlich sind. Gleichzeitig zeigen sie, dass geordnete Umgebungen basierend auf individuellen Präferenzen die Wahrscheinlichkeit erhöhen, dass die beste Alternative (bei Listenpräsentation) ganz oben gelistet ist und so eher wahrgenommen wird. Die vorhandenen Informationen, das Umfeld sowie die Vertrautheit werden hierbei als weitere Faktoren für den Einfluss von Kaufempfehlungen auf den Kaufentscheidungsprozess gesehen. Die Bedeutung der Anordnung der Kaufempfehlungen auf die Entscheidung zeigen West et al. (1999) noch einmal auf, welche in ein größeres Interesse am empfohlenen Produkt mündet, was sich in mehr ungeplanten Käufen zeigt. Dies wirkt sich einerseits für den Händler positiv aus, da er mehr Umsatz generiert, andererseits bedeutet es für den Konsumenten mehr Zufriedenheit. Ebenso wird gezeigt, dass der Aufbau von Vertrauen die wichtigste Aufgabe darstellt und die Zufriedenheit des Konsumenten mit dem Entscheidungsprozess direkt abhängig von der Gestaltung der Kaufempfehlungen ist. Spieckermann (2001) konnte in ihrem vergleichenden Online-Experiment zudem aufzeigen, dass auch das Kaufrisiko die Nutzung von Kaufempfehlungen erheblich beeinflusst und so bei einem hohen Kaufrisiko der Suchprozess stärker kontrolliert wird. Zudem interagieren Konsumenten mit einem größeren Produktwissen weniger mit den Empfehlungssystemen.

Jedoch kann der Einsatz von Recommendersystemen auch problematisch sein, wenn solche Systeme vordergründig zur Erhöhung der Outputqualität eingesetzt werden. Existiert keine eindeutig dominierende Alternative, sollten Empfehlungen mit Vorsicht genossen werden, besonders wenn die Aussprache nicht auf Basis von persönlichen Präferenzen erfolgt ist. Dies könnte sonst zu einer Erhöhung des kognitiven Aufwands führen und zu Lasten der Entscheidungsqualität gehen (Aksoy et al 2006). Gleichzeitig fühlen sich nicht alle Konsumenten von Marketingaktivitäten im Cross-Selling-Bereich angesprochen, weswegen Unternehmen diejenigen Konsumenten mit einem Interesse an Cross-Selling identifizieren müssen (Kumar et al. 2008). 21 % der Online-Shopper besitzen eine negative Einstellung bezüglich Recommendersystemen, weswegen das Design für die Konsumenten transparent und nachvollziehbar gestaltet sein

2.2 Kaufempfehlungen im Internethandel

sollte, um mögliche Reaktanzen zu vermeiden und Vertrauen zu schaffen (Burke 2002b).

Kaufempfehlungen vereinfachen den Kaufentscheidungsprozess unter bestimmten Bedingungen nicht unbedingt bzw. können sogar negative Auswirkungen haben, was Fitzsimons und Lehmann (2004) experimentell in vier Studien zeigen. Unerwünschte Beratung kann Reaktanz beim Konsumenten auslösen, welche sich in einer der Empfehlung entgegengesetzten Handlung äußert. Handelt es sich zudem um eine glaubwürdige Quelle, kann unerwünschte Beratung sogar als Gefährdung bzw. Eingriff in die Privatsphäre angesehen werden. Dies ist dadurch zu begründen, dass glaubwürdige Quellen eher Aufmerksamkeit erzeugen und ihre Empfehlungen ein größeres Gewicht besitzen, so dass der Schaden als größer empfunden wird. Gleichzeitig müssen die von den Konsumenten genannten Präferenzen auch berücksichtigt werden. Von Seiten des Unternehmens vorher festgesetzte Empfehlungen sind bei den Konsumenten nicht willkommen und lösen ebenfalls Reaktanz aus. So wird eine „nicht-vorher festgelegte" Empfehlung, welche eventuell. „schlecht" ist, eher akzeptiert und trägt zum Lernprozess zwischen Kunde und Unternehmen bei (siehe auch Ariely et al. 2004). Ebenso sollte bedacht werden, dass eine große Anzahl an Alternativen, als periphere Wahrnehmungsvariable, zwar die Aufmerksamkeit der Konsumenten erregt, nicht jedoch zur vereinfachten Auswahl beiträgt (Tam/Ho 2005). Weitere Barrieren beim Einsatz von Recommendersystemen zur Erzeugung von Kaufempfehlungen betreffen vorrangig die Privatsphäre. Jedoch sind diese Datenschutzbedenken unbegründet und es kann sogar eine große Bereitschaft der Konsumenten zur Angabe von persönlichen Daten nachgewiesen werden, wenn entsprechende Gegenleistungen geliefert werden (z.B. persönliche Kaufempfehlung; Spieckermann 2001).

Die Betrachtung hat gezeigt, dass die Erkenntnisse zum Einfluss von Kaufempfehlungen schon vielfältig sind, jedoch gibt es aufgrund der Untersuchungskonzeptionen nur wenige allgemeingültige Erkenntnisse. Die wesentlichen Vorteile, welche durch die Aussprache von Kaufempfehlungen im Internethandel vor dem untersuchten Kontext der überwältigenden Produktauswahl entstehen, sind in Tabelle 11 noch einmal zusammenfassend dargestellt.

Tabelle 11: Relevante Vorteile von Kaufempfehlungen im Internethandel

Vorteile aus Kundensicht	Quelle
Geringere Kosten (Suche, Zeit, Kognitionen)	Alba et al. (1997); West et al. (1999); Chu/Spires (2000); Häubl/Trifts (2000); Bechwati/Xia (2003); Häubl/Murray (2003); Swaminathan (2003); Diehl (2005); Smith et al. (2005); Punj/Moore (2007)
Reduzierung des Information-Overloads	Maes (1994); Cheung et al. (2003); Hansen et al. (2007); Kramer et al. (2007)
Erleichterung der Kaufentscheidung	Alba et al. (1997); West et al. (1999); Häubl/Trifts (2000); Hansen et al. (2007); Kramer et al. (2007)
Verbesserung der Entscheidungsqualität	West (1996); Ansari et al. (2000); Häubl/Trifts (2000); Diehl et al. (2003); Ariely et al. (2004); Lee/Lee (2004); Hansen et al. (2007)

(Quelle: eigene Darstellung)

Hostler et al. (2005) konnten in ihrer empirischen Studie im DVD-Handel diese Vorteile, welche mit der Nutzung von Kaufempfehlungen einhergehen, alle nachweisen und damit das Potenzial für den Einkauf im Internethandel belegen.

Da es jedoch schwer ist, Besucher durch Cross-Selling-Aktivitäten in Kunden zu verwandeln, sollte zunächst eine Kundenbeziehung aufgebaut werden, welche in der Folge dann durch Cross-Selling zu intensivieren ist (Reinartz et al. 2008). Zudem sind in den frühen Phasen des Kundenkontakts erst wenige Informationen und zudem meist wenig Vertrauen vorhanden, woraus einerseits „schlechte" Empfehlungen resultieren, und andererseits Probleme mit dem Datenschutz (Hansen et al. 2007). So ist man erfolgreicher, wenn Empfehlungen erst zu einem späteren Zeitpunkt in der Kunden-Unternehmens-Beziehung ausgesprochen werden.

Gleichzeitig wird der Einfluss von Kaufempfehlungen, gleichsam dem Einfluss von Personalisierung allgemein, durch verschiedene Einflussfaktoren beeinflusst, welche aufgrund der hohen Bedeutung für die vorliegende Arbeit nun im folgenden Kapitel diskutiert werden.

2.2.4 Determinanten des Einflusses von Kaufempfehlungen

Kaufempfehlungen nehmen wie dargestellt vielfältigen Einfluss auf das Such- und Kaufverhalten der Konsumenten, welcher jedoch abhängig von verschiedenen Determinanten ist. Dies sind zum einen systemseitige Faktoren (wie z.B. Ähnlichkeit zwi-

2.2 Kaufempfehlungen im Internethandel

schen Recommendersystem und Konsument) und zum anderen Umfeldbedingungen und Persönlichkeitsdeterminanten (z.B. Einkaufsmotive, Involvement). Da in dieser Arbeit konsumentenseitige Faktoren (sowohl Umfeld- als auch Persönlichkeitsdeterminanten) im Vordergrund stehen, werden die systemseitigen Faktoren im Folgenden nicht weiter betrachtet.

Bevor auf diese Determinanten näher eingegangen wird, wird zunächst geprüft, welche Rolle das Produkt bzw. die Produktkategorie für den Einfluss spielt. Grenci und Todd (2002) konnten bereits zeigen, dass die Einsatznotwendigkeit stark von der Produktkomplexität abhängt, wobei eine steigende Kaufwahrscheinlichkeit von komplexen Produkten im Internethandel durch den Einsatz solcher Systeme festzustellen ist (Grenci/Todd 2002). So zeigt auch Swaminathan (2003) experimentell, welche Auswirkungen das Produktrisiko und die -komplexität sowie das Kundenproduktwissen auf die Wahrnehmung von Kaufempfehlungen haben. Hierbei kann festgestellt werden, dass das wahrgenommene Produktrisiko die Entscheidungsqualität beeinflusst, während die Produktkomplexität die Suchdauer beeinflusst. Auch frühe Forschung im stationären Bereich hat gezeigt, dass die Produktart die Nutzung von Informationsquellen und deren Einfluss auf das Konsumentenverhalten bedingt (Bearden/Etzel 1982; Childers/Rao 1992; King/Balasubramaniam 1994). Hierbei bietet sich eine Klassifikation der Produkte nach informationsökonomischer Sichtweise an, welche drei Arten von Produkteigenschaften unterscheidet (Weiber/Adler 1995): So existieren Sucheigenschaften, bei welchen bereits vor dem Kauf die Informationssuche als subjektiv befriedigend angesehen wird und somit der Beurteilungsprozess abgeschlossen werden kann. Des Weiteren gibt es Erfahrungseigenschaften, welche aufgrund von Know-how-, Zeit-, Kosten- oder sonstigen Gründen zum Zeitpunkt der Kaufentscheidung keine Eigenschaftsbeurteilung ermöglichen. Diese wird aufgrund dessen erst nach dem Kauf unter Rückgriff auf Erfahrungswerte vorgenommen. Schließlich existieren Vertrauenseigenschaften, bei welchen der Konsument aufgrund von positiven Eigen- oder Fremderfahrungen beschließt, von einer Überprüfung der Leistungseigenschaften abzusehen und auf die Erfüllung der Leistung zu vertrauen.[9] Unter Rückgriff auf diese drei Eigenschaftsarten lassen sich Produkte entsprechend typologisieren, wo-

---

[9] Diese Einschätzungen der Leistungseigenschaften sind vom individuellen Beurteilungsvermögen abhängig und werden durch situative Umfeldeinflüsse (z.B. Risikoneigung des Konsumenten, Kaufsituation) beeinflusst (Weiber/Adler 1995).

bei zu beachten ist, dass bei jedem Produkt immer alle Eigenschaftsarten vorhanden sind, jedoch in einem mehr oder weniger starken Ausmaß. Für den stationären Bereich haben beispielsweise King und Balasubramaniam (1994) Unterschiede zwischen Such- und Erfahrungsgütern bei der Nutzung von Informationsquellen feststellen können und nachgewiesen, dass bei Erfahrungsgütern eher auf ausstehende Informationsquellen zurückgegriffen wird. Dies konnten Senecal und Nantel (2004) für den Internethandel bestätigen und zeigen, dass Kaufempfehlungen für Erfahrungsgüter eine größere Bedeutung besitzen als für Suchgütern.

Das Umfeld, in welchem Informationen aufgenommen werden, nimmt eine herausragende Stellung ein. So können verschiedene Situationen mittels kontextabhängigen Informationen unterschiedlich dargestellt werden (z.B. Biernat et al. 1997). Als Einflussfaktoren konnten hierbei unter anderem das Timing der Information (Jordan/English 1989), die Ausführlichkeit der bereitgestellten Informationen sowie die vorhandenen kognitiven Ressourcen beim Konsumenten (Meyers-Levy/Tybout 1997) identifiziert werden. Mit Hilfe unterschiedlicher Assimilationstheorien wird dies von Cooke et al. (2002) auch gezeigt. Somit ist davon auszugehen, dass auch die Platzierung von Kaufempfehlungen einen Einfluss auf die Akzeptanz besitzt.

Des Weiteren nimmt auch die Art der Webseiten, auf welcher die Empfehlung ausgesprochen wird, eine entscheidende Stellung ein. In der Literatur werden drei Arten unterschieden: Händler-Webseiten (also Internetshops, wie z.B. Amazon), kommerzielle sowie nicht-kommerzielle Vergleichsseiten (z.B. Preissuchmaschinen und Konsumentenbewertungen, wie z.B. dooyoo.de; Senecal/Nantel 2004). Von großer Bedeutung hat sich hierbei die Unabhängigkeit der Seiten erwiesen, weswegen nicht-kommerzielle Seiten bevorzugt werden (z.B. Alba et al. 1997; Bakos 1997; Lynch/Ariely 2000). Jedoch spielt ebenso die Quelle sowie deren Qualität und Glaubwürdigkeit eine entscheidende Rolle (z.B. Senecal/Nantel 2004). Dieser Faktor kann jedoch im weiteren Verlauf der Arbeit nicht berücksichtigt werden, da die Analyse am Beispiel eines Online-Händlers durchgeführt werden soll. Damit soll der Tatsache Rechnung getragen werden, dass Kaufempfehlungen im Internethandel die Aufgabe von Verkäufern aus dem stationären Handel übernehmen.

Im Bereich der psychografischen Kriterien werden im Handelskontext vor allem Einkaufsmotive als Persönlichkeitsdeterminanten verwendet. Diese stellen einerseits einen

2.2 Kaufempfehlungen im Internethandel

maßgeblichen Einflussfaktor der Produktwahl dar und bestimmen andererseits die Eignung der Betriebs- und Vertriebstypen zur Befriedigung der Konsumentenbedürfnisse (z.B. Gröppel-Klein 1998, S. 107; Li et al. 1999; Schramm-Klein 2003, S. 38; Schröder/Zaharia 2008). Lingenfelder/Loevenich (2003) zeigen diese Kaufverhaltensrelevanz der Einkaufsmotive speziell für den Internethandel auf und nutzen diese zur Identifizierung von Online-Käufergruppen, womit die Bedeutung für die vorliegende Thematik noch einmal unterstrichen wurde. Aufgrund der nachgewiesenen Bedeutung von Einkaufsmotiven in unterschiedlichen Zusammenhängen, ist auch davon auszugehen, dass Einkaufsmotive Einfluss auf die Akzeptanz von Kaufempfehlungen im Internethandel nehmen. In einem Online-Experiment zum Einfluss von Empfehlungen auf die Kaufentscheidung konnten Smith et al. (2005) neben den Empfehlungseigenschaften (systemseitige Faktoren), den Produktcharakteristika und den Umfeldfaktoren vor allem die Einkaufsmotive als Determinanten der Persönlichkeit ausfindig machen. Sie zeigen, dass die Bedeutung bei Konsumenten mit nützlichkeitsorientierten Motiven höher ist als bei Konsumenten mit hedonistischen Motiven. Diese Erkenntnisse stehen im Kontrast zu den Erkenntnissen aus dem stationären Handel, wo gezeigt wurde, dass Konsumenten mit hedonistischen Motiven beispielsweise durch das Verkaufspersonal mehr beeinflusst werden (Feick/Higie 1992). Dies kann dadurch begründet werden, dass der Internethandel einen Convenience-Charakter besitzt, welcher im Gegensatz zum erlebnisorientierten stationären Handel für Schnelligkeit und Einfachheit bekannt ist (z.B. Alba et al. 1997; Bakos 1997; Forsythe et al. 2006).

Als weitere Determinante der Persönlichkeit und moderierenden Faktor konnten Fitzsimons und Lehmann (2004) im Zusammenhang ihrer Untersuchung zu unerwarteten Empfehlungen das Involvement identifizieren. So werden Reaktionen extremer erlebt, wenn der Konsument hoch involviert ist. Das Involvement als ein „Schlüsselkonstrukt der Marketingforschung" (Trommsdorff 2009, S. 48) nimmt jedoch keine tragende Rolle im Entscheidungsprozess ein, sondern übt nur einen moderierenden Effekt aus. Da das Involvement-Konstrukts im Marketing-Kontext weit verbreitet ist (vgl. Kroeber-Riel et al. 2009), soll es auch in vorliegender Arbeit verwendet werden.

Zusammenfassend kann festgehalten werden, dass die Diskussion einige Determinanten hervorgebracht hat, deren Einfluss auf die Akzeptanz von Kaufempfehlungen untersucht werden sollte. So wird im Laufe der folgenden Untersuchung am Beispiel eines Erfahrungsgutes überprüft, welche Rolle einerseits die Platzierung als Umfeldvariable einnimmt und andererseits welche Rolle Einkaufsmotive und das Involvement als Persönlichkeitsdeterminanten spielen, wobei das Involvement analog zur Literatur als moderierende Variable betrachtet wird. Die identifizierten relevanten Determinanten sind in Tabelle 12 überblicksartig mit einer Beschreibung und ihrer Bedeutung für den Untersuchungskontext zusammengefasst.

Tabelle 12: Überblick der Determinanten des Einflusses von Kaufempfehlungen

Dimension	Einflussfaktor	Beschreibung	Bedeutung für den Untersuchungskontext
Rahmenbedingungen der Untersuchung	Produkt bzw. Produktkategorie	- Einfluss von Produktkomplexität und -risiko (z.B. Grenci/Todd 2002) - Einfluss der Produktart auf Nutzung von Informationsquellen und Konsumentenverhalten (z.B. Bearden/Etzel 1982) - Einfluss von Kaufempfehlungen eher bei Erfahrungsgütern (Senecal/Nantel 2004)	- Überprüfung anhand eines Erfahrungsguts
	Umfeldfaktoren	- Unterschiedliche Wahrnehmung durch kontextabhängige Informationen (z.B. Biernat et al. 1997) - Einflussfaktoren: Timing (Jordan/English 1989) und Ausführlichkeit der Information sowie kognitive Ressourcen (z.B. Meyers-Levy/Tybout 1997) - Vermuteter Einfluss von Platzierungen	- Konstante Platzierungen beachten - Vergleich unterschiedlicher Plazierungsorte
	Art der Webseite	- Unterscheidung von Händler-Webseiten, und (nicht-)kommerziellen Vergleichsseiten (Senecal/Nantel 2004) - Unabhängigkeit der Seite von großer Bedeutung (z.B. Alba et al. 1997)	- Festlegung auf Internethandel (kommerziellen Kontext) bereits erfolgt
Psychografische Kriterien	Einkaufsmotive	- Einkaufsmotive als maßgeblicher Einflussfaktor (z.B. Gröppel-Klein 1998, S. 107) - Relevanz im Internethandel zur Identifizierung von Online-Käufergruppen (Lingenfelder/Loevenich 2003) - Einfluss im Internethandel vorhanden (Smith et al. 2005), jedoch entgegensetzte Wirkung im Vergleich zum stationären Handel (Feick/Higie 1992)	- Auswahl relevanter Einkaufsmotive
	Involvement	- Involvement als moderierender Faktor - Unterschiedliche Wahrnehmung in Abhängigkeit des Ausprägungsgrades (z.B. Fitzsimons/Lehmann 2004) - Ursachen: Produkt- oder personenspezifische bzw. rein spezifische Faktoren	- Berücksichtigung des Involvement - Auswahl einer relevanten Involvementart

(Quelle: eigene Darstellung)

3 Technologieakzeptanz von Kaufempfehlungen

3.1 Akzeptanz als zentrale Größe im Konsumentenverhalten

3.1.1 Grundlegende Begriffe

Zur Erklärung des Erfolgs bzw. Misserfolgs von technologischen Innovationen wird in der Marketingtheorie seit den 1960er Jahren häufig die Akzeptanz herangezogen. Jedoch erfolgt die Untersuchung über eine positive Aufnahme und Nutzung technologischer Innovationen innerhalb des ökonomischen Umfelds in verschiedenen Teildisziplinen der Wissenschaft (v.a. Soziologie und Betriebswirtschaft mit ihren Teilgebieten Arbeits-, Organisations- sowie Marketingwissenschaft), wodurch der Begriff interdisziplinär vielseitig verwendet[10] und auch umgangssprachlich häufig genutzt wird (Rengelshausen 2000, S. 71 f.). 1980 wurde der Begriff Akzeptanz erstmals als eigenständiger Eintrag im Duden aufgeführt (Lucke 1995, S. 46 ff.). Die verwendeten Akzeptanzdefinitionen unterscheiden sich danach auch stark voneinander und eine Abgrenzung kann nur über den englischen Ursprung „Acceptance" vorgenommen werden. Hierbei kann Akzeptanz als zustimmendes Hinnehmen oder Bejahen des Annehmens einer Situation, eines Objektes oder einer Person verstanden werden (Pressmar 1982, S. 324).[11]

Nachdem die Akzeptanzforschung in der Soziologie entwickelt wurde, ist sie auch in der Betriebswirtschaftslehre, insbesondere im Marketing und der Organisationsforschung, etabliert. Im betriebswirtschaftlichen Kontext sollte der Akzeptanzbegriff grundsätzlich hinsichtlich der Verwendung im organisationalen bzw. adoptionstheoretischen Kontext unterschieden werden, was jedoch häufig vernachlässigt wird (z.B. Haber 2008, S. 47). So beschäftigt sich die Organisationsforschung v.a. mit der Mitarbeiterakzeptanz neuer Organisationsstrukturen und innovativer Informations- und

---

[10] Eine umfassende Darstellung des Akzeptanzbegriffes im soziologischen sowie betriebs-, arbeits-, organisations- und marketingwissenschaftlichen Kontext findet sich bei Kollmann (1998, S. 44 ff.), Fischer (2002, S. 89 f.) und Betz (2003, S. 97 ff.).
[11] Eine Übersicht der etymologischen Entwicklung des Akzeptanzbegriffes sowie eine Betrachtung aus verschiedenen Blickwinkeln findet sich bei Schwarz und Chin (2007).

Kommunikationstechnologien,[12] während bei adoptionstheoretischen Überlegungen der Konsument im Vordergrund der Betrachtungen steht. Ein Überblick zum Begriffsverständnis der Akzeptanz im organisationalem Kontext und im Kontext konsumentengerichteter Innovationen und deren Konzeptualisierung findet sich in Tabelle 13.

Tabelle 13: Begriffsverständnis und Konzeptualisierung der Akzeptanz im Kontext organisationaler und konsumentengerichteter Innovationen

Autor	Kontext	Akzeptanzverständnis	Konzeptualisierung der Akzeptanz
Reichwald (1978, S. 31)	organisational	„[...] die Bereitschaft eines Anwenders, in einer konkreten Anwendungssituation das vom Techniksystem angebotene Nutzungspotenzial aufgabenbezogen abzurufen."	Einstellung, Verhaltensintention
Schönecker (1985, S. 34)	organisational	- aufgabenbezogenes Verhalten gegenüber der Technik - positive Einstellung gegenüber Technik und grundsätzliche Bereitschaft zur Nutzung	Einstellung, Verhaltensintention, Verhalten
Müller-Böling/ Müller (1986, S. 23)	organisational	„[...] Akzeptanz sowohl Einstellungen und Handlungsbereitschaft sowie Verhaltensaspekte verbunden werden."	Einstellung, Verhaltensintention, Verhalten
Oehler (1990, S. 75)	konsumentengerichtet	„Die Akzeptanz [...] ist die einstellungskonsistente und tätigkeitsadäquate Nutzung [...]. Hierbei geht die tätigkeitsbezogene Nutzung auf eine positive Einstellung eines Individuums zurück, welche eine Verhaltensbereitschaft repräsentiert [...]."	Einstellung, Verhaltensintention, Verhalten
Kollmann (1998, S. 69)	konsumentengerichtet	„Akzeptanz ist die Verknüpfung einer inneren rationalen Begutachtung und Erwartungsbildung (Einstellungsebene), einer Übernahme der Nutzungsinnovation (Handlungsebene) und einer freiwilligen problemorientierten Nutzung (Nutzungsebene) [...]."	Unterscheidung von Einstellungs-, Handlungs-, Nutzungs- und Gesamtakzeptanz
Wohlfahrt (2004, S. 64)	konsumentengerichtet	„[...] Akzeptanz wird demnach anhand der kognitiven, affektiven und konativen Dimension im Sinne des tatsächlichen Nutzungsverhaltens erhoben."	Einstellung, Verhaltensintention, Verhalten

(Quelle: eigene Darstellung in Anlehnung an Haber 2008, S. 49 ff.)

Hierbei zeigt sich, dass bei der Konzeptualisierung der Akzeptanz ein- und mehrdimensionale Konzepte unterschieden werden können. Während eindimensionale Kon-

---

[12] Hierbei ist anzumerken, dass Modelle der Organisationsforschung später auch zur Akzeptanzuntersuchung von konsumentengerichteten Innovationen herangezogen wurden. Als Beispiele hierfür können die bekanntesten Modelle der Organisationsforschung, das Technology Acceptance Model (TAM) sowie die Unified Theory of Acceptance and Use of Technology (UTAUT), aufgeführt werden.

zepte unter Akzeptanz eine positive Einstellung oder Verhaltensabsicht (z.B. Davis 1986; 1989) verstehen, sehen mehrdimensionale Konzepte Akzeptanz als eine Kombination aus Einstellung und Verhaltensabsicht an, bzw. berücksichtigen zusätzlich das tatsächliche Verhalten.[13]

Da angenommen wird, dass für die Beurteilung von Kaufempfehlungen sowohl die Einstellung der Konsumenten zu Kaufempfehlungen als auch die anschließende Nutzung einbezogen werden müssen, wird nachfolgend auf eine einstellungs- als auch verhaltensbasierte Konzeptualisierung der Akzeptanz abgezielt. Diese wird von Kollmann (1998) umgesetzt, dessen Arbeit eine der umfassendsten empirischen Arbeiten zur Akzeptanz in der deutschsprachigen betriebswirtschaftlichen Forschung darstellt. Basierend auf bisherigen Konzepten entwickelt Kollmann (1998, S. 67 ff.) drei Phasen des Akzeptanzprozesses, welche zeitlich-dynamisch aufgefasst werden können:

- Einstellungsphase: Verknüpfung der Wert- und Zielvorstellungen des Konsumenten mit einer rationalen Handlungsbereitschaft hinsichtlich Kauf- und Nutzungsentscheidung. Die Handlungsbereitschaft resultiert aus einer Abwägung von Vor- und Nachteilen auf Basis des kognitiven Wissens sowie aus den Erwartungen des Konsumenten unter Berücksichtigung affektiver bzw. emotionaler Komponenten.

- Handlungsphase: Aktive Umsetzung der rationalen Handlungsbereitschaft in eine konkrete Handlung wie Übernahme oder Kauf.

- Nutzungsphase: Transformation der durchgeführten Handlung der Übernahme bzw. des Kaufes in eine freiwillige, konkrete und aufgabenbezogene bzw. problemorientierte Nutzung (Verhalten).

Innerhalb der dargestellten Phasen können drei Zwischenakzeptanzen[14] unterschieden werden: Einstellungs-, Handlungs- und Nutzungsakzeptanz, welche sowohl einzeln betrachtet als auch zusammen als (Gesamt-)Akzeptanz aufgefasst werden können. Wie in Kapitel 1.3 dargestellt, folgt diese Arbeit dem Begriffsverständnis von Kollmann

---

[13] Eine ausführliche Betrachtung von reinen einstellungs- und verhaltensorientierten Akzeptanzansätzen findet sich z.B. bei Rengelshausen (2000, S. 72 f.), Fischer (2002, S. 100 ff.) oder Betz (2003, S. 103 ff.).
[14] „Zwischenakzeptanzen bilden sich in den einzelnen Phasen des Akzeptanzprozesses und unterscheiden sich im Charakter durch eine Verknüpfung der im Zeitverlauf unterschiedlichen Ausprägungen der Akzeptanz- bzw. Erklärungsebenen (erwartete/tatsächliche Größen), wobei sich die Ausprägung der Zwischenakzeptanzen im Rahmen eines Akzeptanzkontinuums widerspiegeln" (Kollmann 1998, S. 69).

(1998, S. 69) und definiert Akzeptanz als „Verknüpfung einer inneren rationalen Begutachtung und Erwartungsbildung (Einstellungsebene), einer Übernahme der Nutzungsinnovation (Handlungsebene) und einer freiwilligen problemorientierten Nutzung (Nutzungsebene) bis zum Ende des gesamten Nutzungsprozesses."

Dieses mehrdimensionale Akzeptanzverständnis, welches die Einstellungs- und die Verhaltensakzeptanz umfasst, hat sich in der Akzeptanzforschung bereits Anfang der 1990er Jahre durchgesetzt und soll auch die Grundlage dieser Arbeit darstellen. Je nach Ausprägungsgrad der Einstellungs- und der Verhaltensakzeptanz ergeben sich unterschiedliche Akzeptanz-Kombinationsmuster, welche als Grundlage der Beschreibung von Benutzertypen dienen können (vgl. Abbildung 4).

		Verhaltensakzeptanz	
		Nein/schwach ausgeprägt	Ja/stark ausgeprägt
Einstellungs-akzeptanz	Nein/negativ	Überzeugter Nicht-Benutzer/ „Nicht-Akzeptanz" E- N-	Gezwungener Benutzer/ „Verwendungsbedingte Akzeptanz" E- N+
	Ja/positiv	Verhinderter Benutzer/ „Einstellungsbedingte Akzeptanz" E+ N-	Überzeugter Benutzer/ „Akzeptanz" E+ N+

Abbildung 4: Benutzertypen nach Akzeptanzkomponenten „Einstellung (E)" und „Nutzung (N)" (Quelle: eigene Darstellung in Anlehnung an Müller-Böling/Müller 1986, S. 28; Gaul/Both 1990, S. 100)

Hierbei ist zu erkennen, dass eine sowohl positive (negative) Einstellung als auch ein stark (schwach) ausgeprägtes Verhalten einer (Nicht-)Akzeptanz entsprechen und einen überzeugten (Nicht-)Benutzer charakterisieren. Jedoch können die Akzeptanzkomponenten auch gegenläufig ausgeprägt sein und sich in einer verwendungsbedingten Akzeptanz (negative Einstellung und stark ausgeprägtes Verhalten; „Gezwungener Benutzer") oder einer einstellungsbedingten Akzeptanz (positive Einstellung und schwach ausgeprägtes Verhalten; „Verhinderter Benutzer") äußern. Aus dieser Betrachtung wird die Überlegenheit eines mehrdimensionalen Akzeptanzverständnisses, welches sowohl Einstellungs- als auch Verhaltenskomponenten vereint, noch einmal deutlich. Da im vorliegenden Akzeptanzverständnis die Nutzung einen elementaren

3.1 Akzeptanz als zentrale Größe im Konsumentenverhalten

Teilaspekt darstellt, ist hierin auch die Abgrenzung bzw. Erweiterung zum Adoptionsbegriff zu sehen. Adoption wird lediglich als Übernahme einer Neuerung betrachtet.[15] Die Überlegenheit eines mehrdimensionalen Akzeptanzverständnisses wird auch durch die Schwächen sowohl der Einstellungs- als auch der Adoptionsforschung begründet (Hoffmann 2008, S. 99): Während sich die Einstellungsforschung ausschließlich mit der inneren Haltung gegenüber einem Objekt beschäftigt und dabei lediglich Verhaltensabsichten und -tendenzen berücksichtigt, steht bei der Adoptionsforschung der konkrete Kaufakt im Mittelpunkt der Betrachtung unter Vernachlässigung der anschließenden Nutzungsphase.

Nach den Überlegungen von Lucke (1995, S. 74) und Kollmann (1998, S. 62) lassen sich zwei Arten von Akzeptanz unterscheiden: Die Adoptions- sowie die Adaptionsakzeptanz. Während die Adoptionsakzeptanz eine uneingeschränkte Akzeptanz darstellt, bei welcher „etwas so anzunehmen" ist, wie es existiert, liegt der Adaptionsakzeptanz nur eine begrenzte Grundakzeptanz zugrunde und es sind individuelle Anpassungen notwendig. In Abbildung 5 sind die beiden Arten der Akzeptanz mit ihren Unterschieden dargestellt.

Adoptionsakzeptanz	Adaptionsakzeptanz
Objektfunktionen passen in vorhandenes Werte-/Zielsystem	Objektfunktionen passen nicht in vorhandenes Werte-/Zielsystem
Uneingeschränkte Grundakzeptanz	Eingeschränkte Grundakzeptanz
Keine individuelle Anpassung notwendig	Individuelle Anpassung notwendig
Keine technologische Anpassung notwendig	Technologische Anpassung notwendig
„Etwas-so-annehmen, wie es vorhanden ist und in *vorhandenes* System einbinden"	„Etwas-so-annehmen, wie es vorhanden ist und in *angepasstes* System einbinden"
Kein externer Druck (Freiwilligkeit)	Externer Druck (Zwang)
↓	↓
Übernahme des Objektes	

Abbildung 5: Adoptionsakzeptanz versus Adaptionsakzeptanz
(Quelle: eigene Darstellung in Anlehnung an Kollmann 1998, S. 63)

---

[15] Eine ausführliche Diskussion des Adoptionsbegriffs findet sich z.B. bei Bagozzi/Lee (1999) oder Krafft/Litfin (2002). In Abbildung 6 ist die Abgrenzung zwischen Adoption und Akzeptanz an der Darstellung der Phasen des Innovationsprozesses auch noch bildlich verdeutlicht.

Letztendlich führen jedoch beide Arten der Akzeptanz zu einer Übernahme des Objektes, wenn auch verschiedene Grundbedingungen herrschen. Aus Unternehmenssicht ist es jedoch vorteilhaft auf eine Adoptionsakzeptanz zu treffen, da hierbei mit weniger Akzeptanzbarrieren zu rechnen sein dürfte und aus der Freiwilligkeit der Nutzung eine höhere Nutzungshäufigkeit resultiert (Kollmann 1998, S. 63 f.). Im weiteren Verlauf der Arbeit wird nicht zwischen den beiden Arten der Akzeptanz unterschieden, da die Untersuchung nicht im organisationalen Kontext stattfindet und somit kein Zwang zur Nutzung von Kaufempfehlungen aufgebaut werden kann.

3.1.2 Theoretische Bezugspunkte zur Ermittlung der Akzeptanz

Zur Überprüfung, wie und unter welchen Voraussetzungen Kaufempfehlungen von den Konsumenten angenommen werden, können unterschiedliche Theorien und Modelle herangezogen werden. Im Folgenden werden zunächst die grundlegenden Theorien betrachtet, welche die Modelle geprägt haben. Im Rahmen der Diffusions- und Akzeptanzforschung können die Diffusionstheorie („Innovation Diffusion Theory"; IDT), die „Theory of Reasoned Action" (TRA) sowie die „Theory of Planned Behavior" (TPB) aufgeführt werden.

Die Diffusionstheorie[16] als ältester Forschungszweig wurde maßgeblich von den Werken von Rogers (1962; 2003) geprägt und erforscht, hauptsächlich aus Sicht des Anbieters auf einer Makroebene, die kumulierte Adoption von Innovationen in einer Gesellschaft im Zeitablauf, welche in nachfolgendem Ablaufschema festgehalten werden kann (vgl. Abbildung 6).

In der ersten Phase (Bewusstsein) nimmt das Individuum die Innovation zum ersten Mal aktiv oder passiv wahr, womit der Phasendurchlauf startet. In den folgenden drei Phasen der Meinungsbildung (Interesse/Bewertung/Versuch) erfolgt zunächst eine Informationssammlung, um eine (vorläufige) Bewertung durchzuführen und die Innovation in einem Versuch zu überprüfen, welche in einer Adoption bzw. Ablehnung der Innovation mündet. In der letzten Phase (Entscheidung) werden Faktoren gesucht, um entweder die getroffene Entscheidung zu verstärken oder es werden Anhaltspunkte

---

[16] Eine ausführliche Darstellung der Diffusionstheorie und deren spezifische Einflussfaktoren sowie die Modelle der Diffusionsforschung findet sich bei Schmidt (2009, S. 17 ff.).

3.1 Akzeptanz als zentrale Größe im Konsumentenverhalten

geprüft, welche bei widersprüchlichen Informationen ein Bereuen der Entscheidung bedingen könnten.[17]

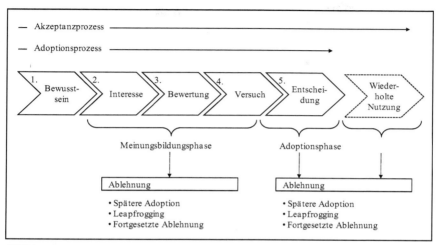

Abbildung 6: Fünf-Phasen-Modell des Entscheidungsprozesses bei Innovationen
(Quelle: eigene Darstellung in Anlehnung an Weiber 1992, S. 4 ff.; Rogers 2003, S. 170)

Unter Zuhilfenahme zeitlicher Aspekte einer Adoption einer Innovation können nach Rogers (2003, S. 22, 281) verschiedene Kundensegmente bzw. Adoptorkategorien gebildet werden:

- Innovatoren („Innovators", die ersten 2,5 % aller Adoptoren),
- Frühe Adoptoren („Early Adopters", 13,5 %),
- Frühe Mehrheit („Early Majority", 34 %),
- Späte Mehrheit („Late Majority", 34 %) und
- Nachzügler („Laggards", 16 %).

---

[17] Rogers (2003, S. 189 ff.) folgt hierbei den Erkenntnissen aus der Theorie der kognitiven Dissonanz nach Festinger (1957). Die Ablehnung kann auch vorübergehend sein und bei veränderten Informations- und Kenntnisstand nach einem wiederholten Durchlaufen des Adoptionsprozesses zu einer positiven Entscheidung führen (Leapfrogging; Weiber/Pohl 1996, S. 1205).

Bei der Adoptionsentscheidung nehmen zahlreiche Faktoren Einfluss, welche im folgenden Kapitel ausführlich betrachtet werden (siehe Kapitel 3.1.3). Die Erkenntnisse aus der Diffusionstheorie wurden genutzt, um Modelle zur Akzeptanzmessung von technologischen Innovationen zu entwickeln (z.B. Moore/Benbasat 1991; Agarwal/Prasad 1997; Shih/Venkatesh 2004). Einerseits konnte so die Bedeutung der wahrgenommenen Charakteristika für künftige Nutzungsentscheidungen erforscht werden, andererseits wurden unterschiedliche Nutzungsintensitäten analysiert. Im Bereich des Internethandels wurden die Erkenntnisse der Diffusionstheorie genutzt, um z.B. die Barrieren der Nutzung des Einkaufskanals bzw. die Determinanten der Nutzung zu erklären (z.B. Bauer et al. 2000; Montoya-Weiss et al. 2003; Chen/Tan 2004).

Während Diffusionstheorien hauptsächlich aus Anbietersicht Verwendung finden, werden die im Folgenden betrachteten Theorien aus Sicht der Nutzer auf Mikroebene eingesetzt. Im Bereich der verhaltenswissenschaftlichen Konsumentenforschung stellt die „Theory of Reasoned Action" (TRA; oder auch als Theorie bedachter Handlungen bezeichnet) von Fishbein und Ajzen (1975) sowie Ajzen und Fishbein (1980) eine der bedeutendsten traditionellen Einstellungstheorien[18] und das am häufigsten angewendete theoretische Erklärungsmuster dar. Die sozialpsychologische Theorie zielt darauf ab, geplantes und bewusst durchgeführtes Verhalten von Individuen zu erklären und zu prognostizieren. Hierbei wird zwischen Überzeugungen („Beliefs"), der Einstellung von Individuen („Attitude"), Verhaltensabsichten („Intentions") und dem tatsächlichen Verhalten („Behavior") unterschieden, deren postulierter Zusammenhang in Abbildung 7 dargestellt ist.

---

[18] Die Einstellung nimmt unter den Erkenntnisgrößen der Konsumentenforschung eine herausragende Stellung ein, da sie grundsätzlich als besonders verhaltensprägend und gleichzeitig als leicht zugänglich für Messung und Beeinflussung gilt (Kroeber-Riel et al. 2009, S. 210 ff.). So wird grundsätzlich von rationalen Handlungen im Einklang mit den Einstellungen ausgegangen, was auch in der E-V-Hypothese von Roth (1967) postuliert wird. Allerdings entsprechen sich Einstellungen und Verhalten nicht in allen Fällen, da zwischen Einstellung und Verhalten häufig mediierende oder moderierende Faktoren treten (Kroeber-Riel et al. 2009, S. 217 f.). So bildet der Zusammenhang zwischen Einstellung (E) und Verhalten (V) die Grundlage zahlreicher bedeutender Theorien (z.B. TRA; TPB) und konnte auch durch eine Reihe weiterer Studien präzisiert werden (z.B. Fazio/Zanna 1981; Smith/Swinyard 1983).

3.1 Akzeptanz als zentrale Größe im Konsumentenverhalten 51

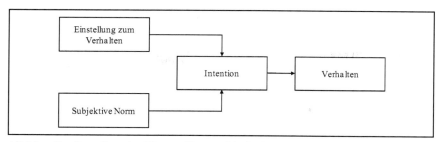

Abbildung 7:   Darstellung der „Theory of Reasoned Action"
(Quelle: eigene Darstellung in Anlehnung an Ajzen/Fishbein 1980, S. 8)

Der Theorie liegt die Annahme zugrunde, dass das Verhalten von Individuen aus bestimmten Absichten zu erklären ist, dieses Verhalten auszuüben (Verhaltensabsicht), welche wiederum von der Einstellung der Person (persönlicher Faktor) sowie von sozialen Einflüssen (externe Einflüsse) determiniert werden. Die Einstellung ergibt sich aus den Überzeugungen einer Person, dass ein Verhalten zu einem bestimmten Ergebnis führt sowie aus der Bewertung des Ergebnisses. Die sozialen Einflüsse umfassen dagegen die subjektiv wahrgenommenen Erwartungen aus der Umwelt an die eigene Person (z.b. Erwartungen von Mitmenschen, die einem Individuum wichtig sind). Die Stärke der Einflussnahme steht in Abhängigkeit der Beugung des Konsumenten.

Während das Anwendungsspektrum der TRA in der Sozialpsychologie sehr breit ist (z.b. Prognose des Ernährungsverhaltens oder der Wahl einer politischen Partei), steht im Bereich der Konsumentenverhaltensforschung das Verhalten der Konsumenten allgemein (z.B. Sheppard et al. 1988) oder in bestimmten Bereichen, z.B. dem Internet (z.B. Yoh et al. 2003), im Mittelpunkt der Untersuchungen.

Als Vorteil der TRA wird die Möglichkeit angesehen, eine Struktur in eine Vielzahl an Variablen zu bringen (Davis 1986, S. 21) und vor allem durch die Begrenzung auf wenige Variablen mit immanenter Bedeutung stark generalisierbar zu sein (Fishbein/Ajzen 1975, S. 218). Diese Generalisierbarkeit bietet neben der größten Stärke, aber auch gleichzeitig die größte Schwäche, da die breite Anwendbarkeit des Modells aufwendige Modellanpassungen mit sich bringt (Ajzen/Fishbein 1980, S. 4). Ebenso ist nur eine Prognose des geplanten Verhaltens und nicht von impulsiven Verhaltensmustern möglich, da motivationale Prozesse vernachlässigt werden und keine Berücksichtigung von emotional basiertem Verhalten stattfindet. Jedoch steht das Verhalten nicht immer unter kognitiver Kontrolle bzw. kann auch habitualisiert oder von unbewussten Prozessen beeinflusst sein, was mittels TRA nicht zu analysieren ist (Kroeber-Riel et al. 2009, S. 213). Die Vorteile der TRA sind ebenso wie die Kritik, welche in der Literatur vielfach auftaucht, in der folgenden Tabelle noch einmal übersichtsartig zusammengefasst (vgl. Tabelle 14).

Tabelle 14: Vorteile und Kritik an der TRA

Vorteile	Kritik
Ordnung und Struktur in unübersehbare Zahl an Variablen zu bringen	Vernachlässigung der Kraft motivationaler Prozesse und keine Berücksichtigung von emotional basiertem Verhalten
Generalisierbarkeit durch Begrenzung auf wenige Variablen mit immanenter Bedeutung	Aufwendige Bestimmung relevanter Eigenschaften jeweils für den Untersuchungskontext
Hohe Erklärungskraft der Bestandteile	Keine Berücksichtigung der Rückwirkungen des Verhaltens auf die Einstellung

(Quelle: eigene Darstellung in Anlehnung an Fishbein/Ajzen 1975, S. 218; Ajzen/Fishbein 1980, S. 4; Davis 1986, S. 21; Kroeber-Riel et al. 2009, S. 213 f.)

Jedoch wird von den Autoren ausdrücklich darauf hingewiesen, dass das Modell kein abgeschlossenes System darstellt und externe Einflussfaktoren denkbar sind, welche jedoch in einer Beziehung zu den in der Theorie spezifizierten Variablen stehen müssen und das Verhalten indirekt beeinflussen können. Diese werden im folgenden Kapitel 3.1.3 als Einflussfaktoren der Akzeptanz diskutiert.

Die „Theory of Planned Behavior" (TPB; oder auch als Theorie des geplanten Verhaltens bezeichnet) von Ajzen (1985; 1991) stellt eine Weiterentwicklung der TRA und die zweite bedeutendste Einstellungstheorie dar, mit welcher die Kritik an der TRA teilweise entkräftet werden soll, indem eine Erweiterung um Situationen stattfindet, die nicht vollständig unter kognitiver Kontrolle stehen. Hierzu wurde die wahrgenommene Verhaltenskontrolle („Perceived Behavioral Control") als neues Konstrukt hinzugefügt, welches auf dem von Bandura (1982) entwickelten Konzept des Selbstvertrauens („Self Efficacy") basiert und die Überzeugung von Individuen beschreibt, wie einfach oder wie schwierig sich die Umsetzung eines zuvor geplanten Verhaltens gestaltet wird. Somit nimmt neben der Einstellung und der sozialen Größen eine weitere Determinante Einfluss auf die Verhaltensabsichten. Nach Ajzen und Madden

3.1 Akzeptanz als zentrale Größe im Konsumentenverhalten   53

(1986, S. 456 f.) kann die Verhaltenskontrolle jedoch ebenfalls beeinflusst werden, beispielsweise von internen Störfaktoren (z.b. den Fähigkeiten der Individuen) oder von externen Störfaktoren (z.b. zeitliche Einflüsse auf das Verhalten).[19] Das Modell ist in Abbildung 8 bildlich dargestellt.

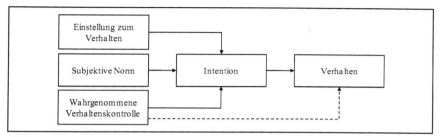

Abbildung 8: Darstellung der „Theory of Planned Behavior"
              (Quelle: eigene Darstellung in Anlehnung an Ajzen 1991, S. 182)

Die TPB wird in zahlreichen Studien zur Erklärung des menschlichen Verhaltens allgemein (z.b. Ajzen 1991) oder aber auch in Bezug auf den Internethandel (z.b. Pavlou/Fygension 2006) verwendet. Hierbei kann gezeigt werden, dass die Prognosekraft des Modells im Vergleich zu TRA zwar erhöht ist, aber dennoch eine Vernachlässigung der affektiven Prozesse zugunsten der kognitiven stattfindet, womit sowohl Prognosekraft als auch Gültigkeitsbereich eingeschränkt werden. Dies führt weiterhin zu einer kognitiven Sichtweise auf das Entscheidungsverhalten.

Die TRA und die TPB[20] stehen im Bezug zu zahlreichen Theorien, welche in den 1980er Jahren entwickelt worden sind, da sie sich aufgrund der expliziten Angabe von Definitionen, Operationalisierungen und Kausalzusammenhängen der Variablen für eine empirische Überprüfung sehr gut eignen (Davis 1986, S. 21 f.).

---

[19] Eine ausführliche Diskussion zum Erklärungspotenzial der Verhaltenskontrolle im Einstellungszusammenhang siehe Hoffmann (2008, S. 122 ff.).
[20] Ein Vergleich der beiden Theorien und ihrer Vorhersagekraft für tatsächliches Verhalten findet sich bei Madden et al. (1992).

3.1.3 Determinanten des Einflusses auf die Akzeptanz

Verschiedene Determinanten wirken wie bereits erwähnt auf den Adoptions- und Akzeptanzprozess, welche als Inputgrößen Auswirkungen auf alle Teilphasen nehmen können (Kollmann 1998, S. 117). Während Ajzen und Fishbein (1980, S. 82) im Zusammenhang mit der TRA nur die folgenden drei Bereiche unterscheiden:

- Demografische Variablen (z.B. Alter, Geschlecht, berufliche Tätigkeit),
- Einstellung bedeutender Personen, Institutionen, Objekte oder Marken und
- Persönlichkeitsmerkmale (z.B. introvertierte bzw. extrovertierte Neigungen),

werden in einer Vielzahl an empirischen Studien weitere Einflussfaktoren identifiziert, welche sich in produktbezogene, adoptor- bzw. konsumentenbezogene, unternehmens- bzw. anbieterbezogene, umwelt- und wettbewerbsbezogene Faktoren gliedern lassen (Gatignon/Robertson 1985; Weiber 1992, S. 4 ff.; Kollmann 1998, S. 117 ff.; Litfin 2000, S. 25; Rogers 2003, S. 222 ff.; Schmidt 2009, S. 20).

Produktbezogene Adoptions- bzw. Akzeptanzfaktoren, welchen eine herausragende Stellung bei der Beeinflussung des Adoptions- bzw. Akzeptanzprozesses zugeschrieben wird (Litfin 2000, S. 26 ff.), werden primär durch die Innovation beeinflusst. Jedoch ist bei der Analyse dieser Faktoren die subjektive Wahrnehmung und Bewertung der Innovation durch die Nachfrager entscheidend. Zu den wichtigsten produktbezogenen Faktoren zählen der relative Vorteil, die Kompatibilität, die Komplexität, die Erprobbarkeit sowie die Kommunizierbarkeit (Pohl 1996, S. 57 ff.; Kollmann 1998, S. 118 ff.; Litfin 2000, S. 25 ff.; Rogers 2003, S. 229 ff.).

Adoptor- bzw. konsumentenbezogene Faktoren messen nach Rogers (2003, S. 287) die Innovationsfreudigkeit der Konsumenten anhand sozio-ökonomischer Variablen, der Persönlichkeit und des Kommunikationsverhaltens (siehe auch Litfin 2000, S. 36 ff.; Pohl 1996, S. 64 ff.). Derartige Kriterien, insbesondere die erst genannten, werden auch im Rahmen der Marktsegmentierung verwendet (z.B. Baier/Brusch 2008).

Unternehmensbezogene Faktoren beinhalten organisationsspezifische Faktoren (z.B. Unternehmensgröße), Charakteristika des Entscheidungsträgers (z.B. Risikobereitschaft) sowie die Struktur des Buying Centers (Weiber 1992, S. 6 f.; Pohl 1996, S. 68 ff.; Kollmann 1998, S. 126 ff.; Litfin 2000, S. 36 ff.). Umweltbezogene Faktoren kön-

3.1 Akzeptanz als zentrale Größe im Konsumentenverhalten 55

nen in makroökonomische (z.b. Konjunktursituation), soziokulturelle (z.b. öffentliche Meinung), politisch-rechtliche (z.b. Marktzugangsbeschränkungen) und technologische Faktoren (z.b. technischer Entwicklungsstand des Landes) unterteilt werden. Im Rahmen dieser Untersuchung stehen private Konsumenten im Fokus der Betrachtungen, weswegen unternehmens- und umweltbezogene Adoptions- und Akzeptanzfaktoren im weiteren Verlauf nicht berücksichtigt werden. So werden lediglich produktbezogene Adoptions- und Akzeptanzfaktoren betrachtet sowie konsumentenbezogene Determinanten identifiziert.[21]

Zu den produktbezogenen Einflussfaktoren zählen der relative Vorteil, die Kompatibilität, die Komplexität, die Erprobbarkeit, die Kommunizierbarkeit, die Nutzungsbereitschaft sowie das wahrgenommene Risiko.[22] In der Literatur zum Adoptionsprozess wird die herausragende Stellung dieser Faktoren durch zahlreiche Studien belegt (z.b. Ostlund 1974; Weiber 1992; Cestre/Darmon 1998). Nach Kollmann (1998, S. 119) müssen aufgrund der hohen Bedeutung der Nutzungsebene bei der Akzeptanz von Innovationen insbesondere produktbezogene Determinanten der Innovationsnutzung betrachtet werden. Hauptsächlich von Bedeutung ist hierbei in vorliegendem Kontext die Nutzungsbereitschaft, welche den Erfüllungsgrad der Innovation in Bezug auf konkreten und individuellen problemorientierten Einsatz beim Konsumenten wiedergibt.[23]

Insgesamt kann festgehalten werden, dass die Determinanten relativer Vorteil, Kompatibilität, Erprobbarkeit, Kommunizierbarkeit sowie Nutzungsbereitschaft in einem positiven Zusammenhang mit der Akzeptanzausprägung stehen, d.h. je höher die Determinanten ausgeprägt sind, desto höher kann die Ausprägung der Akzeptanz erwartet werden. Dagegen steht die Determinante Komplexität in einem negativen Zusammenhang, d.h. je stärker die Komplexität ausgeprägt ist, desto niedriger kann die Ausprägung der Akzeptanz erwartet werden.

Im Bereich der konsumentenbezogenen Faktoren finden insbesondere sozio-ökonomische Variablen, Persönlichkeitsmerkmale und Kommunikationsverhalten Anwendung. Sozio-ökonomische Variablen werden dazu genutzt, die Voraussetzungen im Bereich der ökonomischen Akzeptanz aufzuzeigen. Vorteil dieser Variablen ist

---

[21] Die Beschränkung erfolgt analog zu Clement (2000) und Litfin (2000).
[22] Eine ausführliche Darstellung dieser Einflussfaktoren findet sich bei Schmidt (2009, S. 22 f.).
[23] Zu Abgrenzungen zwischen der Nutzungsbereitschaft und dem relativen Vorteil sowie der Kompatibilität siehe Kollmann (1998, S. 119 f.).

zudem, dass sie leicht zu erheben sind. Die psychografischen Variablen (allgemeine Persönlichkeitsmerkmale sowie Merkmale in Bezug auf die technologische Innovation wie z.b. Motive und Erwartungen) stellen die individuellen Bestimmungsfaktoren dar. Neben der Einstellung und der Kaufabsicht der Konsumenten spielen hierbei insbesondere die Erwartungen eine große Rolle, da speziell auf der Nutzungsebene zwei Drittel des Akzeptanzprozesses lediglich durch Erwartungen zu erfassen sind. In diesem Zusammenhang ist die Technikaffinität einer Person ebenfalls als wichtige Einflussgröße herauszustellen. So gehen Experten davon aus, dass speziell Menschen mit einer hohen Technikaffinität der Nutzung von technologischen Innovationen gegenüber aufgeschlossen sind (z.B. Parasuraman 2000).

Neben diesen bereits aufgeführten Faktoren können noch weitere Faktoren angewendet werden: Die Kriterien des beobachtbaren Kaufverhaltens, wie z.b. Mediennutzung bei Informationsaufnahme, Preisverhalten und Produktwahl (Kollmann 1998, S. 123). Zusätzlich können diese klassischen Faktoren aus adoptionstheoretischen Betrachtungen durch Kriterien des tatsächlichen Kaufverhaltens erweitert werden, welche speziell in der Nutzungsphase relevant sind. Hierbei ist das beobachtbare Nutzungsverhalten abhängig von der Häufigkeit bzw. der Intensität mit welcher ein System genutzt wird. So ist das Nutzungsverhalten und damit die Nutzungsakzeptanz umso positiver, je höher die Nutzungshäufigkeit bzw. die -intensität ist (Kollmann 1998, S. 125). Die konsumentenbezogenen Einflussgrößen sind in Tabelle 15 noch einmal vollständig strukturiert aufgeführt.

3.1 Akzeptanz als zentrale Größe im Konsumentenverhalten

Tabelle 15: Konsumentenbezogene Einflussgrößen im Akzeptanzprozess

Dimension	Untergruppe	Beispiel
Sozio-ökonomische Kriterien	Individualspezifische Größen	- Geschlecht - Alter - Nationalität
	Soziale Schicht	- Einkommen/Kaufkraft - Ausbildung - Berufsgruppe
	Familienlebenszyklus	- Familienstand - Alter des Ehepartners - Zahl und Alter der Kinder
	Geografische Kriterien	- Wohnortgröße - Region/Gebiet - Bevölkerungsdichte
Psychografische Kriterien	Allgemeine Persönlichkeitsmerkmale	- Lebensstil - Persönlichkeit
	Merkmale in Bezug auf die technologische Innovation	- Wahrnehmung - Motive - Einstellungen/Präferenzen - Technologieaffinität - Erwartungen - Kaufabsichten
Kriterien des beobachtbaren Kaufverhaltens	Preisverhalten	- Preiselastizität der Nachfrage/ Inflationsberücksichtigung - Preisklasse
	Produktwahl	- Erfahrungen mit Produktkategorie - Markentreue - Kaufhäufigkeit - Verwenderstatus - Verwendungsrate
	Mediennutzung	- Umfang und Art der Nutzung - Nutzungsintensität
	Einkaufsstättenwahl	- Art des Betriebs-/Vertriebstyps - Geschäftstreue
Kriterien des tatsächlichen Nutzungsverhaltens	Nutzungsverhalten	- Nutzungszufriedenheit - Problembewusstsein - Nutzungssituation - Nutzungshäufigkeit - Nutzungswichtigkeit - Nutzungswirksamkeit

(Quelle: eigene Darstellung in Anlehnung an Kollmann 1998, S. 124)

3.1.4 Modelle zur Messung von Akzeptanz

3.1.4.1 Überblick

In den verschiedenen Wissenschaftsdisziplinen (z.B. Diffusions- und Informationssystem (IS)-Forschung, Wirtschaftsinformatik, Marketing sowie Konsumentenverhaltensforschung) werden unterschiedliche Modelle herangezogen, um die Nutzungsentscheidungen von technologischen Innovationen zu erklären. Ein Hauptaugenmerk liegt auf der Identifizierung von Erfolgsfaktoren der Akzeptanz dieser technologischen Innovationen. Eine Unterscheidung kann prinzipiell nach der Ursache-Wirkungs-Beziehung vorgenommen werden (Filipp 1996, S. 26), welche aus dem grundlegenden Akzeptanzverständnis abgeleitet werden kann (vgl. Abbildung 9): Die klassischen Kategorien (Input-, Input-Output- und Rückkopplungsmodelle) wurden durch den Ansatz von Kollmann (1998) um die dynamischen Modelle erweitert.

Grundlegendes Akzeptanzverständnis			
Eindimensionale Konzepte		Mehrdimensionales Konzept	
Verhaltensorientiert	Einstellungsorientiert	Verhaltens- und Einstellungsorientiert	
- Akzeptanz als Synonym für bestimmtes Verhalten - Hohe Nutzungsintensität entspricht hoher Akzeptanz - Beobachtbares Verhalten als Bezugspunkt	- Akzeptanz als Einstellung und somit eine dauerhafte und gelernte Bereitschaft des Individuums - Bereitschaft zu konsistenter (positiver oder negativer) Reaktion als Bezugspunkt	- Einstellungs- und Verhaltensakzeptanz müssen gleichzeitig vorliegen - Akzeptanz liegt dann vor, wenn positive Einstellung (i.S. einer grundlegenden Anwendungsbereitschaft) und eine tatsächliche Nutzung der Anwendung zu beobachten ist - Insgesamt muss somit Interesse, Nutzungsbereitschaft und Nutzung (bzw. Kauf) der Anwendung vorliegen	

↓

Akzeptanzmodelle			
Input-Modelle	Input-Output-Modelle	Rückkopplungs-Modelle	Dynamische Modelle
Zielen auf Erfassung der Einflussgrößen der Akzeptanz ab	Untersuchen mögliche Einflussgrößen und deren Wirkungen auf bestimmte Ergebnisgrößen (z.B. Verhalten)	Evaluieren bestimmte Verhaltens- und Nutzeffekte auf die Akzeptanz	Gleichzeitiges Ableiten von Implikationen für die Gestaltung von Innovationen und Untersuchen von Entwicklungen im Akzeptanz- und Nut-

Abbildung 9: Grundlegendes Akzeptanzverständnis und Akzeptanzmodelle (Quelle: eigene Darstellung in Anlehnung an Schierz 2008, S. 72)

3.1 Akzeptanz als zentrale Größe im Konsumentenverhalten

Input-Modelle stellen die einfachste Modellform dar, welche die Akzeptanz anhand bestimmter Einflussgrößen festsetzen. Hierbei wird auf einen kompakten Überblick der zu berücksichtigenden Einflussfaktoren in einer einfachen Darstellungsweise abgezielt. Hierzu verwenden alle Modelle einen vergleichbaren Aufbau und berücksichtigen jeweils die in dem spezifischen Untersuchungskontext postulierten Einflussfaktoren (Kollmann 1998, S. 77 f.). Beispiele für Inputmodelle sind die Akzeptanzmodelle von Schönecker (1985) und Joseph (1990). Jedoch kann kritisch angemerkt werden, dass diese Basismodelle der Vielschichtigkeit des Akzeptanzkonstrukts sowie dessen Auswirkungen nur bedingt gerecht werden können. So werden insbesondere auch die Auswirkungen der Akzeptanz auf die Verhaltens- bzw. Nutzungsebene nicht berücksichtigt (Kollmann 1998, S. 80).

Input-Output-Modelle stellen eine Erweiterung der Input-Modelle dar, indem sie durch eine zusätzliche Betrachtung des implizierten Verhaltens den Mangel einer Nicht-Berücksichtigung der Auswirkungen des Akzeptanzkonstrukts auf das Verhalten des Nutzers vermeiden. So werden neben den Einfluss- auch Ergebnisgrößen betrachtet, welche sich aus den dargestellten Einflussfaktoren der Akzeptanz ableiten lassen und so eine modellseitige Handlungsannahme darstellen (Kollmann 1998, S. 80). Beispiele für Input-Output-Modelle sind die Akzeptanzmodelle von Davis (1989) und Wallau (1990). Diese erweiterten Basismodelle werden der Vielschichtigkeit des Akzeptanzkonstrukts eingeschränkt gerecht, jedoch werden mögliche Rückkopplungen zwischen der Akzeptanz und den ursprünglichen Einflussgrößen nicht berücksichtigt. Zudem mangelt es an einer expliziten Betrachtung der freiwilligen Nutzungsebene im Rahmen solcher Modelle und das Konstrukt wird häufig eindimensional aufgefasst (Kollmann 1998, S. 82).

Rückkopplungsmodelle versuchen den dargestellten Mangel der Input- und Input-Output-Modelle zu vermeiden, indem sie Rückwirkungen des Akzeptanzkonstrukts auf die ursprünglichen Einflussgrößen berücksichtigen. So fließen in diese Akzeptanzmodelle neben Einfluss- und Ergebnisgrößen auch die sogenannten Feedbackeffekte ein, welche einen rekursiven Zusammenhang zwischen der Akzeptanz und den Inputgrößen vorsehen (Kollmann 1998, S. 84). Beispiele für Rückkopplungsmodelle sind die Akzeptanzmodelle von Reichwald (1978) und Schönecker (1980). Auch bei den Rückkopplungsmodellen mangelt es an einer expliziten Betrachtung der freiwilligen Nutzungsebene. Zudem wird die Akzeptanz häufig nur eindimensional und statisch betrachtet.[24]

Dynamische Akzeptanzmodelle erfassen schließlich die Ausprägung der Akzeptanz zu mehreren Zeitpunkten und analysieren die auftretenden Veränderungen zwischen den verschiedenen Zeitpunkten genau. Hiermit soll der Tatsache Rechnung getragen werden, dass Akzeptanz keine Wertkonstante darstellt, sondern im Zeitverlauf verschiedenen Einflüssen unterliegt. Zudem wird die Akzeptanz in diesen Modellen als Prozess angesehen, welcher aus verschiedenen Phasen besteht, in welchen unterschiedliche Einflussfaktoren wirken (Kollmann 1998, S. 88 ff.). Beispiele für dynamische Akzeptanzmodelle sind die Modelle von Kollmann (1998), Fischer (2002) und Wohlfahrt (2004). Dynamische Akzeptanzmodelle zielen hauptsächlich auf freiwillige Privatanwender ab und konzentrieren sich auf Innovationen, bei welchen die Nutzungsintensität an Kosten gekoppelt ist. Des Weiteren werden allgemeine direkte Indikatorenmodelle zur Einstellungsmessung verwendet, welche nicht auf bekannten Modellen zur Einstellungsmessung (z.B. Fishbein-Modell) beruhen (Kollmann 2000). Jedoch ist anzumerken, dass eine Phasenunterteilung, wie sie im Modell von Kollmann (1998) vorgenommen wird, kritisch anzusehen ist, da eine Abgrenzung und Messung der Phasen kaum möglich erscheint (Wohlfahrt 2004, S. 42). Weiterhin ist dieser neue Ansatz der dynamischen Sichtweise sehr verallgemeinert, um ein großes Spektrum an Anwendungsmöglichkeiten abzudecken. Dadurch wiederum fehlen die spezifischen Kriterien der Messung (Rengelshausen 2000, S. 129).

Für den vorliegenden Untersuchungskontext sind Input- und Rückkopplungsmodelle nicht geeignet. Inputmodelle berücksichtigen keine Auswirkungen der Akzeptanz auf die Verhaltens- bzw. Nutzungsebene und setzen somit die vereinfachte Darstellung in der Modellkonzeption zu konsequent um (Filipp 1996, S. 26; Kollmann 1998, S. 77). Rückkopplungsmodelle dagegen haben ihre Schwäche in der eindimensionalen Betrachtungsweise der Akzeptanz. Deswegen werden im weiteren Verlauf Input- sowie Rückkopplungsmodelle nicht betrachtet, sondern ausschließlich dynamische Akzeptanzmodelle sowie insbesondere Input-Output-Modelle.

---

[24] Eine ausführliche Darstellung der Input-, Input-Output- sowie Rückkopplungsmodelle findet sich bei Kollmann (1998, S. 77 ff.).

3.1 Akzeptanz als zentrale Größe im Konsumentenverhalten

In Tabelle 16 werden Input-Output-Modelle sowie dynamische Akzeptanzmodelle, welche durch die TRA und TPB geprägt wurden, unterteilt nach Forschungsrichtungen dargestellt. Hierbei sei aber darauf hingewiesen, dass sich vor allem die jüngeren Modelle durch eine interdisziplinäre Vorgehensweise nicht 100 % überschneidungsfrei zuordnen lassen.

Tabelle 16: Akzeptanzmodelle zur Erklärung von Nutzungsentscheidungen von technologischen Innovationen unterteilt nach Forschungsrichtungen

Forschungsrichtungen	Modelle
Diffusionstheorie	- Diffusionstheoretischer Ansatz unter Validierung der „Perceived Characteristics of Innovations" (Moore/Benbasat 1991) - Use-Diffusion Model (Shih/Venkatesh 2004)
Informationssystemforschung (v.a. angloamerikanische Akzeptanz- und Adoptionsforschung)	- Technology Acceptance Model (TAM; Davis 1986, 1989; Davis et al. 1989) - Motivational Model (Davis et al. 1992) - Model of PC Utilization (Thompson et al. 1991, 1994) - Combined TAM and TPB (C-TAM-TPB; Taylor/Todd 1995a) - Social Cognitive Theory (Compeau/Higgins 1995a) - Technology Task Fit Model (Goodhue/Thompson 1995) - Extension of the Technology Acceptance Model (TAM 2; Venkatesh/Davis 2000) - Extending Technology Acceptance Model to include Determinants for Perceived Ease of Use (Venkatesh 2000) - Technology Acceptance Model 3 (TAM 3; Venkatesh/Bala 2008) - Unified Theory of Acceptance and Use of Technology (UTAUT; Venkatesh et al. 2003) - Consumer Acceptance Theory (CAT; Kulviwat et al. 2007) - Interactive Technology-Mediated Service Usage Model (ITSUM; Wünderlich 2009)
Marketing und Wirtschaftsinformatik (v.a. in Deutschland verfolgt)	- Akzeptanzmodell von Degenhardt (1986) - Dynamisches Akzeptanzmodell von Kollmann (1998) - Cooperation Model for Personalized and Situation Dependent Services (COMPASS; Amberg et al. 2004)
Verhaltenswissenschaftlich-orientierte Marketingforschung bzw. Konsumentenverhaltensforschung	- Diffusion Process Model (Gatignon/Robertson 1985) - Consumer Perceived Value (z.B. Sheth et al. 1991; Sweeney/Soutar 2001) - Dynamisches Akzeptanz- und Wirkungsmodell von Wohlfahrt (2004) - Model for Consumer Resistance to, and Acceptance of, Innovations (Bagozzi/Lee 1999)

(Quelle: eigene Darstellung in Anlehnung an Königstorfer 2008, S. 20)

Verschiedene Modelle können zur Messung der Akzeptanz[25] von Kaufempfehlungen als technologische Innovation herangezogen werden. Von besonderer Relevanz für den vorliegenden Kontext scheinen das „Technology Acceptance Model" (TAM oder auch als Technologieakzeptanzmodell bezeichnet) und seine Varianten (TAM 2 und 3), die „Unified Theory of Acceptance and Use of Technology" (UTAUT), das „Interactive Technology-Mediated Service Usage Model" (ITSUM), das „Dynamisches Akzeptanzmodell von Kollmann" sowie das „Cooperation Model for Personalized and Situation Dependent Services" (COMPASS). Da vom COMPASS jedoch keine Operationalisierungen und Wirkungszusammenhänge der Konstrukte veröffentlicht wurden, ist eine empirische Anwendung nicht möglich. Dieses Modell kann somit nicht angewendet werden, da die Akzeptanz von Kaufempfehlungen empirisch überprüft werden soll. Das dynamische Akzeptanzmodell dagegen berücksichtigt die Dynamik der Einstellungs- und Verhaltensabsichten der Konsumenten, was das Modell aber auch sehr komplex macht. Deshalb empfiehlt sich die Anwendung dieses Modells nur bei sich änderten Einstellungs- und Verhaltensabsichten im Zeitverlauf, was vor allem durch eine starke Entwicklungsdynamik verursacht wird und für den vorliegenden Fall nicht zutrifft. Das ITSUM ist ein neues Modell zur Akzeptanzmessung, welches sich in der Anwendung noch nicht weiter bewährt hat. Es basiert auf der TRA und der TPB und berücksichtigt die Bestandteile des TAM. Trotz seiner großen Potenziale wird im Folgenden nur das TAM und seine Varianten sowie die UTAUT näher vorgestellt.

3.1.4.2 TAM und seine Varianten

Das TAM ist eines der beliebtesten Modelle zur Überprüfung der Akzeptanz von neuen Informationssystemen und -technologien. Es basiert auf Forschungsergebnissen aus über einer Dekade, welche in der Dissertation von Davis (1986) verdichtet wurden. In den Arbeiten von Davis (1989) und Davis et al. (1989) fand die Anwendung und Überprüfung des Modells statt. TAM wurde zur Erklärung und Messung der Akzeptanz von Computertechnologien entwickelt und basiert auf der TRA von Fishbein und Ajzen (1975). Als Ziel des TAM wird im Allgemeinen die Erklärung der Akzeptanz durch verschiedene Determinanten gesehen (Davis et al. 1989). Die große Bedeutung

---

[25] Venkatesh et al. (2003), Königstorfer (2008) und Wünderlich (2009) geben einen Überblick über bestehende Akzeptanzmodelle, deren Hauptbestandteile sowie eine Übersicht von Studien, welche verschiedene empirische Modelle miteinander vergleichen.

3.1 Akzeptanz als zentrale Größe im Konsumentenverhalten

des Modells wird durch die zahlreiche Anwendung des TAM belegt: Zwischen 1989 und 2003 wurde TAM in 698 Artikeln zitiert (Lee et al. 2003).

Im Rahmen des TAM sind für die Einstellungs- und Absichtsbildung sowie für die Nutzungsentscheidung von technologischen Innovationen die Einschätzungen der wahrgenommenen Nützlichkeit („Perceived Usefulness"; PU) und der wahrgenommenen einfachen Benutzbarkeit („Perceived Ease of Use"; PEOU) von primärer Bedeutung (vgl. Abbildung 10).

Zudem stellt das TAM sowohl den Anstoß als auch die Grundlage für die Entwicklung weiterer theoretischer Modelle dar, welche in empirischen Studien hauptsächlich im Zusammenhang mit technologischen Geräten wie PCs, Laptops oder Handys und deren Anwendungen sowie dem Internet in all seinen Ausprägungen angewendet wurden. Von Venkatesh und Davis (2000) wurde das TAM zum TAM 2 (vgl. Abbildung 10) weiterentwickelt, indem als Determinanten der Akzeptanz soziale (subjektive Norm, Freiwilligkeit der Nutzung und Image) und kognitive Einflussfaktoren (Relevanz für den Beruf, Outputqualität und Nachweisbarkeit der Ergebnisse) berücksichtigt werden. Es wurde nachgewiesen, dass diese Antezedenzen die Akzeptanz der Konsumenten signifikant beeinflussen.

Das TAM 3 wurde schließlich von Venkatesh und Bala (2008) entwickelt, welches eine Kombination des TAM 2 mit dem von Venkatesh (2000) entwickelten „Extending TAM to Include Determinants for Perceived Ease of Use" darstellt. So setzt es sich neben den TAM 2-Determinanten aus den Antezedenzen für eine einfache Nutzung zusammen (Unbehagen vor Computern, wahrgenommene externe Kontrolle, wahrgenommenes Vergnügen, Verspieltheit und Effizienz des Computers sowie objektive Usability).

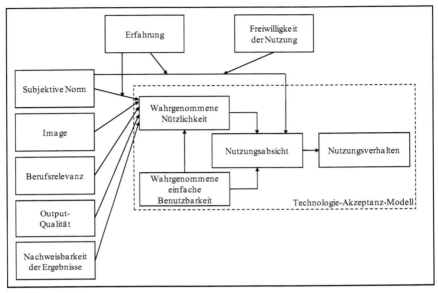

Abbildung 10: Grundmodell des TAM 1 und 2
(Quelle: eigene Darstellung in Anlehnung an Venkatesh/Davis 2000, S. 188)

3.1.4.3 Grundmodell der UTAUT

Die UTAUT wurde von Venkatesh et al. (2003) entwickelt. Sie zeichnet sich dadurch aus, dass sie die Konstrukte der acht beliebtesten Theorien und Modelle zur Technologieakzeptanz kombiniert und verdichtet: TRA, TPB und Diffusionstheorie sowie TAM, C-TAM-TPB, „Motivational Model", „Model of PC Utilization und Social Cognitive Theory". Das Modell betrachtet den erwarteten Nutzen („Performance Expectancy"), den erwarteten Aufwand („Effort Expectancy"), soziale Einflüsse („Social Influence") und erleichternde Bedingungen („Facilitating Conditions") als direkte Determinanten der Nutzungsabsicht bzw. der tatsächlichen Nutzung von Informationssystemen.[26] Diese Wirkung wird von Geschlecht, Alter, Erfahrung und Freiwilligkeit der

---

[26] Die Konstrukte setzen sich auf Basis der existierenden Modelle und deren Operationalisierungen folgendermaßen zusammen: Der erwartete Nutzen besteht aus der Konzeptualisierung des wahrgenommenen Nutzens des TAM sowie dem relativen Vorteil der Diffusionstheorie nach Rogers. Der erwartete Aufwand lehnt sich an die Konzeptualisierung der wahrgenommenen einfachen Benutzbarkeit des TAM und die Komplexität nach Rogers an. Der soziale Einfluss greift den Aspekt der subjektiven Norm aus TRA und TPB auf. Die er-

3.1 Akzeptanz als zentrale Größe im Konsumentenverhalten

Nutzung moderiert (vgl. Abbildung 11). Diese Moderation der Akzeptanzdeterminanten auf die Nutzungsabsicht bzw. die Nutzung wird statt der Einstellung in das Modell eingefügt. Die Einstellung wird aus dem Modell aufgrund der Uneinheitlichkeit der empirischen Ergebnisse hinsichtlich der Beziehung zwischen Einstellung und Verhaltensabsicht eliminiert.

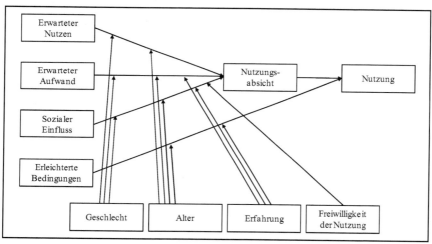

Abbildung 11: Grundmodell der UTAUT
(Quelle: eigene Darstellung in Anlehnung an Venkatesh et al. 2003, S. 447)

In einer Langzeitstudie mit Unternehmensdaten aus einer sechsmonatigen Periode wird das Modell durch Venkatesh et al. (2003) überprüft und mit den anderen acht Modellen verglichen. Hierbei übertrifft UTAUT die anderen Modelle bezüglich der Prognose der Nutzungsabsicht sowie der Nutzung. Venkatesh et al. (2008) nehmen schließlich eine Weiterentwicklung der UTAUT vor, indem sie als Determinanten Verhaltensabsichten, erleichternde Umstände sowie das erwartete Verhalten berücksichtigen sowie die Dauer, die Häufigkeit und die Intensität bei der Nutzung.

---

leichternden Bedingungen, welche direkten Einfluss auf die Nutzung nehmen umfassen Aspekte der wahrgenommenen Verhaltenskontrolle aus TPB und der Kompatibilität der Diffusionstheorie nach Rogers (Reichardt 2008, S. 85).

3.1.4.4 Vergleich und Bewertung der betrachteten Modelle

Die betrachteten Modelle sollen im Folgenden hinsichtlich ihrer Eignung zur Messung der Akzeptanz von Kaufempfehlungen im Internethandel überprüft werden. Hierzu werden zunächst die Vor- und Nachteile der Modelle gegenübergestellt und eine Bewertung hinsichtlich des Untersuchungskontextes vorgenommen (vgl. Tabelle 17).

Tabelle 17: Vergleich der betrachteten Modelle mit Bewertung für den vorliegenden Untersuchungskontext

Modell	Vorteile	Nachteile	Bewertung
TAM	- Aufgreifen der Phasenstruktur der TRA - Hohe Generalisierbarkeit - Hohe Aussagekraft der zentralen Konstrukte	- Keine Erfassung der affektiven Faktoren - Geringe Kontextspezifität - Aufwendige Bestimmung relevanter Eigenschaften für den Untersuchungskontext	- Aufgrund der hohen Generalisierbarkeit auf den jeweiligen Kontext anpassbar
UTAUT	- Hohe Aussagekraft der zentralen Konstrukte - Verbindung der Akzeptanzbetrachtung mit dynamischen Einflüssen (organisationaler Kontext, Nutzererfahrung, demografische Charakteristika)	- Beziehungen zwischen den Hauptkonstrukten sind moderiert, was die Komplexität des Modells erhöht	- Geeignete konzeptionelle Zusammenführung akzeptanztheoretischer Forschungsansätze - Jedoch Rückgriff auf Partikularmodelle zur theoretischen Fundierung

(Quelle: eigene Darstellung in Anlehnung an Venkatesh/Davis 2000; Venkatesh et al. 2003)

Aus dieser Übersicht wird deutlich, dass die betrachteten Modelle grundsätzlich geeignet sind, um die Akzeptanz von Kaufempfehlungen im Internethandel zu messen. Jedoch vereint die UTAUT zwar die Vorteile der acht bekanntesten Modelle, in der praktischen Anwendung wird jedoch weiterhin auf die jeweiligen, zugrundeliegenden Modelle zurückgegriffen. Somit bietet die Theorie sehr viel Potenzial für empirische Analysen, jedoch zeigt sich in der praktischen Anwendung, dass die Nutzung aus unterschiedlichen Gründen nur eingeschränkt erfolgt. So wird statt einer Nutzung der UTAUT eher auf die zugrundeliegenden Modelle (z.B. TAM) zurückgegriffen.

Grundsätzlich positiv scheint der Einsatz des TAM für den vorliegenden Kontext, da es eine hohe Generalisierbarkeit aufweist und die zentralen Konstrukte eine hohe Aussagekraft besitzen. Jedoch weist das Modell durch die Generalisierbarkeit und die damit einhergehend fehlende Kontextspezifität auch Mängel auf. Inwieweit sich das

TAM für den vorliegenden Untersuchungskontext eignet, soll deshalb im Folgenden intensiv geprüft werden.

3.2 TAM als Ausgangsbasis zur Bestimmung der Akzeptanz von Kaufempfehlungen

3.2.1 Vorstellung des TAM

Die Haupteinflussfaktoren des TAM, welche als Konstrukte der Einstellungsbildung auf die Nutzungsabsicht („Intention to Use") und das Nutzungsverhalten („Usage Behavior") wirken, sind die wahrgenommene Nützlichkeit („Perceived Usefulness"; PU) und die wahrgenommene einfache Benutzbarkeit („Perceived Ease of Use"; PEOU). Dieser Wirkungszusammenhang einer Einstellung zu einem Verhalten und einer Einstellung auf eine Handlungsintention wurde von Davis (1989) aus der TRA abgeleitet und durch zahlreiche Studien bestätigt. Das Modell ist in Abbildung 12 dargestellt.

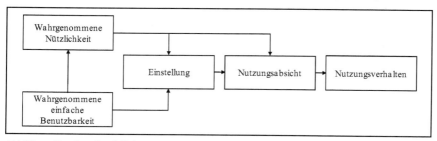

Abbildung 12: Grundmodell des TAM
(Quelle: eigene Darstellung in Anlehnung an Davis et al. 1989, S. 985)

Hierbei ist das Konstrukt der wahrgenommenen Nützlichkeit von Davis et al. (1989, S. 985) definiert als „the prospective user's subjective probability that using a specific application system will increase his or her job performance within an organizational context". Das heißt, dass das Konstrukt beschreibt, inwieweit einer technologischen Innovation aus Konsumentensicht ein Nutzen für die Aufgabenerfüllung beigemessen wird. Dagegen entspricht das Konstrukt der wahrgenommenen einfachen Benutzbarkeit dem Aufwand, welcher im Rahmen der Nutzung einer technologischen Innovation vom Konsumenten erbracht werden muss. Davis et al. (1989, S. 985) verstehen darunter „the degree to which the prospective user expects the target system to be free of effort". Das Konstrukt Nutzungsabsicht umfasst die Absicht eines Konsumenten ein bestimmtes Verhalten oder eine Handlung auszuführen und kann auch als Intention bezeichnet werden. Der TRA zufolge wird hiermit die subjektive Wahrscheinlichkeit erfasst, dass das Individuum ein bestimmtes Verhalten zu einem späteren Zeitpunkt ausführt. Das Nutzungsverhalten stellt letztendlich eine offensichtliche, beobachtbare Reaktion in einer bestimmten Situation unter bestimmten Bedingungen dar, welche stark abhängig von der zugrundeliegenden Intention ist.

Obwohl die Einstellung ein Bestandteil im ursprünglichen TAM (auch als Basis-TAM bezeichnet) war, wurde sie in den folgenden Varianten (TAM 2 und 3) nicht berücksichtigt. Auch in zahlreichen Anwendungen war sie kein Bestandteil des Modells. Deswegen wird sie in dieser Arbeit nicht zu den Hauptbestandteilen des TAM gezählt. Nach dieser Vorgehensweise zählen dazu lediglich die wahrgenommene Nützlichkeit, die wahrgenommene einfache Benutzbarkeit, die Nutzungsabsicht sowie das Nutzungsverhalten.

Aufgrund seiner Einfachheit ist das TAM in der Forschung vielfach und vielseitig eingesetzt worden, was die hohe Bedeutung des Modells dokumentiert. So gilt das TAM als das bedeutendste Modell zur Erforschung der Einflussfaktoren der Technologieakzeptanz (Bagozzi 2007). In einigen Studien wurden bereits Meta-Analysen zur Anwendung des TAM in Bezug auf unterschiedliche Schwerpunkte durchgeführt (z.B. Lee et al. 2003; King/He 2006; Schepers/Wetzels 2007; Wu/Lederer 2009). Die folgende Abbildung verdeutlicht die sich verändernden Untersuchungskontexte im Zeitverlauf (vgl. Abbildung 13). Die Darstellungsgrundlage bilden alle 144 Artikel, die seit Entwicklung des TAM 1986 bis Mai/Juli 2010 in top gerankten Zeitschriften der Betriebswirtschaftslehre (A^+ bis C nach dem VHB-JOURQUAL 2) sowie der Informationswissenschaft erschienen sind.

3.2 TAM als Ausgangsbasis zur Bestimmung der Akzeptanz von Kaufempfehlungen

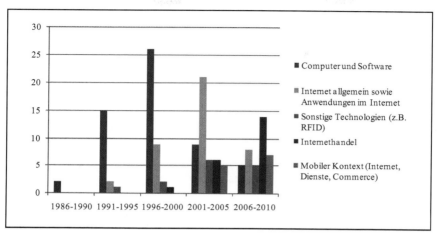

Abbildung 13: Anwendung des TAM im Zeitverlauf in verschiedenen Untersuchungskontexten (Quelle: eigene Darstellung)

3.2.2 Anwendung des TAM im Internethandel

Das TAM ist ein beliebtes Modell zur Akzeptanzmessung in verschiedenen Untersuchungskontexten. Abbildung 13 zeigt, dass es auch im Internethandel bereits vielfach Anwendung fand. Hierbei wurden in verschiedenen Branchen bzw. branchenunabhängig oder -übergreifend unterschiedliche Themenstellungen untersucht. Die folgende Studienübersicht betrachtet im Bereich des Internethandels neben den untersuchten Branchen und Themengebieten, die Art der Untersuchungen, die Datengrundlage sowie die neben den traditionellen TAM-Konstrukten verwendeten Variablen (vgl. Tabelle 18). Diese Betrachtung der neuen Variablen ist vor dem Hintergrund der ursprünglichen Konzipierung und Untersuchungsumfeld des Modells notwendig, um die Einflussfaktoren des jeweiligen Kontextes entsprechend abzubilden.

Tabelle 18: Studienübersicht zur Anwendung des TAM im Internethandel

Quelle	Branche	Themengebiet	Untersuchung		Neue Variablen
			Art; Methode	Datengrundlage	
Gefen/Straub (2000)	Medien (mit Vorgaben)	Annahme des Internethandels	Befragung mit Experiment; Regressionsanalyse	n=217, Studierende	-
Childers et al. (2001)	übergreifend (mit Vorgaben)	Motive für Online-Shopping	Befragung (mit Experiment); SEM (LISREL)	n=274, Studierende; n=266, Kunden	Vergnügen, Convenience, Erfahrung mit Navigation
Chen et al. (2002)	unabhängig (mit Vorgaben)	Gründe für die Nutzung des Internethandels	Befragung; SEM (LISREL)	n=253, Panel-Teilnehmer	Kompatibilität
Devaraj et al. (2002)	Medien (mit Vorgaben)	Determinanten der Kundenzufriedenheit	Befragung; SEM (LISREL)	n=134, Studierende und Kunden	Kombination mit SERVQUAL- sowie Transaktionskostenansatz
Gentry/ Calantone (2002)	Medien	Nutzungsabsicht von Preissuchmaschinen	Befragung; SEM (LISREL)	n=597, Studierende	-
Koufaris (2002)	Medien (mit Vorgaben)	Wiederkaufverhalten nach erstem Besuch	Befragung; Regressionsanalyse	n=280, Kunden	Konzentration, Vergnügen, Kontrolle, Produktinvolvement
Stafford/Stern (2002)	übergreifend	Einflussfaktoren auf Bietverhalten bei Auktionen	Befragung; Diskriminanzanalyse	n=329, Studierende	Involvement, Technologieaffinität
Gefen et al. (2003a)	Medien (mit Vorgaben)	Einfluss von Vertrauen	Befragung mit Experiment; SEM (PLS)	n=317, Studierende	Vertrauen, Einstellung, Vertrautheit
Gefen et al. (2003b)	Medien (mit Vorgaben)	Vertrauen als Einflussfaktor im Internethandel	Befragung; SEM (LISREL)	n=213, Studierende	Vertrauen
O'Cass/Fenech (2003)	unabhängig	Annahme des Internethandels	Befragung; SEM (PLS)	n=392, Kunden eines Internetproviders	Persönlichkeitsmerkmale, Interneterfahrung, Einkaufsmotive
Pavlou (2003)	unabhängig (mit Vorgaben)	Annahme des Internethandels	Befragung mit Experiment; SEM (PLS)	n=103, Studierende; n=155, Kunden	Vertrauen und wahrgenommenes Risiko
Ahn et al. (2004)	unabhängig (mit Vorgaben)	Einfluss von Funktionen auf Konsumentenakzeptanz	Befragung; SEM (LISREL)	n=932, Kunden	Online-Funktionen, Offline-Funktionen

3.2 TAM als Ausgangsbasis zur Bestimmung der Akzeptanz von Kaufempfehlungen

Tabelle 18: Studienübersicht zur Anwendung des TAM im Internethandel (Fortsetzung)

Quelle	Branche	Themengebiet	Untersuchung		Neue Variablen
			Art; Methode	Datengrundlage	
Chen/Tan (2004)	unabhängig (mit Vorgaben)	Schlüsselfaktoren zur Annahme des Internethandel	Befragung; SEM (LISREL)	n=253, Panel-Teilnehmer	Kompatibilität, Servicequalität, Benutzerfreundlichkeit, Produktangebote, Informationsreichtum, Vertrauen
Shih (2004)	übergreifend (mit Vorgaben)	Prognose des Verhaltens von Online-Verbrauchern	Befragung; Regressionsanalyse	n=212, Angestellte ausgewählter Unternehmen	Zufriedenheit, wahrgenommene Qualität der Informationen, des Systems und des Service
Wang/Benbasat (2005)	Elektronik	Vertrauen/Annahme von Recommendersystemen	Befragung mit Experiment; SEM (PLS)	n=120, Studierende	Kompetenz, Güte, Integrität
Bosnjak et al. (2006)	übergreifend (mit Vorgaben)	Erklärung des Verhaltens in Auktionen (methodisch)	Befragung mit Experiment; SEM (LISREL)	n=482, Kunden	-
Singh et al. (2006b)	übergreifend (mit Vorgaben)	Internationale Unterschiede in der Annahme des Internethandels	Befragung; SEM (PLS)	n=250, Kunden	Kultur
Son et al. (2006)	übergreifend (mit Vorgaben)	Annahme von Informationsdiensten	Befragung mit Experiment; SEM (LISREL)	n=267, Panel-Teilnehmer	Wahrgenommene Effektivität und Effizienz, Genauigkeit, Unsicherheit, Kontrollvariablen (z.B. Produktinvolvement)
Loiacono et al. (2007)	übergreifend (mit Vorgaben)	Einflusses der Konsumentenwahrnehmung auf Verhalten (methodisch)	Befragung; SEM	n=1534, Studierende	WebQual: z.B. zielgerichtete Information, Vertrauen, Antwortzeit, visuelle und emotionale Erscheinung
Yang et al. (2007)	Merchandising (mit Vorgaben)	Einflussfaktoren auf die Kanalwahl	Befragung; SEM (LISREL)	n=243, Studierende	Soziale Identifikationstheorie, Motivation zur Informationssuche, wahrgenommenes Risiko

Tabelle 18: Studienübersicht zur Anwendung des TAM im Internethandel (Fortsetzung)

Quelle	Branche	Themengebiet	Untersuchung Art; Methode	Untersuchung Datengrundlage	Neue Variablen
Kim/Forsythe (2008a)	Textil (mit Vorgaben)	Annahme virtueller Anprobemöglichkeiten	Befragung mit Experiment; SEM (LISREL)	n=491, Panel-Teilnehmer	Wahrgenommener Unterhaltungswert, Technologieaversion, Originalität
Kim/Forsythe (2008b)	Textil (mit Vorgaben)	Annahmevergleich dreier sensorischer Hilfsmittel	Befragung mit Experiment; SEM (LISREL)	n=354, Studierende	Wahrgenommener Unterhaltungswert, Technologieaversion, Originalität
Stern et al. (2008)	Online-Auktionen	Technologie-Akzeptanz im persönlichen Kontext	Befragung; SEM (LISREL)	n=329, Studierende	Risiko, Affinität zu Computern, Leidenschaftlichkeit
Ha/Stoel (2009)	unabhängig (mit Vorgaben)	Akzeptanz des Internethandels	Befragung; SEM (LISREL)	n=298, Studierende	Vertrauen, Vergnügen, Qualität von E-Shopping (z.B. Kundenservice, Datenschutz, Erlebnis)
Hausmann/ Siekpe (2009)	Elektronik- und Textil (mit Vorgaben)	Einfluss von Funktionen auf die Kaufabsicht	Befragung mit Experiment; SEM (LISREL)	n=266, Panelteilnehmer	Menschliche und computerseitige Faktoren, Informationsgehalt, Unterhaltung, Irritation, Flow
Hernandez et al. (2009)	unabhängig	Unterschiede zwischen potenziellen Kunden und Wiederkäufern	Befragung; SEM (LISREL)	n=805, Probanden zufällig ausgewählt	Selbstwirksamkeit
Kim/Forsythe (2009)	Textil (mit Vorgaben)	Einfluss von sensorischen Hilfsmitteln	Befragung mit Experiment; SEM (LISREL)	n=1471, Kunden	Wahrgenommener Unterhaltungswert, Technikaversion, Originalität
Song et al. (2009)	Elektronik	Bedeutung von Netzwerkexternalitäten für die Akzeptanz	Befragung; SEM (PLS)	n=406, Panelteilnehmer	Zahlungsbereitschaft, Kaufabsicht, Geschlecht, Gehalt, erwartete Preisreduktion, Netzwerkexternalitäten
Baier/Stüber (2010)	Textil (mit Vorgaben)	Akzeptanz von Kaufempfehlungen	Befragung mit Experiment; SEM (PLS)	n=100, Studierende	Einkaufsrelevanz, Outputqualität

(Quelle: eigene Darstellung); Legende: SEM: Strukturgleichungsmodellierung

3.2.3 Bekannte Erweiterungen des TAM

Das TAM wurde in zahlreichen Forschungsarbeiten erweitert und modifiziert (siehe z.B. Tabelle 18 oder Lee et al. 2003; Wang/Benbasat 2005). Teilweise fand hierbei eine Erweiterung um neue Faktoren statt, es wurden aber auch Bestandteile aus anderen Modellen oder Theorien (z.B. TRA, TPB, IDT) übernommen.

Die bekanntesten Modifikationen stellen die bereits dargestellten Modelle TAM 2 und TAM 3 dar, die im organisationalen Kontext entstanden sind. Das TAM 2 berücksichtigt neben den Bestandteilen des TAM direkte sowie moderierende Determinanten (Venkatesh/Davis 2000; vgl. Abbildung 10). Das TAM 3 nimmt noch einmal eine Erweiterung des TAM 2 vor: Einerseits durch die Ausweitung des Einflusses der moderierenden Determinanten und andererseits durch die zusätzliche Betrachtung von direkten Determinanten (Venkatesh/Bala 2008). Des Weiteren fanden beispielsweise Erweiterungen um soziale Einflüsse (z.B. Hu et al. 1999; Karahanna et al. 1999), Geschlecht (Gefen/Staub 1997; Venkatesh/Morris 2000; Venkatesh et al. 2003) oder Involvement (Jackson/Chow 1997) statt. So erweitern Karahanna et al. (2006) das Modell in ihrer Untersuchung um verschiedene Arten der Komptabilität (in Bezug auf den bevorzugten Arbeitsstil, der vorhandenen Arbeitserfahrung, der früheren Erfahrungen sowie den Werten) und stellen Einflüsse sowohl zwischen den verschiedenen Arten als auch auf die zentralen Konstrukte des TAM fest. Da diese Erweiterungen für den organisationalen Kontext vorgenommen wurden, bleibt zu prüfen, inwieweit eine Übertragung auf die vorliegende Untersuchung möglich und sinnvoll ist.

Auch im Kontext konsumentengerichteter Innovationen können zahlreiche Erweiterungen dokumentiert werden. So wurden beispielsweise wie im ursprünglichen TAM Einstellungsvariablen berücksichtigt (Koufaris et al. 2001; Gefen et al. 2003a) oder eine Erweiterung um Persönlichkeitsmerkmale (O'Cass/Fenech 2003), Einkaufsmotive (O'Cass/Fenech 2003), Affinität zu Computern (Stern et al. 2008) und Involvement (Koufaris et al. 2001; Koufaris 20002) vorgenommen. Daneben wurden auch Faktoren verwendet, welche bereits im organisationalen Kontext Anwendung gefunden hatten und auf neue Bereiche übertragen wurden (z.B. subjektive Norm; Yu et al. 2005). In Tabelle 19 sind die Erweiterungen des TAM im Kontext des Internethandels aus der Studienübersicht (vgl. Tabelle 18) noch einmal überblicksartig nach Dimensionen der konsumentenseitigen Faktoren zusammengefasst.

Tabelle 19: Erweiterungen des TAM im Kontext des Internethandels

Dimension	Neue Variablen	Quellen
Sozio-ökonomische Kriterien	Geschlecht	Song et al. (2009)
	Kultur	Singh et al. (2006b)
Psychografische Kriterien	Convenience	Childers et al. (2001)
	Einkaufsmotive	O'Cass/Fenech (2003)
	Impulsives Kaufverhalten	O'Cass/Fenech (2003)
	Interneterfahrung	Childers et al. (2001); Gefen et al. (2003a); O'Cass/Fenech (2003)
	(Produkt-)Involvement	Koufaris (2002); Stafford/Stern (2002); Son et al. (2006)
	Kaufabsicht	Song et al. (2009)
	Konzentration	Koufaris (2002)
	Leidenschaftlichkeit	Stern et al. (2008)
	Motivation zur Informationssuche	Yang et al. (2007)
	Risiko	Pavlou (2003); Son et al. (2006); Yang et al. (2007); Stern et al. (2008); Hausmann/Siekpe (2009)
	Technologieaffinität/-aversion	Stafford/Stern (2002); Kim/Forsythe (2008a; b); Stern et al. (2008); Kim/Forsythe (2009)
	Vergnügen	Childers et al. (2001); Koufaris et al. (2001); Koufaris (2002); Ha/Stoel (2009)
	Vertrauen	Gefen et al. (2003a; b); Pavlou (2003); Chen/Tan (2004); Wang/Benbasat (2005); Loiacono et al. (2007); Ha/Stoel (2009)
Kriterien des Nutzungsverhaltens	Benutzerfreundlichkeit	Chen/Tan (2004)
	Effektivität und Effizienz	Loiacono et al. (2007); Son et al. (2006)
	Einkaufsrelevanz	Baier/Stüber (2010)
	Flow	Hausmann/Siekpe (2009)
	Informationsgehalt	Chen/Tan (2004); Hausmann/Siekpe (2009)
	Outputqualität	Ahn et al. (2004); Chen/Tan (2004); Shih (2004); Ha/Stoel (2009); Baier/Stüber (2010)
	Unterhaltungswert	Kim/Forsythe (2008a; b); Kim/Forsythe (2009); Hausmann/Siekpe (2009)
	Zufriedenheit	O'Cass/Fenech (2003); Shih (2004)

(Quelle: eigene Darstellung)

Für den vorliegenden Kontext gilt es die Eignung dieser Faktoren für eine Erweiterung des TAM zu überprüfen. Aus der grundlegenden Diskussion des Akzeptanzbegriffes in

Kapitel 3.1.1 sind bereits die eindeutigen Vorteile eines mehrdimensionalen Akzeptanzverständnisses hervorgegangen. So sollte neben der Verhaltensdimension auch stets die Einstellungsdimension berücksichtigt werden. Im ursprünglichen TAM wurde diese auch noch direkt berücksichtigt, in den folgenden Modellen TAM 2 und TAM 3 jedoch nur noch über das Image-Konstrukt. Die Einstellung zählt zudem zu den psychografischen Kriterien, von denen einzelne Merkmale nachweislich einen Einfluss auf die Wirkung von Kaufempfehlungen besitzen. So konnten in Kapitel 2.2.4 Einkaufsmotive sowie das Involvement identifiziert werden. Als weiteres Merkmal der psychografischen Kriterien gilt die Technologieaffinität, welche oft im Zusammenhang mit technologischen Innovationen betrachtet wird, da technische Vorkenntnisse sowie die Einstellung gegenüber neuen Technologien den individuellen Umgang mit Technologien beeinflussen. So gilt es noch zu prüfen, welche sozio-ökonomischen Kriterien und Kriterien des Kaufverhaltens eine Relevanz besitzen bzw. ob andere Erweiterungen, beispielswiese aus dem TAM 2, welche sich teilweise im konsumentengerichteten Kontext bereits bewährt haben, auch für die vorliegende Untersuchung sinnvoll sind.

3.2.4 Kritische Diskussion des TAM

Zum TAM existieren in der Literatur jedoch auch viele kritische Stimmen. Das „Journal of the Association for Information Systems" hat 2007 ein „Special Issue" zum Thema „Quo Vadis TAM – Issues and Reflections on Technology Acceptance Model" herausgegeben. Hierzu gibt Hirschheim (2007) einen Überblick über die verschiedenen Beiträge, welche die Stellung des TAM in der Informationssystemforschung (z.B. Benbasat/Barki 2007), aber auch im Marketing (Bagozzi 2007) diskutieren, Weiterentwicklungen aufzeigen (Venkatesh et al. 2007) sowie kritische Aspekte des Modells beleuchten (z.B. Bagozzi 2007; Silva 2007).

Davis (1986, 1989) und Davis et al. (1989) entwickelten das TAM ursprünglich für den organisationalen Kontext. In zahlreichen folgenden Arbeiten wurde das Modell in diesem auch angewendet, aber auch auf den Kontext konsumentengerichteter Innovationen übertragen. Hierbei gilt es jedoch zu bedenken, dass Individuen sich in einem organisationalen Kontext anders verhalten als Individuen in einem nicht-organisationalen Kontext. So treffen Individuen in einem organisationalen Kontext beispielsweise keine individuellen Entscheidungen bzw. haben sogar eine positive Verhaltensabsicht zu einer Technologie trotz negativer Einstellung (Harms 2002, S. 96). Die zahlreichen validen Ergebnisse aus dem konsumentengerichteten Kontext zeigen jedoch, dass eine Anwendung im nicht-organisationalen Kontext möglich ist.

Des Weiteren wird die theoretische Fundierung und insbesondere die Operationalisierung der Nutzung im TAM als kritisch angesehen und deshalb die Gültigkeit der empirischen Unterstützung in Frage gestellt. Die Selbstangabe der Nutzung stellt möglicherweise keine geeignete Ersatzmessung für die tatsächliche Nutzung dar und wird im Modell lediglich durch die zwei Konstrukte wahrgenommene Nützlichkeit sowie wahrgenommene einfache Benutzbarkeit determiniert (Straub et al. 1995; Szajna 1996; Bagozzi 2007). Davis (1989) selbst hat diese Gültigkeitsbedrohung erkannt und weitere Forschungsarbeiten in diese Richtung vorgeschlagen. Dennoch beruht ein Großteil der Akzeptanzmodelle auf einer subjektiven Messung der Akzeptanz.

Teilweise wird am TAM auch kritisiert, dass externe Variablen, welche die zentralen Konstrukte beeinflussen, nicht näher spezifiziert werden (wahrgenommene Nützlichkeit und wahrgenommene einfache Benutzbarkeit als „Black Boxes"; Benbasat/Barki 2007, S. 212). Dieser Mangel wurde aber von Venkatesh und Davis (2000) im TAM 2 behoben, indem das Modell erweitert wurde und die externen Variablen operationalisiert worden sind. Hierbei werden einerseits die sozialen Variablen (subjektive Norm, Image und Freiwilligkeit der Nutzung), und andererseits die kognitiv-instrumentellen Variablen (Outputqualität, Berufsrelevanz sowie Nachweisbarkeit der Ergebnisse) betrachtet. Erfolgt diese Erweiterung um messbare Determinanten der wahrgenommenen Nützlichkeit und der wahrgenommenen einfachen Benutzbarkeit nicht, können die Erkenntnisse aus dem Modell auch nur schwer in konkrete Handlungen umgesetzt werden (z.B. Lee et al. 2003).

So ist die Einfachheit des Modells, welche mit den wenigen verwendeten Variablen einhergeht, auch ein gern genannter Kritikpunkt. Bagozzi (2007, S. 244) bezeichnet diese „Parsimony" als Achillesferse des TAM. Taylor und Todd (1995b) merken in diesem Kontext beispielsweise an, dass das soziale Umfeld des Individuums nicht berücksichtigt wird, obwohl das Nutzungsumfeld maßgeblichen Einfluss auf die Nutzungseinstellung hat. Hierbei kann aber angemerkt werden, dass dieser Einfluss bei

3.2 TAM als Ausgangsbasis zur Bestimmung der Akzeptanz von Kaufempfehlungen

einer freiwilligen Nutzung gering ist und auch indirekt in der Nutzungseinstellung und Nutzungsabsicht berücksichtigt wird.

Ein weiterer Nachteil des ursprünglichen Modells wird darin gesehen, dass keine affektiven Faktoren berücksichtigt werden, die mit der Akzeptanz von Innovationen einhergehen, sondern die zentralen Einflussfaktoren kognitiver Natur sind. Dies wird aber in vielen Studien relativiert, indem weitere Einflussfaktoren, vor allem auch affektiver Natur, einbezogen werden. So greifen Davis et al. (1992) selbst diesen Kritikpunkt auf und entwickeln das „Motivational Model", welches sowohl kognitive als auch affektive Faktoren berücksichtigt. Auch Kulviwat et al. (2007) haben diese Kritik aufgenommen und das „Consumer Acceptance Technology Model" (CAT) entwickelt, welches alle Wirkungszusammenhänge des originären TAM enthält und darüber hinaus den Einfluss der drei Emotionen Freude, Erregung und Dominanz auf die Akzeptanz technologischer Innovationen analysiert.

Ein großer Vorteil des Modells besteht jedoch im hohen Anteil an erklärter Varianz der Verhaltensabsicht (vgl. Tabelle 17): Die beiden zentralen Konstrukte wahrgenommene Nützlichkeit und wahrgenommene einfache Benutzbarkeit erklären im Durchschnitt 40 % der Nutzungsabsicht (Venkatesh/Davis 2000). Ebenso wird im praktischen Einsatz des TAM vor allem die Flexibilität des Modells gelobt, welche eine einfache Übertragung auf verschiedene Kontexte erlaubt.

Zudem ist das Modell spezifisch für den IT-Kontext entwickelt worden und dennoch liegt eine umfassende Bestätigung der Validität der modelltheoretischen Wirkungszusammenhänge vor, was für die Robustheit des Modells spricht (Szajna 1996; Venkatesh/Davis 2000). Gleichzeitig existieren valide und reliable Messmodelle für die zentralen Konstrukte des Modells (z.B. Hendrickson et al. 1993; Koufaris 2002), obwohl das Modell flexibel für die Übertragung auf den jeweiligen Untersuchungskontext ist. Auch die Übertragung auf den Internethandel hat bereits mehrfach stattgefunden (vgl. Tabelle 18).

So wird das TAM trotz der vielfältigen und berechtigten Kritik von einer breiten Mehrheit sehr gewürdigt (z.B. Goodhue 2007; Straub/Burton-Jones 2007). TAM hat allgemein das Akzeptanzverständnis stark verbessert und nimmt somit einen hohen Stellenwert im Rahmen der Akzeptanzforschung ein (Benbasat/Barki 2007). TAM ist ein hilfreiches theoretisches Modell zum Verständnis und zur Erklärung des Nutzungsverhaltens von technologischen Innovationen, welches sehr häufig und in den verschiedensten Untersuchungskontexten empirisch getestet wurde und qualitativ hochwertige Ergebnisse hervorgebracht hat (Legris et al. 2003). Hierzu merkt Bagozzi (2007, S. 244) an, dass „In sum, the importance and impact of TAM are impressive".

Die Betrachtungen zeigen, dass das TAM eine gute Ausgangsbasis für eine Akzeptanzuntersuchung von Kaufempfehlungen im Internethandel bietet, jedoch sind auch Modifikationen notwendig, um die Schwächen des Modells auszugleichen und für den vorliegenden Untersuchungsansatz einen geeigneten Messansatz zu erhalten.

4 Messung der Technologieakzeptanz von Kaufempfehlungen im Internethandel

4.1 Befragung als subjektive Datenerhebungsmethode

Durch die Anwendung der Akzeptanzmodelle, insbesondere des TAM, ist die Befragung sowohl die am häufigsten angewendete Methode zur Messung von Technologieakzeptanz als auch insgesamt ein sehr beliebtes Messinstrument.

Bei der Befragung können zur Erhebung von Primärdaten qualitativ und quantitativ orientierte Methoden unterschieden werden: Qualitativ orientierte Methoden (z.B. Tiefeninterview oder Gruppendiskussion) sind primär auf die Erfassung von qualitativen Informationen sowie auf eine begrenzte Anzahl von Probanden ausgerichtet und besitzen einen flexiblen Aufbau hinsichtlich der Fragen und der Antwortmöglichkeiten. Dagegen sind quantitativ orientierte Methoden (z.B. standardisierte mündliche, schriftliche, telefonische bzw. Online-Befragung) auf eine Standardisierung ausgerichtet. Sie verfolgen das Ziel, Antworten einer Vielzahl von Befragten unmittelbar mit Hilfe einer Datenanalyse vergleichen zu können. So sind neben den Fragen auch häufig die Antwortmöglichkeiten standardisiert (geschlossene Fragen) und mit Antwortskalen versehen (Homburg/Krohmer 2009, S. 254 ff.).

Diese standardisierten Formen der Befragung werden bei der Akzeptanzmessung auf Basis des TAM verwendet, um die Bestandteile des Modells zu messen sowie auszuwerten und dadurch allgemeingültige Aussagen treffen zu können. Jedoch lassen sich mit Hilfe der Befragung lediglich die Prozesse bei den Konsumenten erfassen, welche bewusst wahrgenommen wurden. Unbewusste, automatisierte, sensomotorische Wahrnehmungsprozesse können dagegen mit Hilfe von Befragungsmethoden nicht aufgedeckt werden (Berekoven et al. 2006, S. 99 ff.). Gleichzeitig misst eine Befragung lediglich die Erinnerung an die Informationsaufnahme, da in der Regel die Durchführung zeitversetzt stattfindet. Zwischen der tatsächlichen Informationsaufnahme und der gemessenen Informationsspeicherung sind dadurch mehrere Prozesse aktiv, die eine Verfügbarkeit der Daten zum Zeitpunkt der Befragung verhindern (z.B. keine richtige Speicherung; Kroeber-Riel et al. 2009, S. 313).

Somit ist diese Methode mit einem erheblichen Mangel versehen, da lediglich die Erfassung von subjektiven Wahrnehmungen erfolgt, welche nicht den gesamten Umfang der Informationsaufnahme abdeckt.[27] Mit Hilfe der Befragung ist es zwar möglich im Rahmen der Akzeptanzmessung eine vollständige Erfassung der Einstellung des Konsumenten durchzuführen, die Nutzungsebene kann jedoch nur soweit erfasst werden, wie sie subjektiv wahrgenommen wird. Hierdurch wird verdeutlicht, dass eine alleinige Erfassung durch eine Befragung nicht ausreichend ist. Es werden zwar alle gespeicherten Informationen irgendwann aufgenommen, aber nicht alle aufgenommenen Informationen auch tatsächlich gespeichert. Aufgrund dieser Tatsache kann eine Befragung die tatsächlich erfolgte Informationsaufnahme nur unvollständig abbilden (Kroeber-Riel et al. 2009, S. 313).

4.2 Beobachtung als objektive Datenerhebungsmethode

4.2.1 Eye-Tracking als Beobachtungsmethode mit apparativer Unterstützung

Eine weitere Möglichkeit zur Messung der Technologieakzeptanz ist die unmittelbare Beobachtung des motorischen Verhaltens, welche in seltenen Fällen durch die handelnden Personen selbst geschieht (Selbstbeobachtung), meist aber durch unabhängige Dritte (Fremdbeobachtung) oder mit Hilfe von Geräten, also durch apparative Unterstützung (instrumentelle Beobachtung), umgesetzt wird (Homburg/Krohmer 2009, S. 262). Beobachtungsmethoden können weiterhin nach den folgenden Kriterien unterschieden werden: Transparenz der Untersuchungssituation (offene, nicht-durchschaubare, quasi-biotische oder biotische Situationen), Partizipationsgrad des Beobachters (teilnehmend/nicht-teilnehmend), Standardisierungsgrad (standardisiert/nicht-standardisiert bzw. strukturiert/nicht-strukturiert), Wahrnehmungsform (meist (audio-)visuell oder physische Aktivitäten (z.B. Hautwiderstand)) sowie Registrierungsform (persönlich/apparativ) und Beobachtungsort (Feld-/Laborbeobachtung) (Berekoven et al. 2006, S. 149 ff.).

---

[27] Dies wurde sowohl von Raaij (1977) als auch von Keitz (1986) in Methodenvergleichen festgestellt. Raaji (1977) erzielte mittels Eye-Tracking einen Informationsnutzungsgrad von 67 % während mit der Informations-Display-Matrix (IDM) nur 35 % gemessen wurden. Keitz (1986) erzielte in einer Untersuchung zur Wahrnehmung von Anzeigen in Zeitungen mit Hilfe eines Vergleichs der Daten aus einem Recognition-Test (gestützte Abfrage der Erinnerung) und einer gleichzeitig vorgenommenen Blickaufzeichnung ähnliche Werte: 35 % der Befragten gaben an, die Anzeige betrachtet zu haben, jedoch wurde durch die Blickaufzeichnung nachgewiesen, dass 63 % die Anzeige tatsächlich fixierten.

4.2 Beobachtung als objektive Datenerhebungsmethode

Einschränkend muss aber auch bei den Beobachtungsmethoden erwähnt werden, dass bei der Messung der Informationsaufnahme ein Mangel besteht, da lediglich ein Teil der aufgenommenen Informationen im beobachtbaren Verhalten zum Ausdruck kommt (Kroeber-Riel et al. 2009, S. 313 f.) und damit erfasst werden kann. Jedoch sind insbesondere im Rahmen des Internet neue technische Möglichkeiten zur intensiven Beobachtung der Nutzer bzw. Konsumenten entstanden (z.B. Erfassung des „Click-Through-Verhaltens" mittels Analysesoftware, z.B. Logfile-Analyse).[28]

Die am weitesten entwickelte und im Bereich des Internet häufig angewendete apparative Beobachtungsmethode ist das Eye-Tracking. Hierbei handelt es sich um ein nichtverbales, psychobiologisches Testverfahren zur Messung der Wahrnehmung mittels Blickaufzeichnung, welches seit den 1970er Jahren systematisch Anwendung in unterschiedlichen Forschungsgebieten gefunden hat. So erfolgt der Einsatz zum Beispiel in verkehrssicherheitstechnischen, ergonomischen/arbeitswissenschaftlichen und kartografischen Forschungsarbeiten sowie im Bereich der Neurowissenschaften, der Psychologie und insbesondere im Marketing. Mit speziellen Eye-Tracking-Geräten wird das Blickfeld der Probanden aufgezeichnet und Aussagen darüber getroffen, welche Bild- und Textelemente in welcher Reihenfolge betrachtet werden, um somit die aufgenommenen Informationen bestimmen zu können (Kroeber-Riel et al. 2009, S. 314).

Im Bereich der psychophysiologischen Messtechniken nimmt das Eye-Tracking eine herausragende Stellung ein (Wang/Minor 2008). So wurde Eye-Tracking bereits sehr früh zur Messung der Aufmerksamkeit (z.B. Bogart/Tolley 1988; Lohse 1997; Pieters et al. 1999; Pieters/Wedel 2004), der Erinnerung (z.B. Krugman 1971; Morrison/ Dainoff 1972; Krugman et al. 1994; Wedel/Pieters 2000) sowie der Informationsverarbeitung (z.B. King 1972; Kroeber-Riel 1984) genutzt. Im Marketing-Bereich ist der Einsatz von Eye-Tracking beispielsweise zur Kontrolle des Kommunikationserfolges im Rahmen der Werbewirkungsforschung offline (z.B. Krugman et al. 1994; Lohse 1997; Pieters et al. 2007; Zhang et al. 2009) und online (z.B. Drèze/Hussherr 2003; Lam et al. 2007; Brusch et al. 2010; Sand et al. 2010) erfolgt. So entwickeln Aribarg et al. (2010) mit Hilfe eines Methodenvergleichs zwischen Eye-Tracking und einem Recognitiontest ein biasfreies Messinstrument zur Erfassung der Informationsaufnahme

---

[28] So basiert auch die Aussprache von Kaufempfehlungen im Internethandel größtenteils auf Werten des beobachteten Kaufverhaltens (vgl. Ansari et al. 2000 bzw. Kapitel 2.2.2).

bei Werbeanzeigen, während Brasel und Gips (2008) die Wirkung von TV-Werbung bei „Schnellschauern" mit Digitalem Recorder erforschen. Weiterhin wird die Methode im stationären Handel zur Optimierung der Regalgestaltung (z.b. Berghaus 2005) und des Instore-Marketing (Chandon et al. 2009) angewendet. Auch im Bereich des Entscheidungsverhaltens wird von Eye-Tracking Gebrauch gemacht. Russo und Leclerc (1994) haben beispielsweise mittels Blickaufzeichnung untersucht, wie die Wahl eines Gebrauchsgutes verläuft. Weitere Anwendungen in diesem Bereich finden sich bei Feiereisen et al. (2008) im stationären Bereich und bei Patalano et al. (2010) im Internet. So ist im Bereich des Internet das Suchverhalten bei der Nutzung von Suchmaschinen ein beliebtes Forschungsthema (Usability; z.B. Joachims et al. 2007; Lorigo et al. 2008). Im Internethandel haben Cyr et al. (2009) beispielsweise die Wirkung der Integration von menschlichen Bildern bei der Produktdarbietung im Internetshop untersucht, während Lans et al. (2008) das Markenwahlverhalten in einem simulierten Supermarkt mittels Eye-Tracking erforscht haben. Somit kommt der Messung der Informationsaufnahme und folglich der Aufmerksamkeit des Konsumenten eine entscheidende Rolle zu, da die Aufmerksamkeit als Ausgangspunkt des letztendlichen Kaufverhaltens des Konsumenten gesehen werden kann (AIDA-Modell; vgl. Kroeber-Riel et al. 2009, S. 633 f.).

Trotz der vielfältigen Einsatzbereiche werden Eye-Tracking-Verfahren im Bereich des Internet hauptsächlich zur Untersuchung der Usability in Forschung und Praxis eingesetzt. So fand eine Anwendung von Eye-Tracking zur Bestimmung der Akzeptanz bisher nur vereinzelt statt. Im Bereich der psychologischen Forschung haben DeWall et al. (2009) beispielsweise die soziale Akzeptanz von Probanden mittels Eye-Tracking untersucht. Forschungsarbeiten zur Messung der Akzeptanz im Sinne dieser Arbeit konnten nicht identifiziert werden, weswegen im Folgenden die Eignung des Eye-Tracking zur Bestimmung der Akzeptanz von Kaufempfehlungen im Internethandel geprüft wird. Dazu wird zunächst die Bedeutung der visuellen Wahrnehmung zur Informationsaufnahme dargestellt. Danach folgt die Darstellung der Eye-Tracking-Verfahren sowie ausgewählter Messgrößen und Kennzahlen.

4.2.2 Bedeutung der visuellen Wahrnehmung zur Informationsaufnahme

4.2.2.1 Neurophysiologische Grundlagen der visuellen Wahrnehmung

Die visuelle Informationsaufnahme als wichtigste Sinneswahrnehmung (Jeck-Schlottmann 1987, S. 6) erfolgt über das Auge, dessen physiologischer Aufbau zum Verständnis des Eye-Tracking betrachtet werden muss. Der Augapfel ist ein kugelförmiger mit Flüssigkeit gefüllter Hohlkörper von ca. 24 bis 26 mm Durchmesser, welcher von einer weißen Lederhaut (Sklera) umschlossen und frei beweglich in der knöchernen Augenhöhle eingelagert ist. Am Augapfel setzen drei Muskelpaare an, die eine Bewegung in horizontaler, vertikaler sowie rotierender Weise ermöglichen. Auf der Vorderseite geht die Sklera in die durchsichtige Hornhaut (Cornea) über (Berghaus 2005, S. 81). Sehen bedeutet schließlich, dass ein „Lichtstrahl auf das Auge trifft, der als elektrischer Impuls über den Sehnerv in den visuellen Kortex (Bereich der Hirnrinde, Anm. d. Verf.) geleitet und dort weiterverarbeitet wird" (Jeck-Schlottmann 1987, S. 9). So trifft das Licht zunächst auf die Cornea und wird gebrochen sowie gebündelt, bevor es durch die Pupille auf die dahinterliegende Linse gelangt und erneut gebrochen sowie gebündelt wird. Dadurch wird gewährleistet, dass alle Objekte unabhängig von der Entfernung scharf gesehen werden. Somit nimmt die Linse eine wichtige optische Funktion ein und bildet jeweils ein verkleinertes, um 180° gedrehtes Abbild des Gegenstandes auf der Augenrückwand (Netzhaut, Retina) ab (Jeck-Schlottmann 1987, S. 10). Der Aufbau des Auges ist in Abbildung 14 noch einmal grafisch dargestellt. Die dritte Schicht der Retina besteht schließlich aus Rezeptorzellen (Fotorezeptoren), die das Licht in neuronale Impulse umsetzen und über dahinter geschaltete Nerven in die entsprechenden Gehirnareale weitergeben. Die Fotorezeptoren der Retina lassen sich im Hinblick auf ihr Aussehen und ihre Eigenschaften in Stäbchen (ca. 125 Mio.) und Zapfen (ca. 6 Mio.) unterteilen und sind unregelmäßig auf der Retina verteilt, so dass je nach Vorkommen unterschiedliche Sehschärfen unterschieden werden können. Den Bereich des schärfsten Sehens stellt die Fovea Centralis dar, welche auf der optischen Achse der Pupille liegt, nur aus Zapfen besteht und einen Durchmesser von 0,5 bis 1 mm besitzt. Als Folge des geringen Durchmessers ergibt sich, dass die größte Sehschärfe nur innerhalb eines Bereiches von 2° um die Sehachse des Auges reicht und ein genaues Erkennen bzw. Wahrnehmen ermöglicht (foveales Sehen). Das restliche Sichtfeld dagegen (ca. 160°) kann nur zur Grobregistrierung genutzt werden (peripheres Sehen; extrafovealer Bereich). Infolgedessen muss das Auge über eine Vorlage bewegt werden, damit beständig neue Einzelheiten in den Bereich des fovealen Sehens gelangen. Dadurch lässt sich anhand der Augenstellung erkennen, welche Informationen aufgrund der Abbildung auf der Fovea Centralis eine Chance haben detailliert wahrgenommen zu werden (Jeck-Schlottmann 1987, S. 10 f.).

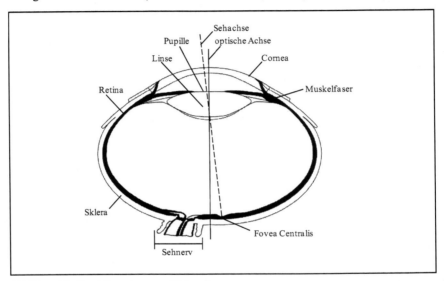

Abbildung 14: Darstellung des menschlichen Auges
(Quelle: eigene Darstellung in Anlehnung an Eysel 2010, S. 709)

4.2.2.2 Fixationen als Indikatoren für Wahrnehmungsprozesse

Die physiologische Anatomie des Auges ermöglicht eine Bestimmung der wahrgenommenen Informationen, jedoch muss geklärt werden, in welcher Weise das (beobachtbare) Blickverhalten als Indikator für Wahrnehmungsprozesse und Informationsaufnahme herangezogen werden kann. Das Gleiten über das betrachtete Objekt findet nicht kontinuierlich statt, sondern in sprunghaften und unregelmäßigen Bewegungen.[29] Dies ist damit zu erklären, dass der Prozess des Sehens, d.h. vom Auftreten der Licht-

---

[29] Eine Übersicht zu den verschiedenen Augenbewegungsarten findet sich z.B. bei Young/Sheena (1975, S. 397 ff.), Leven (1991, S. 79 ff.) und Joos et al. (2003, S. 142 ff.).

4.2 Beobachtung als objektive Datenerhebungsmethode

wellen auf der Cornea, der Umwandlung des physischen Reizes in elektrische Impulse durch die Rezeptoren und die Weiterleitung in den Kortex, einige Zeit erfordert. Daher muss das Auge kurze Zeit auf dem visuellen Reiz verweilen (Fixation), bevor das Auge mit sehr hoher Geschwindigkeit (0,002 bis 0,01 s/Grad) ruckartig zum nächsten Fixationsbereich (Sakkade) weiterspringt (Jeck-Schlottmann 1987, S. 11). Nur während einer solchen Fixation kann eine Informationsaufnahme stattfinden (Leven 1991, S. 86). Dagegen dienen Sakkaden dazu, das Auge von einem Fixpunkt zum nächsten zu führen und neue Betrachtungsobjekte auf der Fovea Centralis abzubilden. Somit sind Fixationen keine Augenbewegungen, sondern „Zustände der relativen Bewegungslosigkeit des Auges" (Schroiff 1987, S. 196) und Sakkaden die schnellen Bewegungen dazwischen. Jedoch gestaltet sich die Identifikation einer Fixation nicht als trivial, da in der Literatur die angenommenen Zeitdauern einer Fixation zwischen 0,05 und 0,60 s liegen.[30] Jedoch hat Leven (1991, S. 86 ff.) Bedingungen zur Identifikation von Fixationen als valide Indikatoren für Wahrnehmungsprozesse aufgeführt[31] (vgl. Tabelle 20).

Hierbei ist zu beachten, dass nicht nur der fixierte Punkt aufgenommen wird, sondern der gesamte Bereich um den fixierten Punkt. So unterscheidet man zentral aufgenommene Informationen, welche direkt zur Verarbeitung weitergeleitet werden, und peripher aufgenommene Informationen, welche zur Orientierung und zur Steuerung des Blickverlaufs dienen. Zum Verständnis des betrachteten Umfeldes sind oftmals mehrere Fixationen notwendig. Beim Lesen eines Textes wird beispielsweise davon ausgegangen, dass pro Fixation 1,2 Wörter verarbeitet werden (Just/Carpenter 1980).

---

[30] Dies ist durch unterschiedliche Reizvorlagen (z.B. Bild oder Text), unterschiedliche Untersuchungsziele sowie persönlichkeitsspezifische Faktoren (z.B. Involvement oder Erfahrung) der empirischen Untersuchungen zu begründen (Berghaus 2005, S. 91).
[31] Weiterhin ist auf die Meta-Studie von Rayner (1978) zu verweisen, welcher sich intensiv mit den Grundlagen der Informationsverarbeitung beschäftigt hat.

Tabelle 20: Bedingungen für Fixationen als Indikatoren von Wahrnehmungsprozessen

Bedingungen	Folge
Zusammenhang zwischen Fixationsinhalt und Informationsaufnahme	
- „Eye-Mind Assumption" (Just/Carpenter 1976) als Grundvoraussetzung für die Nutzung von Blickbewegungen zur Herleitung der Informationsaufnahme: Verarbeitung des Betrachtungsgegenstands, welcher gerade fixiert wird.	- *keine*
- Wahrgenommene Informationen aus dem fovealen Bereich werden durch Informationen aus dem extrafovealen Bereich sowie kognitive Faktoren angereichert: Wahrgenommene Fläche ist größer als vermutet („Visual Lobe Area"). - Durch Vorwissen ist es möglich, auch auf nicht fixierte Details eines Wahrnehmungsobjektes zu schließen.	- Erfassung der Rahmenbedingungen mit Hilfe eines Fragebogens
- Es können neben dem fixierten Objekt noch ausreichend hoch aufgelöste Details aus dem parafovealen und peripheren Bereich wahrgenommen werden.	- Einteilung größerer Blickgebiete
Zusammenhang zwischen zeitlicher Identität der Fixation und Informationsaufnahme	
- „Immediacy Assumption" (Just/Carpenter 1980) als zweite Grundvoraussetzung: Es existiert keine Diskrepanz zwischen Informationsaufnahme und -verarbeitung.	- *keine*
- Es besteht ein Zusammenhang zwischen Fixationsdauer und den während dieser Fixation ablaufenden kognitiven Prozessen. - Jedoch sind keine exakten Aussagen über die tatsächlich benötigten Verarbeitungszeiten möglich.	- Verwendung der Fixationsdauer zur Analyse des Nutzungsverhaltens
Zusammenhang zwischen Fixationsposition in der Fixationsfolge und Informationsaufnahme	
- Es werden zwei Phasen[32] im Betrachtungsverlauf unterschieden: Orientierungsphase (Schaffung eines Überblicks) und Analysephase (genauere Exploration). - Im Phasenverlauf nimmt die Fixationslänge durch Summierung der Informationen aus erstem Gesamteindruck und steigender Anzahl an Kontextbeziehungen zu. - Dennoch findet eine automatische und kontrollierte Informationsaufnahme bei kürzeren Fixationsdauern statt.	- Berücksichtigung der zeitlichen Position der Fixation im Blickverlauf
- Der Beginn der kontrollierten Informationsaufnahme entspricht dem Beginn der Fixation, da die periphere Wahrnehmung eine Voranalyse darstellt. - Somit ist jede Fixation mit einer automatischen Analyse des extrafovealen Bereichs und einer kontrollierten Analyse des fovealen Bereichs verbunden.	- *keine*
Zusammenhang zwischen Fixation und Informationsaufnahme	
- Fixationen stellen die ersten Schritte der Informationsaufnahme (z.B. Dechiffrierung, Strukturierung, Interpretation) dar. - Weitergehende mentale Verarbeitungsprozesse (z.B. Treffen einer Entscheidung) sind abhängig von Umfeld- und Persönlichkeitsfaktoren des Konsumenten.	- Erfassung der Rahmenbedingungen mit Hilfe eines Fragebogens
- Fixationssequenzen, bei welchen zur genaueren Informationsaufnahme eventuell bereits fixierte Objektbereiche wiederholt betrachtet werden, dienen der Memorierung und können als Vorstufe der Speicherung angesehen werden. - Jedoch ist es problematisch aus Fixationssequenzen Rückschlüsse auf eine weitere Informationsverarbeitung zu ziehen.	- *keine*

(Quelle: eigene Darstellung in Anlehnung an Leven 1991, S. 86 ff.)

---

[32] Russo und Leclerc (1994, S. 274 ff.) unterscheiden im Gegensatz zu dieser weitverbreiteten Vorgehensweise drei Phasen: Orientierungs- und Analysephase sowie Phase der Überprüfung/Verifizierung.

Zur Vereinfachung der Analyse des Wahrnehmungsprozesses werden daher sogenannte Information-Chunks (oder Informationsbündel) gebildet. Wie viele solcher Chunks für das Verständnis notwendig sind, ist stark von personen- und reizspezifischen Faktoren abhängig (Jeck-Schlottmann 1987, S. 12 f.). Als übergeordnete Einheit ist die Bildung von Gazes möglich. Diese bestehen aus mehreren aufeinanderfolgenden Fixationen auf ein Element und weisen auf die Bildung von Chunks sowie die Aufnahme von besonders informativen Elementen hin (Just/Carpenter 1976, Jeck-Schlottmann 1987, S. 64). Da Gazes Fixationen auf eine Informationseinheit sind, die zwischenzeitlich nicht verlassen wird, weisen diese insbesondere auf kognitive Einheiten hin (Just/Carpenter 1980).

Zusammenfassend kann festgehalten werden, dass nach dem heutigen Wissensstand jede Fixation mit einer automatischen Informationsaufnahme und den ersten Schritten der Reizverarbeitung einhergeht. Weitergehende Verarbeitungsprozesse (z.B. Speicherung) sind dagegen nicht durch Fixationen indiziert. Somit können der Blickverlauf und insbesondere die Fixationen als Indikator für den Wahrnehmungsprozess und die Informationsaufnahme herangezogen werden. Hieraus wird deutlich, dass die Methode grundsätzlich geeignet ist, um unbewusste Prozesse der Informationsaufnahme zu identifizieren und somit zur Erfassung der Nutzungsebene heranzuziehen ist.

4.2.3 Verfahren des Eye-Tracking

Zur Ermittlung des Blickverlaufs werden sogenannte Eye-Tracking-Verfahren eingesetzt, welche nach Kroeber-Riel et al. (2009, S. 318) den „Königsweg der kognitiven Forschung" darstellen. Zur Aufzeichnung des Blickverlaufs stehen verschiedene Verfahren zur Verfügung, welche die physiologischen Eigenschaften der Augen nutzen. Bei den verschiedenen Verfahren ist grundsätzlich zu unterscheiden, wie exakt der Blickverlauf gemessen wird (Berghaus 2005, S. 102 f.). Die Verfahren können danach unterschieden werden, ob sie das Blickverhalten über die Spannung bestimmen bzw. die horizontalen und vertikalen Bewegungen getrennt erfassen (Elektrookulogramm (EOG), Limbus-, Pupillen- oder Augenregistrierung, Kontaktlinsenmethode) oder eine videobasierte Messung (Kontaktlinsenmethode,[33] Blickachsenmessung, Doppelte Purkinje-Bild-Technik, Cornea-Reflex-Methode) vornehmen.[34] Aufgrund der kontaktlosen Messung und der Messgenauigkeit sowie weiterer Vorteile werden die videobasierten Verfahren und hierbei insbesondere die Cornea-Reflex-Methode mit der Blickachsenmessung am häufigsten verwendet (z.B. Lohse 1997; Pieters/Warlop 1999; Wedel/Pieters 2000). Diese besitzen demnach auch die größte Bedeutung (Duchowski 2007, S. 51). Aufgrund dessen soll dieses Verfahren auch in der vorliegenden Arbeit angewendet werden und wird deswegen im Folgenden näher erörtert. Die Cornea-Reflex-Methode nutzt die Fähigkeit der Cornea, Licht zu reflektieren. Hierzu wird das Auge mit Infrarotlicht beleuchtet, da es den Vorteil besitzt, dass andere Lichtquellen (z.B. Tageslicht) relativ wenige Reflexe erzeugen. Dadurch wird eine größtmögliche Unabhängigkeit vom jeweiligen Umgebungslicht gewährleistet. Der Corneareflex entsteht durch die stärkere Krümmung der Cornea im Vergleich zum Augapfel. Ein Videobild des Auges wird schließlich mit Hilfe einer Augenkamera und einem Infrarotlichtfilter (Halbspiegel, welcher das Infrarotlicht reflektiert) aufgezeichnet. Das aufgenommene Bild wird analysiert, indem mit Hilfe von zwei Schwellenwerten die Positionen der Pupille und des Corneareflexes herausgefiltert werden. Die Pupillenmitte wird hierbei als Blickachse und räumlicher Ort der Fixation verwendet („Point of Regard Measurement"). Bei Augenbewegungen verändert sich der Ausfallwinkel der Reflexion, so dass der Reflex praktisch in der Augenbewegung wandert (Young/Sheena 1975; Berghaus 2005, S. 149 f.).

Damit die gewonnenen Daten mit der tatsächlichen Blickposition in Verbindung gebracht werden können, muss das System zu Beginn der Untersuchung kalibriert werden. Hierbei werden mehrere Punkte vorgegeben, welche der Proband in einer festgelegten Reihenfolge betrachten muss. Zu jedem dieser Punkte werden die Position der Pupille und des Corneareflexes gespeichert, so dass der jeweilige Koeffizient berechnet werden kann. Nach Abschluss der Kalibrierung kann dadurch jede Augenposition in eine Blickpunktposition umgerechnet werden. Diese Verwendung eines Differenz-

---

[33] Die Messung der Augenbewegungen mittels eingesetzter Kontaktlinsen kann durch zwei Varianten umgesetzt werden: Entweder durch Induktion einer Spannung durch eine im magnetischen Wechselfeld liegende Spule (analoge Vorgehensweise) oder Aufzeichnung der Reflexion eines eingestrahlten Lichts (videobasierte Vorgehensweise).
[34] Eine ausführliche Darstellung der verschiedenen Verfahren findet sich bei Young/Sheena (1975), Leven (1991, S. 118 ff.) oder Duchowski (2007, S. 51 ff.).

4.2 Beobachtung als objektive Datenerhebungsmethode

vektors zwischen Pupillenmitte als Augenfixpunkt und Corneareflex als Lichtreflexpunkt ermöglicht es, die Bewegungen des Auges und des Kopfes zu trennen (Berghaus 2005, S. 150 f.).

Je nach Erzeugungsort der Lichtquelle können Head-Mounted- („Überkopfsysteme") und Table-Mounted- bzw. Remote-Systeme (berührungsfreie, ferngesteuerte Systeme) unterschieden werden. Head-Mounted-Systeme haben ihren Einsatzschwerpunkt aufgrund ihrer Mobilität bei Offline-Untersuchungen im Feld, während Remote-Systeme vor allem bei Laboruntersuchungen mit einem Computer verwendet werden. Die Szene bzw. Umwelt, die der Proband während der Untersuchung sieht, wird je nach System entweder durch eine zweite Kamera (Head-Mounted) oder mittels Screen-Recording (Remote) aufgezeichnet. Da die Augenkamera und die Szenenaufzeichnung miteinander verbunden sind, ist es möglich eine Beziehung zwischen Reflex und Betrachtungsobjekt herzustellen. Mittels Computersoftware werden die aufgenommenen Daten zusammengefügt, so dass jedes Szenenbild mit dem Blick-Cursor versehen wird (Berghaus 2005, S. 151). Für die vorliegende Untersuchung steht ein solches Remote-System zur Verfügung.

4.2.4 Ausgewählte Messgrößen und Kennzahlen des Eye-Tracking

Mit Hilfe des Eye-Tracking kann eine Vielzahl verschiedener Parameter von Augen- und Blickbewegungen analysiert werden. Grundsätzlich unterscheidet man hierbei Parameter der Sakkaden, der Fixationen sowie aus dem Zusammenspiel von Sakkaden und Fixationen – dem Blickverlauf (Joos et al. 2003, S. 153). Aufgrund der Tatsache, dass eine Informationsaufnahme nur bei Fixationen stattfindet, sollen im Folgenden lediglich die wichtigsten Parameter für Fixationen betrachtet und die jeweiligen Kennzahlen dargestellt werden. Tabelle 21 gibt zunächst einen Überblick über die wichtigsten Parameter von Eye-Tracking-Untersuchungen.

Ausgangspunkt und Grundlage sämtlicher Fixationsparameter sind zunächst die gemessenen Blickpunkte, welche die einzelnen Corneareflexe darstellen. Da nicht jeder Blickpunkt notwendigerweise mit einer Informationsaufnahme verknüpft ist, erfolgt eine Verdichtung der Blickpunkte innerhalb eines festgelegten Radius zu Fixationen (Rötting 2001, S. 71).

Tabelle 21: Parameter von Eye-Tracking-Untersuchungen

Parameter	Beschreibung	Aussagewert in Bezug auf		
		Prozesse der Informationsaufnahme und -verarbeitung	Reizspezifische Merkmale	Individualspezifische Merkmale
Fixationsort Ausprägungen: - Initialfixierung - Folgefixierung	Bereiche, die im Sehfeld der Probanden lagen	- *keine*	- *keine*	- *keine*
Fixationshäufigkeit Ausprägungen: - Absolut - Relativ	Anzahl der Fixationen, die auf einen Betrachtungsbereich entfallen	- Maß für aufgenommene Informationen	- Qualität und Aufmerksamkeitswirkung der Stimuli - Informationsgehalt/Wichtigkeit der Information	- Empfundener Schwierigkeitsgrad - Vorhandene Erfahrung mit den Stimuli
Fixationsdauer Ausprägungen: - Absolut - Relativ	Zeitdauer der Fixation eines Betrachtungsbereichs (in s)	- Schwierigkeiten bei Aufnahme und Interpretation - Intensität der Informationsaufnahme - Einfluss kontextueller Faktoren	- Präsentation der Stimuli - Bestimmter Aufmerksamkeitswert - Informationsgehalt/Komplexitätsgrad der Information	- Kognitives Leistungsniveau - Vorhandene Erfahrung
Blickpfad Ausprägungen: - Räumlich - Zeitlich - Übergangshäufigkeiten	Blickverlauf, welcher beim Betrachten des Untersuchungsobjektes entsteht und sich abwechselnd aus Fixationen und Sakkaden zusammensetzt	- Systematik der Suche - Vergleich von Suchmustern - Diskrepanzen zwischen erwarteten und tatsächlichen Informationen	- Gestaltung/Struktur der Reizvorlage - Aufmerksamkeitswerte bestimmter Stimulibereiche	- Vorhandene kognitive Schemata - Subjektive Wichtigkeitseinschätzung von Informationen

(Quelle: eigene Darstellung in Anlehnung Berghaus 2005, S. 109 ff.)

Den Schwerpunkt der zu einer Fixation zusammengefassten Blickpunkte bildet der Fixationsort und kennzeichnet somit den von den Probanden betrachteten Bereich, welcher mehr oder weniger Aufmerksamkeit erzeugt hat. So kann beispielsweise die Initialfixation, welche den ersten kognitiven Zugriff auf einen bestimmten Bereich kennzeichnet, bestimmt werden (Berghaus 2005, S. 106). Hierbei sind je nach Untersuchungsdesign jedoch nicht alle Bereiche der Untersuchungsumwelt gleich relevant bzw. ist ein Vergleich verschiedener Bereiche oft sinnvoll. Um bei der Auswertung

4.2 Beobachtung als objektive Datenerhebungsmethode

relevante Bereiche gesondert betrachten bzw. einen Vergleich vornehmen zu können, ist es hilfreich sogenannte „Areas of Interest" (AOIs) zu definieren. In der vorliegenden Untersuchung wären dies beispielsweise Kaufempfehlungen für Alternativprodukte oder Kaufempfehlungen für Zusatzprodukte im Internetshop. Der Ort der Initialfixation liefert mehrere Interpretationsmöglichkeiten bezüglich des Aufmerksamkeitspotenzials und der Komplexität verschiedener Bereiche sowie zu den Erfahrungen des Probanden in dieser Untersuchungsumwelt. So weisen beispielsweise zuerst fixierte Orte ein hohes Aufmerksamkeitspotenzial auf bzw. der Proband verfolgt aufgrund seiner Erfahrungen eine gewisse Suchstrategie. Gleichzeitig ermöglicht die Dauer der Initialfixation einen Rückschluss auf die Komplexität der Reizvorlage, denn umso komplexer die Reizvorlage empfunden wird, desto länger ist die Initialfixation (Stowasser 2002, S. 111).

Eine weitere Messgröße in diesem Zusammenhang stellt die Fixationshäufigkeit (FH) dar, welche die absolute Zahl der Fixationen auf die Untersuchungsumwelt (absolute Fixationshäufigkeit) oder auf ausgewählte AOIs (relative Fixationshäufigkeit) umfasst. Anhand der Fixationshäufigkeit können Aussagen über den Prozess der Informationsaufnahme und -verarbeitung sowie über reiz- und individualspezifische Merkmale getroffen werden. Insbesondere deutet eine große Anzahl an Fixationen auf die Aufnahme vieler Informationen hin (Rötting 2001, S. 102 f.). Weisen ausgewählte Bereiche der Untersuchungsumgebung eine hohe relative Fixationshäufigkeit auf, deutet dies auf besonders wichtige und informationshaltige Objekte hin, welche generell häufiger fixiert werden (siehe „Eye-Mind Assumption" und „Immediacy Assumption" in Tabelle 20).

Anhand der Fixationsdauer (FD), welche den Zeitraum vom Ende einer Sakkade und dem Beginn der nächsten Sakkade kennzeichnet, können zwei Fixationsarten unterschieden werden: Suchfixationen weisen in der Regel eine Fixationsdauer von 0,10- 0,30 s auf, während Verarbeitungsfixationen länger als 0,30 s andauern (Leven 1991, S. 93).[35] Hierbei gelten Fixationsdauern als Maß für die Bearbeitungsdauern der betrachteten Informationen hinsichtlich der Informationsaufnahme und -verarbeitung (z.B. Intensität der Verarbeitung). Jedoch kann eine hohe Fixationsdauer auch auf

---

[35] Hierbei gilt jedoch weiterhin zu beachten, dass die Angabe von Fixationsdauern nicht ohne weiteres möglich ist (vgl. Kapitel 4.2.2.2).

Schwierigkeiten bei der Aufnahme und Identifikation von Informationen hindeuten und somit als Maß für die kognitive Beanspruchung der Probanden verwendet werden (Leven 1986, S. 82 f.; Rötting 1999, S. 8; Stowasser 2002, S. 96 ff.). Dadurch lassen die Fixationsdauern auch Aussagen über das Layout bzw. den Informationsgehalt der Untersuchungsumgebung zu, da ein schlechtes Layout und ein hoher Informationsgehalt mit längeren Fixationsdauern verbunden sind (Leven 1986, S. 82; Rötting 2001, S. 183). Ebenso wird ein Interpretationsspielraum für individuelle Persönlichkeitsmerkmale geboten, da mit Hilfe der Dauern ein Rückschluss auf das kognitive Leistungsniveau der Probanden möglich ist. Ebenso wie bei der Fixationshäufigkeit lässt sich die Fixationsdauer in eine absolute Kennzahl und eine relative Kennzahl unterscheiden. Während die absolute Fixationsdauer die Zeitdauer der Fixierung insgesamt umfasst, gibt die relative Fixationsdauer eines AOIs das Verhältnis zwischen der Betrachtungsdauer des ausgewählten AOIs und der Fixationsdauer insgesamt an (Berghaus 2005, S. 111).

Die letzte Messgröße stellt der Blickverlauf (auch als Blickpfad, Scanpath oder Fixationspfad bezeichnet) dar, welcher durch die Aufeinanderfolge von Fixationen und Sakkaden beim Betrachten der Untersuchungsumwelt entsteht und in räumlicher sowie zeitlicher Hinsicht unterschieden werden kann. Die räumliche Komponente des Blickverlaufs gibt die Länge wieder, welche sich aus der Distanz vom Start- bis zum Endpunkt des Betrachtungsvorgangs, den entsprechenden Sakkaden sowie den dazugehörigen Richtungsänderungen zusammensetzt. Dagegen schließt die zeitliche Komponente des Blickverlaufs die Fixationsreihenfolge des Betrachtungsverlaufs sowie die Dauer des Blickverlaufs, also die Zeit vom ersten bis zum letzten Messpunkt des Blickverlaufs und somit die Sakkaden und Fixationen, ein. Die Theorie des Blickverlaufs nach Noton und Stark (1971), welche unter anderem durch Pieters et al. (1999) bestätigt wurde, besagt, dass der Blickverlauf auch bei mehrmaliger Betrachtung einer Reizvorlage unverändert bleibt und sich auch wiederholen würde, wenn der Proband auf eine leere Vorlage schaut und sich nur an die gezeigte Reizvorlage erinnert. Die gewählten Fixationspunkte stehen hierbei in Abhängigkeit der vorherigen Fixationspunkte.

4.3 Diskussion der betrachteten Datenerhebungsmethoden

Nachdem nun die Befragung und die Beobachtung als Möglichkeiten der Datenerhebung dargestellt wurden, soll im Folgenden geklärt werden, welche Methode sich für die Datenerhebung besonders eignet. Die Befragung nimmt im Rahmen der Akzeptanzforschung einen hohen Stellenwert ein und ist die am häufigsten angewendete Datenerhebungsmethode. Jedoch ist es nicht möglich, mit Hilfe der Befragung unbewusste, automatisierte und sensomotorische Wahrnehmungsprozesse zu erfassen, sondern es ist lediglich möglich, eine Messung der erinnerten bzw. gespeicherten Informationsaufnahme vorzunehmen. Dadurch erfolgt jedoch eine unvollständige Erfassung der Informationsaufnahme, wohingegen nicht-beobachtbare Verhaltenshintergründe mittels Befragung operationalisierbar sind. Die Befragung kann somit zur Erfassung der Einstellungen im Rahmen der Akzeptanzuntersuchung verwendet werden, besitzt jedoch Lücken in Bezug auf die Erfassung der Nutzungsebene.

Dagegen haben Eye-Tracking-Verfahren im Rahmen der Akzeptanzmessung bisher erst vereinzelt Anwendung gefunden, besitzen aber im Rahmen der Messung der Informationsaufnahme ein hohes Erklärungspotenzial und damit eine grundsätzliche Eignung für die Messung der Akzeptanz, insbesondere in Bezug auf die Nutzungsebene. Jedoch weisen Eye-Tracking-Verfahren bedingt durch allgemeine sowie anwendungs- und systembedingte Faktoren einige Nachteile bezüglich der Validität auf (z.B. Schroiff 1983; Leven 1988). Hierbei ist zunächst der große technische und zeitliche Aufwand bei der Erhebung und Auswertung der Daten zu nennen. So gilt es stets im Vorfeld zu prüfen, ob der Aufwand dem Untersuchungsziel angemessen ist. Gleichzeitig ist die Aussagekraft von Blickdaten ohne zusätzliche Befragung als begrenzt anzusehen, da nur beobachtbare Vorgänge erfasst werden können. Anwendungsbedingte Faktoren können zudem die Messgenauigkeit des Verfahrens (Reliabilität) beeinflussen (z.B. Kalibrierung, ruckartige Kopfbewegungen des Probanden). Hierbei ist aber einschränkend hinzuzufügen, dass diese Probleme einerseits durch technische Weiterentwicklungen vor allem im Bereich der Remote Systeme, z.B. durch die gewährleistete Bewegungsfreiheit des Kopfes, und andererseits durch eine entsprechende Vorgehensweise eines erfahrenen Untersuchungsleiters, minimiert werden können. Die systembedingten Faktoren betreffen die Cornea-Reflex-Methode selbst (z.B. Datendigitalisierung), sind jedoch im vorliegenden Fall der Messung mit Hilfe von Screen-Recording und Remote-System zu vernachlässigen.

Jedoch liefert Eye-Tracking im Vergleich zu anderen Messverfahren der Informationsaufnahme und -verarbeitung genauere Werte und Informationen (vgl. die Ergebnisse aus den Methodenvergleichen von Raaji (1977) und Keitz (1986)). Ein weiterer Vorteil kann darin gesehen werden, dass im Vergleich zu anderen Methoden auch nicht kontrollierte und unbewusste Wahrnehmungsprozesse sichtbar gemacht werden können (Bleicker 1983, S. 85). Durch die Möglichkeit der detaillierten Datenerhebung (z.B. Art, Häufigkeit und Ablauf der aufgenommenen Informationen) kann der Hauptvorteil der apparativen Blickaufzeichnung in der hohen Qualität der generierten Daten gesehen werden, was es rechtfertigt, die erwähnten Nachteile bzw. Einschränkungen in Kauf zu nehmen.

In Tabelle 22 sind die Vor- und Nachteile der schriftlichen Befragung und der Erhebung durch Eye-Tracking-Verfahren abschließend noch einmal zusammenfassend aufgeführt.

Tabelle 22: Zusammenfassende Bewertung der betrachteten Datenerhebungsmethoden

Methode	Vorteile	Nachteile
Schriftliche Befragung	- Subjektive Erfassung der nicht beobachtbaren Verhaltenshintergründe - Hoher Standardisierungsgrad	- Keine Erfassung von unbewussten, automatisierten, sensomotorischen Wahrnehmungsprozessen - Lediglich Messung der Erinnerung an die Informationsaufnahme
Eye-Tracking-Erhebung	- Objektive Erfassung des beobachtbaren, tatsächlichen Verhaltens - Genaue Ermittlung von Werten der Informationsaufnahme und -verarbeitung - Erfassung von nicht kontrollierten und unbewussten Wahrnehmungsprozessen	- Hoher technischer und zeitlicher Aufwand bei Erhebung und Auswertung der Daten - Begrenzte Aussagekraft von Blickdaten

(Quelle: eigene Darstellung)

Die zusammenfassende Bewertung zeigt, dass beide Methoden sowohl messtechnische Vorteile gegenüber der anderen Methode besitzen als auch Nachteile mit sich bringen. Somit zeigt sich, dass eine alleinige Anwendung der Methoden nicht die gewünschten Ergebnisse hervorbringen würde. Während die schriftliche Befragung als Standardda-

4.3 Diskussion der betrachteten Datenerhebungsmethoden

tenerhebungsmethode im Rahmen der Akzeptanzmessung eingesetzt wird und sich sehr gut zur subjektiven Erfassung der nicht beobachtbaren Verhaltenshintergründe eignet (Einstellungs- und Handlungsebene), kann mittels Eye-Tracking objektiv das tatsächliche Verhalten erfasst und die Informationsaufnahme und -verarbeitung ermittelt werden (Nutzungsebene). So wurde bereits durch frühere Forschungsarbeiten gezeigt, dass eine Kombination aus Befragung und Eye-Tracking-Erhebung, also eine Kombination aus subjektiver und objektiver Messung, sich bezüglich des Erklärungspotenzials als vorteilhaft erweist (z.B. Berghaus 2005; Cyr et al. 2009).

Solch eine Mischform aus Befragung und Beobachtung wird als Experiment bezeichnet, welches als Ziel das Erkennen von Ursache-Wirkungszusammenhängen verfolgt (Homburg/Krohmer 2009, S. 267). Mit Hilfe eines Experiments wird das tatsächliche Verhalten unter kontrollierten Bedingungen erfasst und gleichzeitig sichergestellt, dass die Angaben der Probanden tatsächlich auf eigenen (zumindest im Experiment gemachten) Erfahrungen beruhen. Somit kann ausgeschlossen werden, dass Personen mit nur geringem Wissen und geringer Erfahrung, welche sich aber selbst als erfahren einschätzen, die Inhalte der Befragung anders interpretieren als dies beabsichtigt ist. So ist es mit Hilfe eines Experimentaldesigns möglich, eine hohe Aussagekraft der Ergebnisse bezüglich der zu erklärenden Größen zu erhalten. Im Rahmen der Akzeptanzforschung wurden die Vorteile eines Experimentaldesigns bereits erkannt (z.B. Königstorfer 2008) und genutzt.

Es können zwei Arten von Experimenten unterschieden werden: Das Feld- und das Laborexperiment. Das Feldexperiment wird in der natürlichen Umgebung durchgeführt und die Probanden wissen in der Regel nicht, dass sie Teil einer Untersuchung sind (biotische Situation). Aufgrund der nicht vorhandenen Befangenheit der Probanden sind die Ergebnisse aussagekräftiger als beim Laborexperiment, welches unter künstlichen Bedingungen, d.h. in einer nachgebildeten Untersuchungsumgebung, stattfindet. Jedoch ist neben Kosten- und Zeitvorteilen die Kontrolle von externen Störgrößen leichter möglich, so dass eine hohe interne Validität erzielt werden kann (Homburg/Krohmer 2009, S. 267 ff.).

Aufgrund der Komplexität einer Eye-Tracking-Untersuchung (v.a. hinsichtlich der benötigten technischen Ausstattung für die objektive Messung) bietet sich für Umsetzung der empirischen Studie ein Laborexperiment an. Da die Untersuchung im Kontext des Internethandels durchgeführt wird, wären die Bedingungen für eine Untersuchung im Feld schwer zu definieren. Der Internethandel ist von jedem Rechner mit Internetanschluss zugänglich, wodurch große Unterschiede im Feld vorherrschen, welche im Rahmen einer solchen Erhebung kaum zu kontrollieren wären. Größtenteils werden Einkäufe im Internethandel von den Konsumenten zuhause durchgeführt, was bedeuten würde, dass die Erhebung in der Wohnung der Probanden durchgeführt werden müsste. Hiermit wären erhebliche Probleme im Rahmen der Datenerhebung verbunden. So müssten einerseits die Bedenken der Probanden bezüglich des Vordringens in die Privatsphäre ausgeräumt und andererseits viele technische Probleme (z.B. in Bezug auf die Internetgeschwindigkeit) sowie umfeldspezifische Gegebenheiten (z.B. beengte Verhältnisse) berücksichtigt werden.

4.4 Methodische Annäherung der Messung

4.4.1 Messung und Gütebeurteilung von Konstrukten

4.4.1.1 Messung von Konstrukten

Zur Überprüfung theoretischer Sachverhalte bedarf es der fundierten Messung der relevanten theoretischen Größen, welche jedoch nicht direkt beobachtbar und damit nicht direkt messbar sind. Diese hypothetischen Konstrukte (auch als latente Variablen bezeichnet) müssen operationalisiert werden, um sie einer empirischen Überprüfung zugänglich zu machen (Bagozzi/Fornell 1982). Unter Operationalisierung wird in der klassischen (engeren) Sichtweise die Zuordnung beobachtbarer, empirisch erfassbarer Indikatoren zu theoretischen Konstrukten sowie die Festlegung der Art ihrer Messung verstanden (Homburg/Giering 1996; Kroeber-Riel et al. 2009, S. 33). Diese Messung sollte über mehrere Indikatoren (bei Befragungen i.d.R. als Items bezeichnet) erfolgen (z.B. Jacoby 1978; Churchill 1979; Hildebrandt/Temme 2006; Sarstedt/Wilczynski 2009). So wird das theoretische Konstrukt formal mit den Indikatorvariablen verknüpft, mit welchen ein formaler Zusammenhang besteht (Diamantopoulos et al. 2008). Diese werden in ihrer Gesamtheit auch als Messinstrument bezeichnet. Die einfachste Form stellt das einfaktorielle Konstrukt dar, bei welchem alle Indikatorvariablen direkt auf Konstruktebene verdichtet werden können und das Konstrukt somit genau einem Faktor entspricht (Homburg/Giering 1996).[36]

Der Zusammenhang zwischen Konstrukt und Indikatorvariablen kann auf zwei unterschiedliche Arten interpretiert werden (z.b. Diamantopoulos/Winklhofer 2001; Jarvis et al. 2003; Fassott/Eggert 2005, S. 32; Eberl 2006): Im Falle reflektiver Indikatoren geht man davon aus, dass der Faktor die ihm zugeordneten Indikatoren verursacht. Hierbei werden die Indikatorvariablen als (i.d.R. fehlerbehaftete) Messungen des Faktors betrachtet. Das Ziel besteht hierin, das Konstrukt in seiner Gesamtheit möglichst gut anhand der Indikatorvariablen abzubilden bzw. zu reflektieren. Im Falle der formativen Indikatoren besteht dagegen die Annahme, dass der Faktor eine Funktion seiner Indikatoren darstellt. Die Indikatorvariablen, welche unterschiedliche Facetten des Faktors darstellen, üben somit einen Einfluss auf den Faktor aus. Demnach dürfen keine signifikanten Korrelationen zwischen den Indikatoren erwartet werden. Welche Konstruktart vorliegt, kann anhand des Fragenkatalogs von Jarvis et al. (2003) geklärt werden, welcher von Fassott (2007, S. 90 f.) beantwortet wurde (siehe Tabelle 23).

Tabelle 23: Entscheidungskriterien zur Bestimmung des Zusammenhangs zwischen einem Konstrukt und seinen Indikatoren

	Entscheidungskriterium	Reflektiv	Formativ
Richtung der Kausalität	Sind die Indikatoren definierte Charakteristika oder Manifestationen der latenten Variablen?	Manifestationen	Definierte Charakteristika
	Würden Änderungen in der Ausprägung der Indikatoren eine Veränderung der latenten Variablen verursachen?	Nein	Ja
	Würden Änderungen in der Ausprägung der latenten Variablen eine Veränderung der Indikatoren verursachen?	Ja	Nein
Austauschbarkeit	Haben die Indikatoren den gleichen bzw. einen ähnlichen Inhalt oder beziehen sich auf ein gemeinsames Thema?	Ja	Nicht erforderlich
	Würde die Elimination eines Indikators den konzeptionellen Inhalt der latenten Variablen verändern?	Nein	Möglich
Kovarianz zwischen den Indikatoren	Sind Veränderungen in der Ausprägung eines Indikators verbunden mit gleichgerichteten Veränderungen der übrigen Indikatoren?	Ja	Nicht erforderlich
Nomologisches Netz	Haben die Indikatoren dieselben Antezedenzien und Konsequenzen?	Ja	Nicht erforderlich

(Quelle: eigene Darstellung)

---

[36] Für die Beschreibung mehrfaktorieller Konstrukte siehe Homburg/Giering (1996). Diese werden in der vorliegenden Arbeit nicht betrachtet, da nur einfaktorielle Konstrukte verwendet werden.

Dennoch ist häufig keine eindeutige Abgrenzung zwischen reflektiven und formativen Konstrukten möglich, da die Grenzen eher fließend sind (Völckner 2003, S. 84). Homburg und Klarmann (2006, S. 731) betonen, dass trotz vorliegendem Kriterienkatalog die Entscheidung vermutlich immer stark subjektiv geprägt ist.[37] In der vorliegenden Arbeit bildet das TAM und dessen Konstrukte die Grundlage der empirischen Untersuchung, welche reflektiver Art sind.[38] Deswegen wird im Folgenden nur die Messung und Gütebeurteilung reflektiver Konstrukte betrachtet.

4.4.1.2 Beurteilung der Güte von Konstrukten

Die Messung der Konstrukte soll letztendlich möglichst frei von Fehlern sein. Gemessene Werte setzen sich aus dem wahren Wert und einem (systematischen sowie unsystematischen bzw. zufälligen) Fehler zusammen. Systematische Fehler treten bei jeder Wiederholung der Messung erneut in ähnlicher Höhe auf, während zu den Zufallsfehlern alle Auswirkungen gezählt werden, die zufällig und damit bei Wiederholungen entweder nicht mehr oder in einer anderen Ausprägung auftreten (Homburg/Giering 1996). Zur Gütebeurteilung von Konstrukten werden schließlich die Reliabilität und die Validität herangezogen (Homburg/Giering 1996). Die Reliabilität beschreibt die formale Genauigkeit der Messung (Zuverlässigkeit der Messung). Zufällige Fehler können die Reliabilität einer Messung beeinträchtigen (Giering 2000, S. 73), denn ein reliables Messinstrument liefert zu jedem Zeitpunkt und bei gleichen Umweltbedingungen konstant ähnliche Ergebnisse und ist eine notwendige, jedoch nicht hinreichende Bedingung, für das zweite wesentliche Kriterium (Peter 1979). Die Validität (Gültigkeit) dagegen zeigt auf, inwieweit ein Messinstrument auch tatsächlich das misst, was es messen soll (Peter 1981). So werden sowohl systematische als auch zufällige Fehler berücksichtigt (Homburg/Giering 1996), wobei eine Messung nur valide ist, wenn beide Fehlerarten ausgeschlossen werden können (Giering 2000, S. 73). Die Validität lässt sich in drei Hauptfacetten unterscheiden (Hildebrandt 1984): Die Inhalts-, die Kriteriums- und die Konstruktvalidität, wobei sich letztgenannte aus drei Aspekten (Konvergenz-, Diskriminanz- und nomologische Validität) zusammensetzt.

---

[37] In der Marketingwissenschaft werden am häufigsten reflektive Indikatoren verwendet. Jedoch haben Jarvis et al. (2003) und Fassott (2007, S. 91 ff.) in ihren Sekundäranalysen aufgezeigt, dass darunter viele Fehlspezifikationen sind, welche auf der oft subjektiven Einschätzung und den fließenden Grenzen beruhen.
[38] Im Rahmen der Operationalisierung wird noch einmal sichergestellt, dass die verwendeten Konstrukte, insbesondere die Erweiterungen des Modells tatsächlich reflektiver Art sind.

4.4 Methodische Annäherung der Messung

- Die Inhaltsvalidität zeigt, inwieweit die verwendeten Indikatoren die verschiedenen Facetten des betrachteten Konstrukts tatsächlich und ausreichend abbilden. Somit wird mit Hilfe der Inhaltsvalidität gezeigt, inwiefern die Indikatoren als gültige Operationalisierung des Konstrukts zu akzeptieren sind (Homburg/Giering 1996).

- Die Kriteriumsvalidität bezieht sich auf eine (hohe) Korrelation der Messung des betreffenden Konstrukts mit den Messungen eines anderen Konstrukts (dem Kriterium), zu welchem eine theoretische, enge Beziehung besteht. Hierbei werden nach Erhebungszeitpunkt der Messungen beider Konstrukte die Prognosevalidität (verschiedene Erhebungszeitpunkte) und die Konkurrentvalidität (zeitgleiche Erhebung) unterschieden (Hildebrandt 1984).

Die Inhalts- und die Kriteriumsvalidität gelten jedoch als wenig aussagekräftig bzw. häufig nicht anwendbar (Schnell et al. 2008, S. 156), da sie nicht numerisch messbar sind (Inhaltsvalidität) und häufig kein adäquates Außenkriterium benannt werden kann bzw. dessen Validität nicht gesichert ist (Kriteriumsvalidität). Deswegen ist für die Gütebeurteilung eines Messmodells die Konstruktvalidität entscheidend.

Die Konstruktvalidität gibt das Ausmaß an, mit welchem genau das gemessen wird, was auch gemessen werden soll (Bagozzi/Phillips 1982). Dieses anspruchsvollste und wichtigste Validitätskriterium der Marketingforschung (z.B. Churchill 1979; Hildebrandt 1984; Homburg/Giering 1996) lässt sich in drei Aspekte unterteilen:

- Die Konvergenzvalidität gilt als erfüllt, wenn die einem Faktor zugeordneten Indikatoren ausreichend miteinander zusammenhängen (Bagozzi/Phillips 1982).

- Die Diskriminanzvalidität fordert, dass sich die Faktoren durch ihre Indikatoren zuverlässig gegeneinander abgrenzen lassen und somit tatsächlich unterschiedliche Konstrukte durch die Indikatoren erfasst werden (Homburg/Giering 1996). Diese Messungen sollen also einen möglichst geringen Anteil gemeinsamer Varianz aufweisen und dürfen damit nicht zu hoch korrelieren.

- Die nomologische Validität gibt an, inwieweit ein Konstrukt mit einer übergeordneten Theorie im Einklang steht (Homburg/Giering 1996). Hierzu erfolgt die Einordnung des Konstrukts in einen übergeordneten Bezugsrahmen (Peter/Churchill 1986) und eine Analyse der Verbindungen zwischen dem betrachteten Konstrukt sowie weiteren relevanten Größen (Peter 1981).

Zur Beurteilung der Reliabilität und Validität von Konstruktmessungen können Gütekriterien der ersten und zweiten Generation herangezogen werden (Homburg/Giering 1996). Nachdem die Kriterien der ersten Generation lange Zeit die Marketingwissenschaft dominiert haben, wurde durch die Entwicklung der konfirmatorischen Faktorenanalyse eine leistungsfähigere Ergänzung zur Verfügung gestellt, welche sich in der Praxis auch durchgesetzt hat (Homburg 2000, S. 90).

Als Gütekriterien der ersten Generation gelten die exploratorische Faktorenanalyse (mit Bestimmung der Faktorladungen und der erklärten Varianz), Cronbach's Alpha und die „Item to Total"-Korrelation. Die exploratorische Faktorenanalyse dient zunächst der Ermittlung der Faktorenstruktur, welche den gemessenen Indikatoren zugrunde liegt, ohne Berücksichtigung von vorherigen Annahmen (Churchill 1987, S. 776). Im Rahmen dieser Analyse geben die Faktorladungen an, inwieweit ein Konstrukt durch den zugehörigen Faktor erklärt wird, d.h. wie stark Faktor und Indikatoren zusammenhängen. Dieses Gütekriterium gilt als erfüllt, wenn die Indikatoren ausreichend hoch (mindestens 0,4) auf den Faktor laden. Gleichzeitig müssen mindestens 50 % der Varianz der Indikatoren, die einem Faktor zugeordnet werden, durch diesen erklärt werden (Fornell/Larcker 1981), sonst sind schrittweise die Indikatoren mit der geringsten Faktorladung zu entfernen (Homburg/Giering 1996).[39]

Cronbach's Alpha dient dazu die Interne-Konsistenz-Reliabilität der Indikatoren, welche einem Faktor zugeordnet werden, zu messen (Cronbach 1951). Es gilt als das bekannteste und am häufigsten verwendete Reliabilitätsmaß der ersten Generation (Peter 1979; Gerbing/Anderson 1988; Giering 2000, S. 77). Es errechnet sich als durchschnittliche Korrelation aller möglichen Zweiteilungen der Indikatormenge (Peter 1979). Der Wertebereich liegt zwischen null und eins, wobei hohe Werte auf eine hohe

---

[39] Zum weiteren Vorgehen innerhalb der explorativen Faktorenanalyse bezüglich der Festlegung des Faktorenextrationsverfahren (bspw. mittels Hauptkomponenten- oder Hauptachsenanalyse), der Festlegung der Faktorenrotation (bspw. mittels Varimax- oder Oblimin-Verfahren) und der Ermittlung relevanter Faktoren (bspw. durch das Kaiser-Kriterium) siehe z.B. Homburg/Giering (1996).

4.4 Methodische Annäherung der Messung

Reliabilität hindeuten.[40] Als akzeptierter Mindestwert wird in der Literatur größtenteils ein Wert von 0,7 gefordert (Homburg/Giering 1996).

Als letztes Kriterium der ersten Generation wird die „Item to Total"-Korrelation berücksichtigt, welche die Korrelation eines Indikators mit der Summe der restlichen Indikatoren des Faktors abbildet (Homburg/Giering 1996). Je höher diese Korrelation ist, desto mehr trägt der einzelne Indikator zur Reliabilität der Messung des jeweiligen Faktors bei, wonach die Indikatoren mit der geringsten „Item to Total"-Korrelation (bei einem Cronbach's Alpha unterhalb des Grenzwerts) zu entfernen sind, um die Reliabilität zu steigern (Churchill 1979). Als Grenzwert wird oftmals 0,3 verwendet, obwohl ein expliziter Grenzwert für dieses Kriterium nicht existiert (Nunnally 1978, S. 421).

Da diese Kriterien auf einer Reihe von Einschränkungen basieren (Homburg 2000, S. 90), werden sie häufig kritisiert (Gerbing/Anderson 1988; Homburg/Giering 1996). Ergänzend werden deshalb die Kriterien der zweiten Generation herangezogen, in deren Zentrum die konfirmatorische Faktorenanalyse steht, welche auf Jöreskog (1966; 1967; 1969) zurückgeht und ein Bestandteil der Kovarianzstrukturanalyse darstellt. Von den Gütekriterien der zweiten Generation können lokale Anpassungsmaße (Indikatorreliabilität, Faktorreliabilität, durchschnittlich erfasste Varianz (DEV) und Signifikanz der Faktorladung), welche auf Konstruktebene die Analyse von Indikatoren und Faktoren im Modell vornehmen, sowie globale Anpassungsmaße (χ^2-Test, „Goodness of Fit Index" (GFI) und „Adjusted Goodness of Fit Index" (AGFI)), welche die Güte auf Modellebene analysieren, herangezogen werden. Die konfirmatorische Faktorenanalyse (auch als Messmodell der Kovarianzstrukturanalyse bezeichnet; Giering 2000, S. 79) befasst sich ausschließlich mit der Beziehung zwischen hypothetischen Konstrukten und deren beobachtbaren Indikatoren sowie den korrelativen Beziehungen der Konstrukte untereinander, bei welchen das theoretische Gerüst vorab formuliert wurde (Homburg/Giering 1996).[41] Im Folgenden werden diese Kriterien in Anlehnung an

---

[40] Hierbei ist zu beachten, dass Cronbach's Alpha von der Anzahl der Indikatoren abhängig ist, d.h. bei einer größeren Anzahl an Indikatoren nähert sich der Wert der Obergrenze eins (Homburg/Giering 1996).
[41] Zum weiteren Vorgehen der konfirmatorischen Faktorenanalyse bezüglich der Modellierung des Messmodells, der Schätzung der Modellparameter (bspw. mittels „Maximum Likelihood"-(ML)- oder „Unweighted Least Squares"-(ULS)-Verfahren), der Identifikation des gefundenen Modells (mittels iterativem Schätzalgorithmus) und Beurteilung der Güte auf lokaler und globaler Ebene siehe z.B. Homburg et al. (2008).

Bagozzi und Baumgartner (1994), Homburg und Baumgartner (1995a), Homburg und Giering (1996) sowie Homburg (2000) kurz dargestellt.[42]

Zu den lokalen Gütekriterien gehören demnach:

- Die Indikatorreliabilität gibt für einen Indikator den Anteil der durch den zugehörigen Faktor erklärten Varianz an. Damit wird gezeigt, wie gut der jeweilige Indikator durch den Faktor abgebildet wird. Der Wertebereich liegt zwischen null und eins, wobei ein Wert größer als 0,4 erreicht werden sollte.

- Die Faktorreliabilität und die durchschnittlich erfasste Varianz geben an, wie gut der jeweilige Faktor durch die zugeordneten Indikatoren repräsentiert wird, wobei die Mindestwerte bei 0,6 bzw. bei 0,5 liegen.

- Die Signifikanz der Faktorladungen zeigt, wie gut die Indikatoren den zugeordneten Faktor messen und wird mittels (einseitigen) t-Tests (auf einem Signifikanzniveau von 5 %) betrachtet. Hierbei gelten Faktorladungen von 1,645 als signifikant von null verschieden (Hildebrandt 1984).

Dagegen gehören folgende Gütekriterien zu den globalen Kriterien:

- Der χ^2-Test prüft, ob die empirische Kovarianzmatrix mit der vom Modell reproduzierten Matrix übereinstimmt. Die Beurteilung erfolgt über den p-Wert, der die Wahrscheinlichkeit angibt mit der man einen χ^2-Wert erhält der größer als der tatsächliche Wert ist, obwohl das Modell richtig ist. Ist der p-Wert größer als 0,05 muss die Nullhypothese (empirische Kovarianzmatrix entspricht modelltheoretischer) auf dem 5 %-Niveau nicht abgelehnt und das Modell akzeptiert werden. Aufgrund von Einschränkungen im Zusammenhang mit der Anwendung des χ^2-Wertes ist die Verwendung des Quotienten aus χ^2-Wert und der Anzahl der Freiheitsgrade (df) in der Literatur verbreitet. Dieser sollte den Wert fünf nicht überschreiten.[43]

---

[42] Hierbei wurde eine Beschränkung auf Gütemaße vorgenommen, welche für die vorliegende Untersuchung auch relevant sind.
[43] Zur Prüfung der Diskriminanzvalidität kann neben dem χ^2/df-Wert auch auf das strengere Fornell-Larcker-Kriterium zurückgegriffen werden. Danach muss die DEV eines Faktors stets größer als jede quadrierte Korrelation von dessen Indikatoren sein (Fornell/Larcker 1981).

4.4 Methodische Annäherung der Messung

- Der GFI misst (ebenso wie der AGFI) die Menge an erklärter Varianz und Kovarianz und zeigt somit die Anpassung des Modells an die empirischen Daten. Dieser sollte bei einem potenziellen Wertebereich von null und eins mindestens bei 0,9 liegen.

- Der AGFI berücksichtigt zusätzlich die Anzahl der Freiheitsgrade, womit die Modellkomplexität ebenfalls einbezogen wird, und sollte ebenfalls über 0,9 liegen.

Abschließend sind in Tabelle 24 alle besprochenen Gütekriterien noch einmal übersichtsartig dargestellt.

Tabelle 24: Übersicht der Gütekriterien im Rahmen der Konstruktprüfung

Gütekriterium	Bedingung
1. Generation	
Erklärte Varianz (Exploratorische Faktorenanalyse)	$\geq 0{,}5$
Faktorladung (Exploratorische Faktorenanalyse)	$\geq 0{,}4$
Cronbach's Alpha	$\geq 0{,}7$
„Item to Total"-Korrelation	$\geq 0{,}3$
2. Generation (lokal)	
Indikatorreliabilität	$\geq 0{,}4$
Faktorreliabilität	$\geq 0{,}6$
Durchschnittlich erfasste Varianz	$\geq 0{,}5$
Signifikanz der Faktorladung (einseitiger t-Test mit 5 % Signifikanzniveau)	$\geq 1{,}645$
2. Generation (global)	
χ^2/df	≤ 5
GFI	$\geq 0{,}9$
AGFI	$\geq 0{,}9$

(Quelle: eigene Darstellung)

Nach Homburg und Giering (1996) sind die Gütekriterien zur Generierung eines validen Messmodells in einem iterativen Prozess anzuwenden.

4.4.2 PLS als Methode der Strukturgleichungsmodellierung

4.4.2.1 Allgemeine Aspekte der Strukturgleichungsmodellierung

Die Strukturgleichungsmodellierung („Structural Equation Model"; SEM) bietet sich als strukturprüfende multivariate Analysemethode an, um die Zielsetzungen der vorliegenden Arbeit zu erfüllen. Strukturgleichungsmodelle (SGM) gehören zu den bedeutendsten statistischen Verfahren (Hershberger 2003) und erfreuen sich in der (verhaltenswissenschaftlichen) Marketingforschung einer steigenden Beliebtheit, da sie komplexe Abhängigkeiten zwischen hypothetischen Konstrukten abbilden können (Homburg/Klarmann 2006). Prinzipiell bestehen diese aus einem Strukturmodell sowie einem Messmodell für die endogenen und exogenen Variablen (Diamantopoulos/ Siguaw 2006). Im Strukturmodell erfolgt die Darstellung der auf theoretischen Überlegungen basierenden Wirkungszusammenhänge, wobei die erklärenden, unabhängigen Variablen als latente exogene Variablen und die zu erklärenden, abhängigen Variablen als latente endogene Variablen bezeichnet werden (Herrmann et al. 2006). Dieses Strukturmodell wird um Messmodelle ergänzt, welche die Beziehung zwischen den latenten Variablen und den manifesten Indikatoren angeben. In Abbildung 15 ist ein vollständiges Strukturgleichungsmodell beispielhaft dargestellt. Die verwendeten Notationen in einem Strukturgleichungsmodell sind mit ihrer Bedeutung in Tabelle 25 aufgeführt.

Mathematisch kann die Beziehung zwischen den latenten Variablen im Strukturmodell wie folgt spezifiziert werden (Jöreskog/Sörbom 1982):

(1) $\eta = B\eta + \Gamma\xi + \zeta$

Dagegen wird die Beziehung zwischen latenten Konstrukten und deren Indikatoren in exogenen reflektiven Messmodellen (2) und in endogenen reflektiven Messmodellen (3) mathematisch wie folgt ausgedrückt (Jöreskog/Sörbom 1982):

(2) $x = \Lambda_x \xi + \delta$

(3) $y = \Lambda_y \eta + \varepsilon$

4.4 Methodische Annäherung der Messung

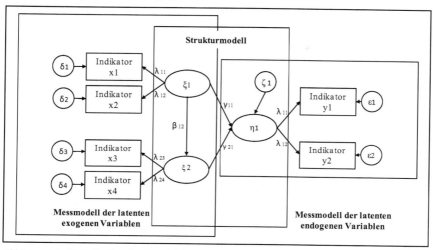

Abbildung 15: Vollständiges Strukturgleichungsmodell
(Quelle: eigene Darstellung in Anlehnung an Ringle 2004, S. 281; Henseler et al. 2009, S. 285)

Tabelle 25: Notation in einem Strukturgleichungsmodell

Abkürzung	Bedeutung
ξ	latente exogene Variable (im Modell nicht erklärt)
η	latente endogene Variable (im Modell erklärt)
x	Indikatorvariablen für eine latente exogene Variable
y	Indikatorvariablen für eine latente endogene Variable
δ	Residualvariable (Messfehler) für Indikatorvariable x
ε	Residualvariable (Messfehler) für Indikatorvariable y
ζ	Residualvariable für latente endogene Variable
λ [Matrix: Λ]	Faktorladung (Pfadkoeffizient) zwischen Indikatorvariablen und einer latenten Variable
γ [Matrix: Γ]	Strukturbeziehung (Strukturkoeffizient) zwischen einer latenten exogenen und einer latenten endogenen Variablen
β [Matrix: B]	Strukturbeziehung (Strukturkoeffizient) zwischen zwei latenten endogenen Variablen

(Quelle: eigene Darstellung)

Zur Analyse dieser Strukturgleichungsmodelle stehen zwei unterschiedliche Ansätze zur Verfügung, welche hinsichtlich ihrer formalen Überlegungen zum Strukturmodell übereinstimmen, sich jedoch in der Schätzmethode unterscheiden. Dies ist zum einem der kovarianzanalytische Ansatz (auch Kovarianzstrukturanalyse oder LISREL-Ansatz), welcher auf Jöreskog (1967; 1969; 1970; 1971) zurückgeht und zum anderen der varianzanalytische Ansatz (auch „Partial Least Squares"- oder PLS-Ansatz), welcher auf Wold (1966; 1975; 1982) zurückgeht. Die beiden Ansätze unterscheiden sich in ihren Zielen und Modelleigenschaften und fokussieren dadurch auf verschiedene Anwendungsmöglichkeiten. Der kovarianzanalytische Ansatz möchte die modelltheoretische Kovarianzmatrix bestmöglich an die empirische Kovarianzmatrix anpassen. Dementsprechend basiert die Schätzung der unbekannten Modellparameter auf der Minimierung der sogenannten Diskrepanzfunktion (Messung der Diskrepanz zwischen empirischer und modelltheoretischer Matrix), wozu hauptsächlich das „Maximum Likelihood"-(ML)-Verfahren genutzt wird (Homburg/Baumgartner 1995b; Scholderer/Balderjahn 2006). Der varianzanalytische Ansatz möchte dagegen die tatsächliche Datenstruktur bestmöglich reproduzieren und zielt auf die Minimierung der Residualvarianz aller endogenen Variablen bzw. die Maximierung der erklärten Varianz aller endogenen Variablen ab. Hierbei erfolgt die Schätzung mittels einfacher Kleinstquadrateschätzung (engl.: Partial Least Squares; Herrmann et al. 2006). Entsprechend des Untersuchungsziels und der Anwendungsvoraussetzungen ist die Entscheidung für einen dieser Ansätze zu fällen. Die zentralen Unterschiede sind zusammenfassend in Tabelle 26 aufgeführt.[44]

---

[44] Detaillierte Methodenvergleiche sind u.a. bei Fornell/Bookstein (1982); Götz/Liehr-Gobbers (2004); Ringle (2004); Eberl (2006); Herrmann et al. (2006); Scholderer/Balderjahn (2006) und Hwang et al. (2010) zu finden.

4.4 Methodische Annäherung der Messung

Tabelle 26: Methodenvergleich zwischen varianz- und kovarianzanalytischer Strukturgleichungsmodellierung

Merkmal	Varianzanalytischer Ansatz (PLS)	Kovarianzanalytischer Ansatz (LISREL)
Zielsetzung	Optimale Prognose von Beobachtungswerten	Optimale Schätzung der Parameterstruktur
Theoretische Fundierung (Anforderungen)	Nicht zwingend notwendig (flexibel)	Zwingend notwendig (hoch)
Theoriebezug	Daten- und prognoseorientierter Ansatz („Soft Modeling")	Theorie-testender Ansatz („Hard Modeling")
Verteilungsannahmen	Keine expliziten Annahmen	Multivariate Normalverteilung
Methodik	Regressionsanalytischer Ansatz bei zweistufiger Schätzung von Mess- und Strukturmodellen	Faktoranalytischer Ansatz mit simultaner Schätzung aller Parameter der Modelle
Parameterschätzung	Konsistent, wenn Fall- und Indikatorenzahl hoch („Consistency at Large")	Konsistent
Datenbasis	Ausgangsdatenmatrix	Varianz-Kovarianz-Matrix
Latente Variablen	Werte explizit geschätzt; Dimensionen im Sinne der Hauptkomponentenanalyse und Konfundierung von Faktor- und Fehlervarianz bei der Schätzung der Konstruktwerte	Werte nicht determiniert; Faktoren im Sinne der Faktorenanalyse und Isolierung der Fehlervarianz der Messvariablen bei der Schätzung des Strukturmodells
Messmodell	Reflektiv und/oder formativ	(Primär) reflektiv
Strukturmodell	Komplexität abbildbar, nur rekursive Modelle	Komplexität begrenzt abbildbar, rekursive und nicht-rekursive Modelle
Stichprobengröße	Auch für kleine Stichproben geeignet	Hoch (mehr als 200)
Gütekriterien	Partielle Gütekriterien bzgl. Vorhersage der Datenmatrix anwendbar	Lokale und globale Gütekriterien anwendbar
Ursprung	Ökonometrie (Wold 1966)	Psychometrie (Jöreskog 1970)
Software	LVPLS, PLS-Graph, SmartPLS, Visual PLS	AMOS, EQS, LISREL

(Quelle: eigene Darstellung in Anlehnung an Herrmann et al. 2006, S. 44)

4.4.2.2 Vorteilhaftigkeit von PLS für den vorliegenden Kontext

Der Methodenvergleich verdeutlicht die Vorteilhaftigkeit von PLS für den vorliegenden Kontext, welche sich insbesondere durch das Ziel der Datenanalyse und die erwartete Charakteristik der Stichprobe begründet. Varianzanalytische Ansätze verfolgen das Ziel, endogene Variablen bestmöglich zu erklären, während kovarianzanalytische Ansätze möglichst konsistente Schätzer für die Grundgesamtheit ermitteln möchten

(Götz/Liehr-Gobbers 2004). Da diese Arbeit die Akzeptanz von Kaufempfehlungen im Internethandel ermitteln möchte, wird der PLS-Ansatz hierzu als geeigneter eingestuft. Diese Einschätzung wird dadurch bestärkt, dass zwar mit dem TAM ein bereits etabliertes Modell verwendet wird, welches jedoch durch die Erweiterung um weitere Variablen ein bisher nicht geprüftes theoretisches „Grundgerüst" aufweist. Somit stellt die prognostizierte Herleitung von Zusammenhängen ein Ziel der Arbeit dar und nicht die Verifizierung bereits theoretisch fundierter Zusammenhänge, welche mit kovarianzanalytischen Ansätzen verfolgt wird. Komiak und Benbasat (2006) merken in diesem Zusammenhang an, dass trotz der Zugrundelegung des TAM die Theorieentwicklung im Vordergrund ihrer Arbeit steht und aus diesem Grunde PLS LISREL vorgezogen wird. Dieser Denkweise wird auch in dieser Arbeit gefolgt.

Zudem benötigen kovarianzanalytische Ansätze in Abhängigkeit der eingesetzten Schätzmethode eine hohe Stichprobengröße (Homburg/Klarmann 2006), welche aufgrund des angestrebten experimentellen Designs nicht bzw. nur schwer erreicht werden kann. Während bei schriftlichen Befragungen im konsumentengerichteten Kontext hohe Stichprobengrößen zwar meist leicht erreicht werden können, ist dies aufgrund der Komplexität von Eye-Tracking-Untersuchungen und dem damit verbundenen Aufwand kaum zu realisieren. Somit wird es nicht möglich sein, die geforderte Stichprobengröße von kovarianzanalytischen Ansätzen zu erreichen, welche jedoch bei varianzanalytischen Ansätzen wesentlich niedriger sind. Als Faustregel für die Stichprobengröße nennt Chin (1998b, S. 311) den zehnfachen Betrag der größten Anzahl an Indikatoren entweder einer exogenen Variable oder der endogenen Variablen, auf welche die meisten Variablen zeigen.

Ebenso wird mit dieser Arbeit die Identifikation von moderierenden Effekten bei der Akzeptanz von Kaufempfehlungen angestrebt. Hierbei erweisen sich die kovarianzanalytischen Ansätze als wenig geeignet, da erhebliche Anforderungen an das Datenmaterial, die Rechnerkapazität sowie die Samplegröße gestellt werden (Henseler 2006, S. 127). Mit Hilfe von varianzanalytischen Ansätzen ist die Integration solcher Effekte dagegen kein Problem. Zur Untersuchung des moderierenden Einflusses bei reflektiven Konstrukten werden die einzelnen Indikatoren der Konstrukte (Prädiktor und Mo-

4.4 Methodische Annäherung der Messung

derator) multipliziert und zu einer Interaktionsvariable als neues Konstrukt zusammengefasst (Chin et al. 2003).[45]

Einen weiteren Vorteil der varianzanalytischen Ansätze stellen die fehlenden Verteilungsannahmen für die Schätzung der Parameter dar, wohingegen die bei kovarianzanalytischen Ansätzen häufig verwendete ML-Schätzung eine multivariate Normalverteilung der Variablen voraussetzt. Diese ist jedoch oftmals bei erhobenen Daten nicht vorhanden (Scholderer/Balderjahn 2006). Auch nutzen die Schätzer in PLS eine iterative Vorgehensweise, indem blockweise für jedes Konstrukt die Parameter geschätzt werden. Dadurch wird sichergestellt, dass es nicht zu einer Ablehnung des Modells kommt, falls in der Modellstruktur eine Beziehung zwischen den Fehlern der endogenen und exogenen Variablen nicht spezifiziert ist. Die Robustheit ist hierbei aufgrund der Fix-Punkt-Schätzung mit der Kleinstquadratemethode gewährleistet. Gleichzeitig besteht eine Prognosemöglichkeit (sogar auf Konstruktebene), da die Schätzung der Parameter auf der Grundlage von individuellen Daten erfolgt. Durch die Optimierung der Prognosequalität sind die Beziehungen zwischen den Konstrukten konservativer als bei ML-Schätzungen. So neigt PLS eher zu Unterschätzungen, was konservativen Nutzern entsprechen sollte (Albers/Hildebrandt 2006).

Die Vorteilhaftigkeit von PLS für die Analyse von Modellen, welche auf dem TAM basieren, zeigt sich auch in der Übersicht von Sun und Zhang (2006) zu verwendeten Analysemethoden durch die Häufigkeit der Verwendung von PLS.[46] So kommt der PLS-Ansatz im Rahmen dieser Arbeit zur Anwendung, obwohl oftmals das Fehlen eines globalen Gütemaßes zur Überprüfung der Modellgüte von Kritikern bemängelt wird. Jedoch besteht weitgehender Konsens in der Literatur, dass die Anwendungsmöglichkeit partieller Gütemaße besteht (Herrmann et al. 2006) und so die Methode zum Einsatz kommen soll, wenn die Vorteile gegenüber kovarianzanalytischen Ansätzen überwiegen.

---

[45] Mögliche Probleme dieser Vorgehensweise, welche für die vorliegende Untersuchung jedoch nicht zutreffen, werden von Henseler (2006, S. 111 ff.) diskutiert.
[46] Dies trifft für die Anwendung des TAM im Internethandel (siehe Tabelle 18) zwar nicht zu, jedoch wird in dieser Studienübersicht gezeigt, dass PLS in den letzten Jahren durch die Verbreitung der Software häufiger verwendet wird.

4.4.2.3 Darstellung der Vorgehensweise sowie der Gütekriterien des PLS-Ansatzes

Obwohl PLS bereits in den 60er Jahren des letzten Jahrhunderts entwickelt wurde, fand es bislang noch relativ wenig Beachtung (vor allem im deutschsprachigen Bereich). Dies ist vor allem dadurch begründbar, dass lange Zeit kein leistungsfähiges Programm zur Analyse von varianzanalytischen Ansätzen vorhanden war (Fassott 2007, S. 108). So wird die Forschung mit PLS insbesondere international von Fornell sowohl im methodischen (z.B. Fornell/Bookstein 1982) als auch im anwendungsorientierten Bereich (z.B. Fornell et al. 1985; Fornell et al. 1996) stark geprägt. Eine Trendwende im deutschsprachigen Bereich wurde erst durch Veröffentlichungen zu Fehlspezifikationen reflektiver Messmodelle (z.B. Diamantopoulos/Winklhofer 2001; Jarvis et al. 2003) und der Verfügbarkeit entsprechender Software eingeleitet.

Die Anwendungsgebiete für PLS in den verschiedenen Disziplinen sind vielfältig. In den Marketingwissenschaften wird PLS beispielsweise zur Analyse des Verbraucherverhaltens allgemein (z.B. Qualls 1987; Johnson/Horne 1992; Gilly et al. 1998; Olsen/Johnson 2003) und im Internethandel (z.B. Roy et al. 2001; Gefen 2002; George 2002; Pavlou/Chai, 2002; Das et al. 2003; O'Cass/Fenech 2003; George 2004; Singh et al. 2006a; b) eingesetzt, während in der Wirtschaftsinformatik beispielsweise die Akzeptanz von Informationstechnologien mittels PLS modelliert wird (z.B. Zinkhan et al. 1987; Gopal et al. 1992; Compeau/Higgins 1995b; Compeau et al. 1999; Chin et al. 2003; Venkatesh et al. 2003). Auch in den top gerankten betriebswirtschaftlichen Zeitschriften ist PLS aktuell ein häufig angewendetes Analyseverfahren (z.B. Venkatesh/Agarwal 2006; Hennig-Thurau et al. 2007; Wagner et al. 2009; Daryanto et al. 2010; Frenzen et al. 2010; Völckner et al. 2010).

Wie bereits erwähnt unterscheiden sich kovarianzanalytische und varianzanalytische Ansätze lediglich in ihrem Vorgehen bei der Schätzung des Gleichungssystems, weswegen die Vorgehensweise von PLS mit ihren Ablaufschritten auch für kovarianzanalytische Ansätze zutrifft. Der varianzanalytische Ansatz beruht auf der Zielsetzung die Varianz der Fehlervariablen sowohl im Mess- als auch im Strukturmodell[47] zu minimieren, um so eine möglichst genaue Annäherung an die empirische Ausgangslage zu erhalten und schätzt die Parameter mit Hilfe der partiellen Kleinstquadratemethode.

---
[47] Im Rahmen der varianzbasierten Ansätze wird das Messmodell auch als äußeres Modell und das Strukturmodell als inneres Modell bezeichnet.

4.4 Methodische Annäherung der Messung

Diese verfolgt das Ziel, die Kompatibilität von hypothetischen Abhängigkeitsbeziehungen mit empirisch ermittelten Korrelationen zu überprüfen (Wold 1974). Zur Modellierung der Beziehungen zwischen den latenten Variablen werden lineare Regressionsgleichungen eingesetzt, deren Schätzung in drei Stufen abläuft (Götz/Liehr-Gobbers 2004). Hierbei werden die Gewichte für jede Variable getrennt geschätzt, was die Annahme ermöglicht, dass die Werte der benachbarten Variablen bekannt sind. So werden in einem ersten Schritt fallweise unter Verwendung der Ausgangsdaten die Schätzwerte (auch als Konstruktwerte bezeichnet) für die Variablen bestimmt (Initialisierung). Hierbei ergibt sich jede latente Variable als standardisierte Linearkombination der Indikatoren. Im zweiten Schritt folgt die iterative Schätzung der latenten Variablen, indem die ermittelten Schätzwerte mittels iterativen Prozess durch eine innere und äußere Approximation optimiert werden, so dass die Residualvarianzen des Mess- und Strukturmodells minimiert werden. In jedem Iterationsschritt wird hierzu ein Schätzwert festgehalten (abwechselnd der innere und der äußere), während (a) die Gewichtungsfaktoren und (b) die jeweils anderen Schätzwerte berechnet werden. Dieses Vorgehen wird solange wiederholt, bis ein bestimmter Konvergenzwert erreicht wird und mit den aktuellen Schätzwerten der latenten Variablen wird das Strukturmodell geschätzt. Das am häufigsten angewendete Kriterium stellt die sich nicht mehr verändernde vierte Nachkommastelle im Mess- und Strukturmodell dar (Götz/Liehr-Gobbers 2004). Im dritten und letzten Schritt erfolgt die Ermittlung der Modellparameter auf Basis der so ermittelten Schätzwerte für die Gewichte. Die Berechnung der Pfadkoeffizienten erfolgt mittels einfacher (Zweikonstruktfall) bzw. multipler (Mehrkonstruktfall) Regressionsanalyse. Dieses Vorgehen ist in Abbildung 16 dargestellt.[48]

Durch die Darstellung dieses Schätzalgorithmus wird die Funktionsweise, welche die Bezeichnung des Algorithmus hervorgebracht hat, verdeutlicht: Es wird ein Teil des Modells als gegeben betrachtet, während der andere Teil mittels Regressionen neu berechnet wird (Fassott 2007, S. 112).

---

[48] Ausführliche Darstellungen zum PLS-Schätzalgorithmus finden sich z.B. bei Götz/Liehr-Gobbers (2004), Herrmann et al. (2006) und Fassott (2007).

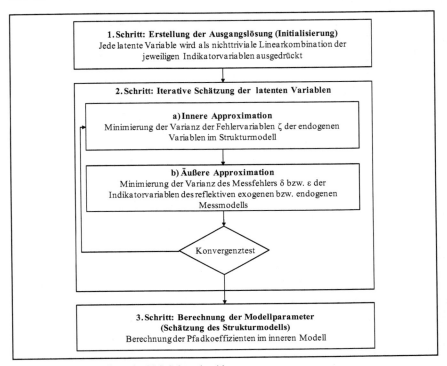

Abbildung 16: Darstellung des PLS-Schätzalgorithmus
(Quelle: eigene Darstellung in Anlehnung an Götz/Liehr-Gobbers 2004, S. 723)

Innerhalb des Strukturmodells ist zu unterscheiden, ob direkte, indirekte oder moderierende Effekte zwischen den latenten Variablen bestehen (für einen Überblick siehe Henseler/Fassott 2010). Direkte bzw. indirekte Effekte bestehen, wenn exogene Variablen (Prädiktor) eine Veränderung der endogenen Variablen (Zielvariablen) in direkter bzw. indirekter Weise bewirken. Daneben können sogenannte Moderatorvariablen durch Effekte die Richtung und/oder Stärke einer Beziehung zwischen einer exogenen und endogenen Variable beeinflussen (z.B. Huber et al. 2006). Ein positiv moderierter Effekte liegt vor, wenn der Effekt einer exogenen Variable auf eine endogene Variable bei einer hohen Ausprägung der moderierenden Variable stärker ist als bei einer niedrigen Ausprägung der moderierenden Variable. Dagegen wird von einem

4.4 Methodische Annäherung der Messung

negativen Effekt gesprochen, wenn der Effekt von der exogenen auf die endogene Variable durch den moderierenden Effekt abgeschwächt wird (z.B. Giering 2000, S. 94). Obwohl in vielen betriebswirtschaftlichen Forschungsfeldern die betrachteten Wirkungszusammenhänge moderiert werden (z.B. Chin et al. 2003; Homburg/Klarmann 2006; Huber et al. 2006), wird diese Untersuchung der Moderatoren häufig vernachlässigt (z.B. Homburg/Giering 2001; Diller 2006). So wird beispielsweise in der Literatur auch keine einheitliche Definition von Moderatoren verwendet. Während Baron und Kenny (1986) als Moderatoren lediglich qualitative (z.B. Geschlecht) und quantitative Größen (z.B. Alter) unterscheiden, greift die Definition von Sharma et al. (1981) weiter, welche drei Typen von Moderatoren abgrenzen (Homoglizer, interagierende Variablen und reine Moderatoren). So werden im Rahmen der Strukturgleichungsmodellierung zur Schätzung von moderierenden Effekten auch zwei unterschiedliche Ansätze genutzt (Braunstein 2001, S. 238 ff.; Homburg 2007; Huber et al. 2007, S. 48 ff.): Die multiple Gruppenanalyse und die Berücksichtigung von Interaktionstermen. Welches Verfahren Anwendung findet, hängt vom Charakter der moderierenden Variablen und der Anzahl der Parameter ab, auf welche sich der moderierende Effekt bezieht (vgl. Abbildung 17).

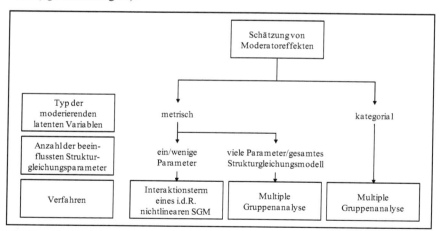

Abbildung 17: Verfahren zur Schätzung von moderierenden Effekten
(Quelle: eigene Darstellung in Anlehnung an Braunstein 2001, S. 238)

Wie der Abbildung zu entnehmen ist, ist das Verfahren der multiplen Gruppenanalyse bei der Ermittlung des moderierenden Einflusses einer kategorialen Variable gut geeignet, während metrische Moderatorvariablen als Interaktionsvariablen in Strukturgleichungsmodelle einfließen. Die Interaktionsvariable (X*Z) wird dabei als Produkt der exogenen Variablen (X) und der Moderatorvariable (Z) gebildet (Chin et al. 2003). Für die Berücksichtigung von Moderatoren als Interaktionsvariablen mittels PLS müssen schließlich zwei Schritte durchlaufen werden (z.b. Huber et al. 2007, S. 52 f.): Zunächst werden die Indikatoren der exogenen Variable und des Moderators standardisiert (Mittelwert 0, Varianz 1), was einerseits einem möglichen Multikollinearitätsproblem vorbeugt und andererseits die Interpretation der Pfadkoeffizienten erleichtert (z.B. Chin et al. 2003). Im zweiten Schritt werden die Indikatoren der Interaktionsvariable (X*Z) durch paarweise Multiplikation der standardisierten Indikatoren der exogenen Variablen (X) und der standardisierten Indikatoren der Moderatorvariable (Z) berechnet (Huber et al. 2007, S. 53).

Zur Gütebeurteilung des Strukturgleichungsmodells wird üblicherweise ein zweistufiger Prozess durchgeführt. So muss eine Beurteilung des Messmodells und des Strukturmodells vorgenommen werden. Hierzu stehen verschiedene Kriterien zur Verfügung. Jedoch sind nach einer sorgfältigen Konstruktprüfung mittels konfirmatorischer Faktorenanalyse und entsprechender Indikatorselektion, keine kritischen Werte mehr zu erwarten (Herrmann et al. 2006). Diese wurde bereits in Kapitel 4.4.1.2 ausführlich behandelt. Zur Gütebeurteilung des Messmodells werden im Rahmen des PLS-Ansatzes folgende Gütekriterien angewendet: Faktorladung sowie deren Signifikanz, durchschnittlich erfasste Varianz, Cronbach's Alpha und Stone-Geisser-Kriterium Q^2.[49] Es ist bekannt, dass varianzanalytische Ansätze im Gegensatz zu kovarianzanalytischen Ansätzen tendenziell höhere Faktorladungen ausweisen (Fassott 2007, S. 118). Aufgrund dieser Überschätzungen von Ladungen bei PLS werden in der Literatur oftmals höhere Mindestwerte gefordert (z.B. Herrmann et al. 2006). Andere Stellen (z.B. Johnson et al. 2006) sehen die üblichen Mindestanforderungen als ausreichend an. Dieser Auffassung wird auch in dieser Arbeit gefolgt. In Tabelle 27 findet sich eine Übersicht der Gütekriterien für das Messmodell mit den jeweiligen Mindestanforderungen.

---

[49] Das Stone-Geisser-Kriterium Q^2 wird im Rahmen der Gütekriterien für das Strukturmodell im Folgenden näher dargestellt.

4.4 Methodische Annäherung der Messung

Tabelle 27: Übersicht der Gütekriterien eines Messmodells in einem varianzbasierten Ansatz

Gütekriterium	Bedingung
Faktorladung	$\geq 0{,}7$
Signifikanz der Faktorladung (einseitiger t-Test mit 5 % Signifikanzniveau)	$\geq 1{,}645$
Durchschnittlich erfasste Varianz	$\geq 0{,}5$
Cronbach's Alpha	$\geq 0{,}7$
Stone-Geisser-Kriterium Q^2	> 0

(Quelle: eigene Darstellung in Anlehnung an Herrmann et al. 2006, S. 61; Fassott 2007, S. 119)

Im Folgenden werden daher lediglich die Gütekriterien für das Strukturmodell ausführlich betrachtet. Hierzu können im Gegensatz zu kovarianzanalytischen Ansätzen aufgrund der vergleichsweise wenig restriktiven Verteilungsannahmen keine inferenzstatistischen Tests durchgeführt werden (Scholderer/Balderjahn 2006).[50] So beziehen sich die betrachteten Gütekriterien nicht auf das Gesamtmodell, sondern lediglich auf Teile, d.h. auf einzelne Pfadkoeffizienten (partielle Gütekriterien). Analog zu einschlägiger Literatur sollen die folgenden fünf Gütekriterien herangezogen werden (z.B. Herrmann et al. 2006):[51]

- Die Größe und die Signifikanz der Pfadkoeffizienten gibt Aufschluss über die Einflussstärke eines exogenen Konstrukts auf ein folgendes endogenes Konstrukt. Hierbei lassen sich die einzelnen Pfadkoeffizienten wie standardisierte Regressionskoeffizienten aus der Kleinstquadratemethode interpretieren. So ist zunächst von Interesse, ob ein Pfadkoeffizient das vorgesehene Vorzeichen aufweist und signifikant von Null verschieden ist. Da sehr niedrige Pfadkoeffizienten von geringem Interesse sind, da hierbei nur ein vernachlässigbar kleiner Anteil der Varianz der endogenen Variablen durch diesen Modellteil erklärt wird, wird eine Mindestgröße von 0,2 gefordert (Chin 1998a). Die Zuverlässigkeit der Pfadkoeffizienten bezüglich der Schätzung kann mit Hilfe der t-Statistik überprüft werden, welche durch die Bootstrapping-Prozedur generiert

---

[50] Im statistischen Sinn kann somit ein PLS-Modell nicht verworfen werden. Im Rahmen der Güteprüfung können jedoch Hinweise zum absoluten und relativen Erklärungsbeitrag einzelner Indikatoren gewonnen sowie Informationen zur Stabilität einer Lösung berechnet werden (Chin 1998b; Götz/Liehr-Gobbers 2004).
[51] Für alle im Folgenden diskutierten Schwellenwerte gilt, dass diese als Richtwerte zu verstehen sind, welche stark abhängig von der Stichprobengröße und von der Komplexität des Modells sind (Bagozzi/Yi 1988; Homburg/Baumgartner 1995a).

werden kann (Nevitt/Hancock 2001). Hierbei sollte mindestens ein Wert von 1,975 bei einem zweiseitigen Test mit einem 5%-Signifikanzniveau erreicht werden (Herrmann et al. 2006).

- Das Bestimmtheitsmaß R^2 (Anteil erklärter Varianz) ist auf der Ebene der latenten endogenen Variablen das zentrale Beurteilungskriterium im Strukturmodell (Chin 1998a). Dieses aus der Regressionsanalyse bekannte Gütekriterium ist normiert und kann Werte zwischen 0 und 1 annehmen, wobei die Güte als umso besser zu beurteilen ist, je höher das Bestimmtheitsmaß ist. Es sollte mindestens 0,4 betragen, wenn im Rahmen der Untersuchung die endogene Variable möglichst vollständig erklärt werden soll (Homburg/Baumgartner 1995a). Chin (1998b, S. 323) unterscheidet drei Höhen des geschätzten Bestimmtheitsmaßes (0,67, 0,33 bzw. 0,19), welche er als substanziell, mittelgut bzw. schwach bezeichnet.

- Die Effektgröße f^2 (substanzieller Erklärungsbeitrag der exogenen Variablen) wird über unterschiedliche R^2 berechnet, je nachdem ob die betreffende exogene Variable in die endogene Variable einfließt ($R^2_{inkl.}$) oder nicht ($R^2_{exkl.}$). Somit ist eine Aussage möglich, ob eine exogene Variable einen substanziellen Einfluss auf eine endogene Variable ausübt. f^2-Werte von 0,02 (0,15 bzw. 0,30 und mehr) sagen aus, dass die betreffende exogene Variable über die bisher bereits die endogene Variable beeinflussenden anderen exogenen Variablen hinaus einen kleinen (mittleren bzw. großen) Einfluss auf die endogene Variable aufweist (Chin 1998b, S. 316 f.).

- Das Stone-Geisser-Kriterium Q^2 wird zur Bestimmung der Prognoserelevanz herangezogen und kann als simulierte Kreuzvalidierung aufgefasst werden. Um zu prüfen, ob das Pfadmodell frei von Redundanzen ist, wird in einer Serie von Modellschätzungen jeweils ein Teil der Daten als künstlich fehlend angenommen und PLS-Parameter als Rekonstruktion der als fehlend angenommenen Rohdaten eingesetzt. Die Bestimmung des Q^2 erfolgt über die Blindfolding-Prozedur (Tenenhaus et al. 2005). Das Q^2 gibt schließlich an, in welchem Ausmaß die Rekonstruktion der Daten erfolgreich war. Ist das Q^2 positiv, besitzt das Modell eine prognostische Validität, ist es dagegen negativ, eignet sich das Modell nicht zur Vorhersage (Fornell/Cha 1994, S. 72 f.).

Die Gütekriterien zur Beurteilung des Strukturmodells sind in Tabelle 28 im Überblick noch einmal dargestellt.

Tabelle 28: Übersicht der Gütekriterien eines Strukturmodells in einem varianzbasierten Ansatz

Gütekriterium	Bedingung
Größe der Pfadkoeffizienten	$\geq 0{,}2$
Signifikanz der Pfadkoeffizienten (zweiseitiger t-Test mit 5 % Signifikanzniveau)	$\geq 1{,}975$
Bestimmtheitsmaß R^2	$\geq 0{,}4$
Stone-Geisser-Kriterium Q^2	> 0
Effektgröße f^2	$\geq 0{,}02$

(Quelle: eigene Darstellung in Anlehnung an Herrmann et al. 2006, S. 61; Fassott 2007, S. 119)

4.4.2.4 Kritische Diskussion des PLS-Ansatzes

Jedoch existieren in der Literatur zum PLS-Ansatz auch viele kritische Stimmen. Scholderer und Balderjahn (2006) raten beispielsweise, PLS nur einzusetzen, wenn kovarianzbasierte Verfahren definitiv ausgeschlossen sind. Zu dieser Erkenntnis gelangen die genannten Autoren nach der Diskussion von vier grundlegenden Unterschieden zwischen kovarianz- und varianzbasierten Verfahren, welche auf einer Literaturauswertung basieren (vgl. hierzu Fornell/Bookstein 1982; Dijkstra 1983; Balderjahn 1986; Lohmöller 1989; Chin 1995; McDonald 1996; Scholderer/Balderjahn 2005): Dem Verständnis latenter Variablen, dem Umgang mit Mess- und Schätzfehlern, den Verteilungsannahmen sowie dem Vorgehen im Rahmen der Optimierung.

So liegen in PLS-Modellen keine latenten Variablen im eigentlichen Sinne vor, sondern lediglich Hauptkomponenten im Sinne der Hauptkomponentenanalyse. McDonald (1996) spricht deshalb beispielsweise nur von Linearkombinationen. Dieses unterschiedliche Verständnis „latenter" Variablen ist mit zwei systematischen Fehlerquellen in der Parameterschätzung bei PLS verbunden. So zeigen sich der erste Bias in der Überschätzung der Ladungskoeffizienten und der zweite Bias in einer Schätzverzerrung in den Regressionskoeffizienten des Strukturmodells. Da PLS eine Reihe von Gewichtungen vornehmen kann, welche auf unklaren Optimalitätseigenschaften beruhen (z.B. McDonald 1996), lässt sich keine generelle Aussage über die exakte Größe des Bias treffen. Nur wenn eine fehlerfreie Messung der zugrunde liegenden „latenten"

Variablen vorliegt oder die Anzahl der beobachtbaren Variablen gegen Unendlich geht („Consistency at Large"), nähern sich die Schätzungen der beiden Verfahren an.

Aufgrund der fehlenden Verteilungsannahmen in Bezug auf die Stichprobe, können bei PLS keine inferenzstatistischen Verfahren angewendet werden. In diesem Zusammenhang betonen auch Albers und Hildebrandt (2006), dass durch die weniger strengen Anforderungen an die Daten (fehlende Normalverteilung) sowie die Nutzung kleinerer Stichproben die Nutzung von PLS mit Nachteilen verbunden ist. So weisen die Parameterschätzer eine geringere statistische Qualität auf, da es sich lediglich um lokal angepasste Schätzer handelt, welche im statistischen Sinne nicht konsistent sind („Consistency at Large"). Jedoch können durch die Anwendung von Resampling-Verfahren (z.B. Bootstrapping und Blindfolding; Chin 1998b; Lohmöller 1989) zumindest stichprobenspezifische Standardfehler für die geschätzten Parameter berechnet werden. Da die meisten Daten, die für die Wirtschaftswissenschaften interessant sind, sowieso nicht normalverteilt vorliegen, würden kovarianzbasierte Verfahren auch keine besseren Ergebnisse liefern.

Da PLS partiell optimiert, folgt die Parameterschätzung keinem globalen Optimierungskriterium und ist folglich bezüglich der Güte nur schwer einschätzbar. Kovarianzbasierte Verfahren dagegen schätzen simultan und demnach ist ihre Güte auch global beurteilbar. Aus dieser partiellen Vorgehensweise ergibt sich weiterhin der Nachteil, dass keine Möglichkeiten bestehen, eine Restriktion bei den Parametern vorzunehmen, so dass das Modell nie falsifiziert werden kann.

Letztendlich zeigt der Methodenvergleich von Scholderer und Balderjahn (2006) jedoch, dass keines der beiden Verfahren grundsätzlich dem anderen „überlegen" ist: Kovarianzbasierte Verfahren weisen zwar ein deutlich höheres Leistungs- und Anwendungspotenzial auf, letztendlich entscheiden jedoch die Umfeldfaktoren sowie die Datenlage, welches Verfahren zum Einsatz kommen sollte.

Die Vorteilhaftigkeit von PLS für den vorliegenden Kontext wurde bereits in Kapitel 4.4.2.2 ausführlich diskutiert. Weswegen im Folgenden lediglich kurz zwei weitere Aspekte angesprochen werden, welche diese Vorteilhaftigkeit noch verstärken. Obwohl Standardprobleme wie Multikollinearität nicht ausgeschlossen werden können, eignet sich PLS durch die Optionen zur Modellspezifikation insbesondere zur Schätzung von komplexen Modellen (Albers/Hildebrandt 2006). Ebenso ist im Gegensatz zu kovarianzbasierten Verfahren die Einbeziehung der Prognoserelevanz Q^2 möglich. Diese ist ein Indikator für die Vorhersagevalidität von Mess- und Strukturmodell bei reflektiven Messungen und kann übergreifend zur Bewertung herangezogen werden (Herrmann et al. 2006). Hierbei wird die Höhe der Residuen der Modellschätzung für die Indikatorvariablen mit der Höhe der Residuen einer trivialen Vorhersage, auf Basis der Höhe der Mittelwerte der Indikatoren eines Konstrukts, verglichen (Fornell/Cha 1994, S. 72 f.). Dadurch wird ermöglicht, auch ohne globalen Modellfit aufgrund der mangelnden Simultanität der Parameterschätzungen, eine Begutachtung der Teilschätzungen vorzunehmen. Liegt der Wert des Stone-Geisser-Kriteriums Q^2 über Null, besitzt das Modell eine Prognoserelevanz (Herrmann et al. 2006).

Aufgrund der aufgeführten Punkte ist der Einsatz von PLS zur Analyse in vorliegender Arbeit trotz der Kritik von Scholderer und Balderjahn (2006) gerechtfertigt.

5 Erweiterter Untersuchungsansatz zur Akzeptanz von Kaufempfehlungen

5.1 Bisheriger Erkenntnisstand

5.1.1 Erkenntnisse bisheriger Untersuchungen

Obwohl der Fokus der Studien zu Kaufempfehlungen im Internethandel lange Zeit hauptsächlich auf der technischen Umsetzung der Empfehlungen lag, existieren bereits einige Erkenntnisse in Bezug auf deren Wirkung beim Konsumenten (siehe Kapitel 2.2.3). Diese Studien sind jedoch größtenteils eher konzeptionell aufgestellt und liefern nur wenige allgemeingültige Erkenntnisse. Insbesondere die bisherigen empirischen Erkenntnisse zur Akzeptanz von Kaufempfehlungen im Internethandel sind wenig zufriedenstellend. Lediglich vier Studien konnten identifiziert werden, welche ohne Nutzung des TAM (Komiak/Benbasat 2006; Kramer 2007) bzw. mit Nutzung des TAM (Wang/Benbasat 2005; Xiao/Benbasat 2007) eine Akzeptanzmessung bzw. -betrachtung durchgeführt haben. Diese Studien werden im Folgenden näher betrachtet, um den Erkenntnisstand in diesem Bereich zu ermitteln.

Komiak und Benbasat (2006) haben den Einfluss des Personalisierungsgrades sowie der Vertrautheit von Kaufempfehlungen als Output von Suchagenten auf Vertrauen und Akzeptanz untersucht. Hierzu entwickelten sie ein vertrauensorientiertes, kognitiv und emotional ausgerichtetes Modell. Dieses basiert auf der TRA und beinhaltet die Konstrukte wahrgenommene Personalisierung, Vertrautheit, (kognitives und emotionales) Vertrauen sowie Nutzungsabsicht. Das entwickelte Modell wurde experimentell im Bereich der Unterhaltungselektronik mit zwei Treatments getestet: Wahrgenommener Personalisierungsgrad und Vertrautheit wurden jeweils auf einem niedrigen und einem hohen Niveau verwendet. Probanden, welche der Gruppe mit niedriger Vertrautheit zugeordnet wurden, sollten den Kauf eines Notebooks simulieren, Probanden aus der Gruppe mit hoher Vertrautheit, den Kauf eines Notebooks, eines PCs sowie einer Digitalkamera. Am Experiment beteiligten sich 100 Studierende. Bevor die Probanden mit einem vorgegebenen Suchagenten den Einkauf des Notebooks starteten, wurde ein allgemeines Informationsblatt ausgeteilt. Danach folgte die „manipulierte Beurteilung" der Vertrautheit. Anschließend mussten die Probanden, welche der Gruppe „hohe Vertrautheit" zugeordnet waren, den dargestellten Vorgang jeweils noch für die beiden anderen Produkte wiederholen, bevor sie wie die Probanden aus der Gruppe „niedrige Vertrautheit" den Hauptfragebogen ausfüllen konnten. Abschließend wurde der zweite von den Probanden nicht genutzte Suchagent zur testweisen Nutzung freigegeben, damit abschließend der jeweils wahrgenommene Personalisierungsgrad beurteilt werden konnte. Die Analyse der Daten mit PLS bestätigte die vermuteten Zusammenhänge. Die Studie konnte zeigen, dass das kognitive Vertrauen das emotionale Vertrauen signifikant positiv beeinflusst, was durch die TRA und psychologische Studien bereits postuliert wurde. Steigendes kognitives und emotionales Vertrauen führt schließlich zu einer steigenden Nutzungsabsicht des Suchagenten, was durch einen steigenden Personalisierungs- und Vertrautheitsgrad mit dem System zusätzlich positiv beeinflusst werden kann. Gleichzeitig leistet diese Studie für die Akzeptanz von IT im Internethandel (neben Suchagenten, z.B. von Avataren oder „Virtual Reality"-Technik) durch die Verknüpfung von kognitivem und emotionalem Vertrauen einen großen Erklärungsbeitrag. Einschränkend muss jedoch erwähnt werden, dass die Studie auf Daten einer experimentellen Studie beruht, welche nur unter Studierenden erhoben wurde. Ebenso muss die Wirkung einzelner Marken (speziell im Bereich der Unterhaltungselektronik) und der Ursprung des Suchagenten (z.B. (nicht-)kommerziell) berücksichtigt werden.

Kramer (2007) hat in drei Experimenten zum Kauf bzw. Auswahlprozess einer Digitalkamera oder eines PDA den Einfluss der Transparenz bei der Präferenzbestimmung sowie der Evaluation personalisierter Empfehlungen untersucht. So erfolgt die Bestimmung der Akzeptanz von Kaufempfehlungen bei unterschiedlichen Rahmenbedingungen. An Experiment 1 haben 102 Studierende teilgenommen, welche in zwei Gruppen mit unterschiedlichen Transparenzniveaus (niedrig/hoch) unterteilt wurden. Unterschieden in die Transparenzgruppen haben die Probanden ihre Präferenzen mitgeteilt, welche nachfolgend analysiert wurden. Aus drei dargebotenen Empfehlungen musste eine Alternative gewählt werden. Dadurch konnte gezeigt werden, dass Probanden personalisierte Alternativen bevorzugen, welche ihren Präferenzen am ehesten entsprechen, wobei Verhaltensunterschiede zwischen Nutzungs-Neulingen und -Experten festgestellt wurden. Im zweiten Experiment wurde bei 123 Studierenden das

5.1 Bisheriger Erkenntnisstand

Transparenzniveau (niedrig/hoch) und das Timing des Angebots (unmittelbar/ verzögert) manipuliert. Der Ablauf des Experiments entspricht dem des ersten Experiments, lediglich die Darbietung der Auswahlalternativen folgte bei der Gruppe mit verzögertem Timing eine Woche nach Angabe der Präferenzen. Die Ergebnisse zeigen, dass bei verzögerter Darbietung die Transparenz eine größere Wirkung besitzt. Ebenso konnten die Ergebnisse aus Experiment 1 bestätigt werden. Im dritten Experiment wurde die Identifikation mit den dargestellten Alternativen (schwer/leicht) gemessen und die Ausgabe der Wahlmöglichkeiten bei 138 Studierenden manipuliert (bevor/nach Präferenzmessung). Der Ablauf entsprach weitestgehend dem der vorhergehenden Experimente. Bei der Auswertung wurde je nach Schwierigkeitsgrad der Identifikation unterschieden und gezeigt, dass dieser Grad zur Validität maßgeblich beiträgt. Zudem wurden die Erkenntnisse aus Experiment 1 und 2 bestätigt. Somit konnte Kramer die aufgestellten Hypothesen bestätigen und die Bedeutung der Transparenz bei der Präferenzbestimmung mehrfach nachweisen, welche einerseits an der Einfachheit, mit welcher Konsumenten ihre Präferenzen identifizieren können, und andererseits an der Umsetzung der personalisierten Empfehlungen festgemacht werden kann. Hierbei bestehen Unterschiede zwischen Nutzungs-Neulingen und -Experten, welche bei der Entwicklung berücksichtigt werden sollten. Insgesamt haben die Experimente eine Akzeptanz für Kaufempfehlungen nachweisen können, welche jedoch von verschiedenen Faktoren moderiert wird (z.B. Zeitpunkt, Erfahrung, Transparenz). Einschränkend muss bei dieser Studie auch erwähnt werden, dass es sich um eine Studierendenstichprobe handelt.

Ein kombiniertes Vertrauens-Akzeptanzmodell auf Basis des TAM wurde von Wang und Benbasat (2005) entwickelt, um damit das Vertrauen zu und die Akzeptanz von Suchagenten zu ermitteln. Hierbei werden folgende Fragestellungen behandelt: Inwieweit unterscheidet sich das Vertrauen zu Suchagenten vom interpersonellen Vertrauen? Wem gegenüber wird das Vertrauen aufgebaut: Online-Händler oder Suchagent? Welchen Einfluss besitzt das Vertrauen zu einem Suchagenten auf dessen Akzeptanz? Im Rahmen ihrer Betrachtung wird das Vertrauen als sinnvolle Erweiterung des TAM angesehen, weil im Bereich des Internethandels aufgrund der Unpersönlichkeit und der virtuellen Beschaffenheit des Mediums eine physikalische Distanz zwischen Käufern und Verkäufern besteht. Zur Überprüfung des entwickelten Modells, welches neben den TAM-Hauptfaktoren (wahrgenommene Nützlichkeit, wahrgenommene einfache Benutzbarkeit und Nutzungsabsicht) das Vertrauen als dreidimensionales Konstrukt (Kompetenz, Güte, Integrität) berücksichtigt, wird ein Laborexperiment mit einem neu entwickelten Suchagenten zum Kauf von Unterhaltungselektronik durchgeführt. 120 Studierende, die bisher noch keine Digitalkamera besessen haben, nahmen an der Studie teil. Diese Beschränkung wurde eingeführt, da Menschen, die bisher noch kein komplexes Produkt dieser Art gekauft haben, einen höheren Beratungsbedarf besitzen. Nach einer Einführung in die Nutzung von Suchagenten sollten die Probanden zwei Aufgaben erfüllen: Die Auswahl einer Digitalkamera für einen guten Freund sowie für ein enges Familienmitglied. Danach mussten in einem Online-Formular die Auswahlvorgänge protokolliert und erläutert werden. Abschließend wurde der Hauptfragebogen zur Messung der Konstrukte ausgefüllt. Die Analyse der Daten bestätigte die vermuteten kausalen Zusammenhänge bis auf die Wirkung der wahrgenommenen einfachen Benutzbarkeit auf die Nutzungsabsicht. So konnte gezeigt werden, dass das anfängliche Vertrauen sowohl indirekt über die wahrgenommene Nützlichkeit als auch direkt die Nutzungsabsicht beeinflusst, woran alle drei verwendeten Vertrauensdimensionen signifikant beteiligt waren. Somit wurde in dieser Studie die Beschaffenheit des Vertrauens in Suchagenten empirisch überprüft und das interpersonelle Vertrauen auf das Vertrauen zu Suchagenten übertragen. Dies bestätigt, dass Konsumenten bei Suchagenten menschliche Züge wahrnehmen und diese als „soziale Akteure" behandeln. Einschränkend muss bei dieser Studie auch erwähnt werden, dass es sich um eine Studierendenstichprobe handelt und lediglich ein Suchagententyp genutzt wurde. Ebenso treffen diese Erkenntnisse nur auf Konsumenten zu, welche noch keine Erfahrung mit diesem Suchagenten hatten. Hierbei bleibt zu überprüfen, welche Auswirkungen die im Zeitverlauf entstehende Erfahrung mit sich bringt.

Auf Literaturbasis leiten Xiao und Benbasat (2007) ein konzeptionelles Modell mit 28 Behauptungen her, welches auf fünf Theorien zurückgeht (Theorien der menschlichen Informationsverarbeitung, der interpersonellen Ähnlichkeit und der Vertrauensbildung sowie TAM und Zufriedenheitstheorien). Im Vordergrund der Betrachtungen stehen die Fragen, wie die Nutzung eines Recommendersystems, dessen Charakteristika und sonstige Determinanten den Entscheidungsprozess der Konsumenten sowie die Bewertung eines Recommendersystems beeinflussen. Hierbei findet im Rahmen der Untersuchung, analog der Hauptbestandteile eines Recommendersystems (Input, Prozess, Output), eine Fokussierung auf die Ergebnisse eines Recommendersystems, das Pro-

5.1 Bisheriger Erkenntnisstand

dukt, den Nutzer, die Interaktion zwischen System und Nutzer, die Charakteristika eines Recommendersystems, die Glaubwürdigkeit des Anbieters sowie die Nutzung eines Recommendersystems als Schlüsselkonstrukte statt. Somit liefern die Autoren eine Zusammenstellung theoriebasierter Vermutungen in Bezug auf die Ergebnisse, die Akzeptanz und die Nutzung von Recommendersystemen im Internethandel. In einer Meta-Analyse werden zudem 48 Studien zu Recommendersystemen betrachtet, wobei davon nur 18 in qualitativ hochwertigen Journals[52] publiziert worden sind und drei aus (unveröffentlichten) Dissertationen stammen. Die restlichen Studien entstammen (unveröffentlichten) Arbeitspapieren (6), Buchbeiträgen (2) sowie Konferenzbeiträgen (13). Einschränkend muss zusätzlich erwähnt werden, dass die Betrachtung sehr stark technologieorientiert ist und nur Variablen berücksichtigt, welche im Zusammenhang mit früheren Studien zu Recommendersystem bereits verwendet wurden. Zudem ist nur einen geringer Anteil an kundenspezifischen Determinanten im Modell enthalten und es erfolgt keine empirische Überprüfung des Modells, so dass die vermuteten Zusammenhänge nicht bestätigt sind.

Zusammenfassend kann festgehalten werden, dass alle Studien sowohl Studierendenstichproben als auch komplexe Produkte aus dem Bereich Unterhaltungselektronik (z.B. Notebooks und Digitalkameras) verwenden, um die Prüfung der vermuteten Zusammenhänge durchzuführen, was sich im Rahmen dieser Studien auch bewährt hat. In Tabelle 29 sind die bisherigen Erkenntnisse aus den betrachteten Studien noch einmal übersichtsartig zusammengefasst.

---

[52] Diese Journals sind nach dem VHB-JOURQUAL 2 aus dem Jahr 2008 im Bereich A+ bis C gerankt.

Tabelle 29: Zusammenfassende Übersicht der bisherigen Erkenntnisse

Studie	Zugrunde gelegtes Modell	Variablen	Erkenntnisse
Komiak/ Benbasat (2006)	TRA	Personalisierung, Vertrautheit, Vertrauen	Vertrauen als signifikanter Einflussfaktor auf Nutzungsabsicht eines Suchagenten, was durch steigenden Personalisierungs- und Vertrautheitsgrad zusätzlich positiv beeinflusst werden kann.
Kramer (2007)	-	Transparenz, Timing, Ausgabe der Alternativen	Akzeptanz für Kaufempfehlungen wird von verschiedenen Faktoren moderiert (z.B. Zeitpunkt der Darbietung, Erfahrung im Umgang, Transparenz der Präferenzermittlung).
Wang/ Benbasat (2005)	TAM	Vertrauen	Bestätigung des TAM bis auf die Wirkung der wahrgenommenen einfachen Benutzbarkeit auf die Nutzungsabsicht. Identifikation des Vertrauens als signifikanten Einflussfaktor.
Xiao/ Benbasat (2007)	TAM	-	Entwicklung eines technologieorientierten Modells auf Basis einer Meta-Analyse, welches jedoch nur eingeschränkt kundenspezifische Determinanten berücksichtigt.

(Quelle: eigene Darstellung)

Insgesamt haben die betrachteten Studien viele Erkenntnisse in Bezug auf die Akzeptanz von Kaufempfehlungen, aber insbesondere zu Recommendersystemen bzw. Suchagenten allgemein hervorgebracht (Wang/Benbasat 2005; Komiak/Benbasat 2006). Aufgrund der starken Fokussierung auf spezielle Vergleichsseiten, ist jedoch insbesondere die Erkenntnislage im Bereich der Internetshops noch sehr begrenzt. Von den betrachteten Studien untersucht lediglich Kramer (2007) Kaufempfehlungen in einem solchen. Diese werden jedoch auch erst nach expliziter Präferenzangabe erzeugt. So muss zu den vorgestellten Ergebnissen einschränkend hinzugefügt werden, dass die verwendeten Definitionen von Kaufempfehlungen im Rahmen der Studien nicht übereinstimmend sind mit der Definition in der vorliegenden Arbeit. Zusätzlich steht im Fokus der betrachteten Studien größtenteils das Vertrauen als dominierender Einflussfaktor auf unabhängigen, kommerziellen (Vergleichs-)Seiten. Weitere konsumentenseitige Determinanten, welche die Akzeptanz oder den Einfluss von Kaufempfehlungen bedingen könnten, werden jedoch nicht betrachtet. Von den betrachteten Studien führen zudem lediglich Wang und Benbasat (2005) ihre empirische Untersuchung auf Basis eines bestehenden Akzeptanzmodells (TAM) durch. Somit bleibt das Potenzial, welches in diesen Modellen steckt bisher ungenutzt. Dies wurde auch von Komiak und Benbasat (2006) erkannt, die eine Erweiterung bestehender Akzeptanzmodelle (z.B. UTAUT oder TAM) um relevante Faktoren vorschlagen, um die Akzeptanz von Kaufempfehlungen zu messen.

An dieser Stelle hat die Untersuchung von Baier und Stüber (2010) angesetzt. Sie untersuchen auf Basis des TAM die Akzeptanz von Kaufempfehlungen in einem Internetshop. In einer experimentellen Studie mit 100 Studierenden wird das TAM durch die Einbeziehung von zwei Einflussfaktoren (Einkaufsrelevanz, Outputqualität) modifiziert und ein signifikanter Einfluss festgestellt. Hierbei wird ein erster Versuch unternommen die Lücke bisheriger Untersuchungen zu schließen, indem folgende Punkte berücksichtigt werden:

- Auswahl eines Internetshops als Untersuchungsgegenstand,
- konsumentenseitige Beleuchtung der Thematik,
- Fokussierung auf konsumentenseitige Einflussfaktoren sowie
- empirische Überprüfung des aufgestellten Modells.

5.1.2 Defizite bisheriger Untersuchungen

Die kritische Diskussion des TAM hat bereits gezeigt, dass das TAM eine gute Ausgangsbasis für Akzeptanzuntersuchungen liefert, wenn Modifikationen vorgenommen werden, um die Schwächen des Modells auszugleichen. Wang/Benbasat (2005) wählen beispielsweise diese Vorgehensweise der Modellentwicklung, da das TAM ein hohes Erklärungspotenzial im Bereich der IT-Akzeptanz besitzt und durch zahlreiche Studien bereits belegt wurde, dass eine Erweiterung des Modells um verschiedene Faktoren möglich ist.

Jedoch kann als besonders problematisch beim TAM angesehen werden, dass im ursprünglichen Modell keine affektiven Faktoren berücksichtigt werden, obwohl diese allgemein mit der Akzeptanz von Innovationen einhergehen und speziell im Zusammenhang mit personalisierten Angeboten eine große Rolle spielen (Komiak/Benbasat 2006). Weiterhin wird das Akzeptanzkonstrukt im ursprünglichen TAM ebenso wie in vielen folgenden Untersuchungen nur eindimensional erfasst, womit die vorhandene Vielschichtigkeit der Akzeptanz (Einstellungs-, Handlungs- und Nutzungsebene) unberücksichtigt bleibt (Kollmann 1998, S. 82 f.). Jedoch wurden die Vorteile der zweidimensionalen Akzeptanzmessung schon von vielen Autoren erkannt und auch im ursprünglichen TAM bzw. im TAM 2 findet die Einstellung direkt bzw. in Form des Image-Konstrukts Anwendung. Somit scheint eine Erweiterung des TAM um die Einstellung sowie weitere affektive Faktoren unabdingbar (Wang/Benbasat 2005), da ansonsten die Erkenntnisse aus dem Modell auch nur schwer in konkrete Handlungen umgesetzt werden können (z.B. Lee et al. 2003).

Allerdings beruht das TAM zudem auf einer ausschließlich subjektiven Messung der Akzeptanz mittels Fragebogen, obwohl das tatsächliche Verhalten nicht abfragbar ist und eine objektive Messung erfordert. Insbesondere im Internethandel sind hierzu neue technische Möglichkeiten entstanden, um das Einkaufsverhalten der Konsumenten zu beobachten und objektiv zu erfassen. So können Internetshops beispielsweise ein Tracking der Konsumenten durchführen, indem das Nutzungsverhalten mittels „Click-Through-Verhalten" ermittelt wird oder eine Auswertung des Kaufentscheidungsprozesses durch die Zahl der Besucher und der Käufer stattfindet (Homburg/ Krohmer 2009, S. 265 f.). Neben der Verwendung in der Praxis werden Tracking-Daten auch in wissenschaftlichen Untersuchungen zur Analyse des Verhaltens herangezogen (z.B. Murthi/Sarkar 2003). In experimentellen Untersuchungen ist zudem der Einsatz apparativer Verfahren zur Beobachtung und objektiven Erfassung des Konsumentenverhaltens möglich. Als geeignete Methode für Webseiten und somit den Internethandel hat sich hierbei das Eye-Tracking erwiesen, welches den Blickverlauf und die Blickdauer der Probanden aufzeichnet und somit Aussagen darüber ermöglicht, welche Bild- und Textelemente in welcher Reihenfolge und mit welcher Intensität betrachtet und damit wahrgenommen wurden. Eye-Tracking besitzt ein großes Potenzial zur Erklärung des Konsumentenverhaltens, welches durch die technischen Weiterentwicklungen der Geräte noch gestiegen ist.

Somit bestätigen die Defizite bisheriger Untersuchungen die angestrebte kombinierte Messung mit subjektiven (Fragebogen) und objektiven Teilen (Eye-Tracking). Im Folgenden wird nun ein Modell entwickelt und dargestellt, welches auf Basis des TAM, erweitert um Erkenntnisse der Akzeptanz- und Personalisierungsforschung, den Wirkungszusammenhang zur Akzeptanz von Kaufempfehlungen im Internethandel erfassen kann und gleichzeitig operationalisierbar ist. So wird einerseits eine Erweiterung durch eine objektive Erfassung des Konsumentenverhaltens und andererseits durch bisher vernachlässigte Komponenten angestrebt.

5.2 Erweiterung des TAM zur Messung der Akzeptanz von Kaufempfehlungen

5.2.1 Ausgangsbasis TAM und die verwendeten Erweiterungen

Ausgangsbasis des Untersuchungsmodells ist das TAM, welches um zusätzliche, abgefragte Komponenten erweitert wird. Wenn sich in der Untersuchung ein Unterschied zwischen den Erkenntnissen der objektiven und subjektiven Messung zeigt, soll das Modell zusätzlich um das tatsächliche Verhalten ergänzt werden, welches im Rahmen der Eye-Tracking-Untersuchung erhoben wird. Durch diese Vorgehensweise soll sichergestellt werden, dass sowohl nicht-beobachtbare Komponenten des Verhaltens (z.B. Persönlichkeitsdeterminanten) als auch nicht-bewusste und nicht-erinnerte Vorgänge der tatsächlichen Handlung berücksichtigt werden.

Als Hauptkomponenten des TAM werden die wahrgenommene Nützlichkeit, die wahrgenommene einfache Benutzbarkeit, die Nutzungsabsicht sowie das Nutzungsverhalten einbezogen. Da die Vorteile einer zweidimensionalen Akzeptanzmessung jedoch mehrfach gezeigt werden konnten, soll analog zum Basis-TAM auch die Einstellung berücksichtigt werden. Relevante Erweiterungen der konsumentenbezogenen Einflussgrößen der Akzeptanzforschung sind die psychografischen, sozialen und kognitiven Kriterien sowie die Kriterien des tatsächlichen Verhaltens.

Das um die benannten Dimensionen erweiterte Basis-TAM ist abschließend in Abbildung 18 bildlich dargestellt.

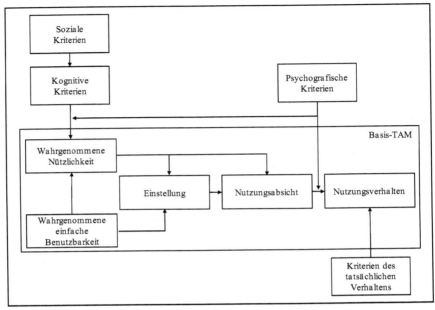

Abbildung 18: Darstellung des erweiterten Basis-TAM
(Quelle: eigene Darstellung)

5.2.2 Erweiterung des Modells durch die objektive Erfassung des Konsumentenverhaltens

Die mittels Eye-Tracking objektiv erhobenen Daten können zur Erfassung der Wahrnehmung als Vorstufe des tatsächlichen Verhaltens bzw. der Nutzung von Kaufempfehlungen herangezogen werden. Zur Analyse dieser Wahrnehmung können verschiedene Messgrößen und Kennzahlen verwendet werden (vgl. Kapitel 4.2). Von besonderem Interesse sind im vorliegenden Kontext die AOIs „Kaufempfehlungen für Alternativprodukte" und „Kaufempfehlungen für Zusatzprodukte" sowie die „Kaufempfehlungen (insgesamt)" und die jeweils damit verbundenen Kenngrößen.

Da mit Hilfe der Theorie des Blickverlaufs gezeigt wurde, dass der Blickverlauf auch bei mehrmaliger Betrachtung einer Reizvorlage unverändert bleibt (Noton/Stark 1971), hat die Reihenfolge der betrachteten Elemente für die Wahrnehmung eine hohe

Bedeutung. So ist in zeitlicher Hinsicht von Bedeutung, wie lange es dauert bis ein Bereich fixiert wird. Als Kennzahl kann somit die Dauer bis zur ersten Fixation (DEF) des jeweiligen AOIs als absoluter und/oder durchschnittlicher Wert herangezogen werden.

Die Fixationsdauer der jeweiligen AOIs (absolut/relativ) wird als Maßzahl für die Informationsaufnahme und -verarbeitung herangezogen, welche in Such- und Verarbeitungsfixationen unterschieden werden kann. Jedoch kann diese Dauer auch auf konsumentenseitige Probleme bezüglich der Informationsaufnahme hinweisen. Sehr lange Fixationsdauern stellen beispielsweise auch einen Indikator für das kognitive Leistungsniveau dar, welche aufgrund von Persönlichkeitsmerkmalen oder einem hohen Informationsgehalt der Umgebung an seine Grenzen gebracht wird.

Als letzte Kennzahlen wird die Fixationshäufigkeit der AOIs (absolut/relativ) berücksichtigt, welche ebenso Rückschlüsse auf den Prozess der Informationsaufnahme und -verarbeitung ermöglicht sowie reiz- und individualspezifische Merkmale offenbart. Weisen die betrachteten AOIs eine hohe relative Fixationshäufigkeit auf, deutet dies darauf hin, dass es sich um besonders wichtige und informationshaltige Objekte handelt.

Zusammenfassend kann festgehalten werden, dass im Rahmen der vorliegenden Untersuchung als Kenngrößen in Bezug auf die betrachteten AOIs „Kaufempfehlungen für Alternativprodukte", „Kaufempfehlungen für Zusatzprodukte" und die „Kaufempfehlungen (insgesamt)" die Dauer bis zur ersten Fixation (absolut/durchschnittlich), die Fixationsdauer (absolut/relativ) sowie die Fixationshäufigkeit (absolut/relativ) berücksichtigt werden. Mit Hilfe dieser Daten soll gezeigt werden, dass die Wahrnehmung und die damit verbundene Informationsverarbeitung nicht durch eine subjektive Befragung erfasst werden können, sondern hierzu objektive Daten erhoben werden müssen. Dieser Sachverhalt ist in Hypothese 1 zusammengefasst.

Hypothese 1: Es bestehen Unterschiede bezüglich der Wahrnehmung von Kaufempfehlungen zwischen der Messung der Wahrnehmung mittels objektiver und subjektiver Messung.

Wenn diese Hypothese bestätigt wird, zeigt dies, dass subjektiv erfasste Aussagen nicht alleine zur Prognose des Konsumentenverhaltens herangezogen werden können.

Für die vorliegende Untersuchung bedeutet dies, dass Größen, welche direkt beobachtbar sind, auch direkt erfasst werden sollten. Hierzu gehört insbesondere das Nutzungsverhalten als Hauptbestandteil und endogene Variable im TAM. Das tatsächliche Verhalten ist während des Einkaufsprozesses durch die verwendete Software anhand der besuchten Produktseiten sowie der gekauften Artikel auch direkt erfassbar. Sollte Hypothese 1 bestätigt werden, wird das Konstrukt Nutzungsverhalten, welches mittels Fragebogen erfasst wurde, um das tatsächliche Verhalten, welches während der Eye-Tracking-Untersuchung erhoben wurde, ergänzt. Hierzu wird die Anzahl an betrachteten und gekauften Produkten aus den Kaufempfehlungen verwendet.

5.2.3 Erweiterungen des Modells durch zusätzliche Konstrukte

5.2.3.1 Überblick

An früherer Stelle wurde eine Einschränkung auf konsumentenbezogene Einflussgrößen vorgenommen, welche psychografische und sozio-ökonomische Kriterien sowie Kriterien des beobachtbaren und tatsächlichen Nutzungsverhaltens umfassen. Die psychografischen Kriterien lassen sich in zwei Untergruppen unterscheiden: Persönlichkeitsdeterminanten sowie Merkmale in Bezug auf die technologische Innovation. In Kapitel 3.2.3 wurde bereits auf die Bedeutung der Einkaufsmotive und des Involvement (als Persönlichkeitsdeterminanten) und der Einstellung sowie der Technologieaffinität (als Merkmale in Bezug auf technologische Innovationen) hingewiesen. Dagegen besitzen sozio-ökonomische Kriterien durch die fortschreitende Ausbreitung des hybriden Konsumentenverhaltens, welches teilweise schon multioptionale Züge aufweist (Liebmann et al. 2008, S. 59 f.), eine geringe Erklärungskraft. Gleichzeitig ist abzusehen, dass die gewählte (Studierenden-)Stichprobe hinsichtlich dieser Merkmale sehr homogen sein wird, weswegen Variablen wie Alter, Einkommen und Familienstand nicht im Modell berücksichtigt werden. Ebenso sind die Kriterien des beobachtbaren Nutzungsverhaltens im Rahmen der vorliegenden Laboruntersuchung durch die jeweiligen Vorgaben vernachlässigbar, während die Kriterien des tatsächlichen Nutzungsverhaltens bereits durch die objektiv erfassten Daten abgedeckt werden.

Nun gilt es zu prüfen, ob andere Erweiterungen des TAM, welche sich teilweise im konsumentengerichteten Kontext bereits bewährt haben, auch für die vorliegende Untersuchung sinnvoll sind. Hierbei lassen sich aus dem TAM 2 soziale (subjektive

Norm, Freiwilligkeit der Nutzung und Image) sowie kognitive Einflussfaktoren (Relevanz für den Beruf, Outputqualität, Erfahrung und Nachweisbarkeit der Ergebnisse) unterscheiden. Von einer weiteren Betrachtung kann jedoch die Freiwilligkeit der Nutzung ausgeschlossen werden, da die Untersuchung nicht im organisationalen Kontext stattfindet. Ebenso kann die Nachweisbarkeit der Ergebnisse für den vorliegenden Kontext nicht sinnvoll operationalisiert werden. Da die Nutzung von Kaufempfehlungen häufig unbewusst geschieht und die subjektiven Aussagen somit eine begrenzte Aussagekraft besitzen würden, spielt auch die Erfahrung keine relevante Rolle. Diese genannten Erweiterungen werden im Folgenden deswegen nicht berücksichtigt.

Das Image, welches Venkatesh und Davis (2000) als direkte Determinante der wahrgenommenen Nützlichkeit im TAM 2 berücksichtigen, wird in einem engen Zusammenhang zur Einstellung gesehen. Viele Autoren setzen den Einstellungs- und Imagebegriff sogar gleich (vgl. zu dieser Diskussion Kroeber-Riel et al. 2009, S. 210 f.) und so wird nach dieser Ansicht bereits im TAM 2 wie auch im ursprünglichen TAM eine zweidimensionale Akzeptanzmessung (im weiteren Sinne) durchgeführt. Da die Einstellung bereits als zusätzliches Konstrukt für das vorliegende Modell vorgesehen ist, muss das Image-Konstrukt nicht weiter betrachtet werden. Für die subjektive Norm wurde sowohl im organisationalen als auch im konsumentengerichteten Kontext eine dominante Wirkung festgestellt (siehe z.B. Meta-Analyse von Schepers/Wetzels 2007), weswegen diese als soziale Komponente Berücksichtigung findet. Aufgrund der angestrebten Komplexitätsreduktion im Internethandel durch den Einsatz von Kaufempfehlungen spielen die kognitiven Einflussfaktoren eine herausragende Rolle. Deswegen soll die Einkaufsrelevanz (im TAM 2 Relevanz für den Beruf) und die Outputqualität analog zu Baier und Stüber (2010) berücksichtigt werden.

In Tabelle 30 sind die diskutierten Konstrukte, welche sich zur Erweiterung des Modells für die Untersuchung der Akzeptanz von Kaufempfehlungen im Internethandel eignen übersichtsartig zusammengefasst. Neben den Konstrukten sind die jeweiligen Definitionen sowie der Ursprung des Konstrukts im Rahmen von TAM-Untersuchungen aufgeführt.

Tabelle 30: Bekannte Erweiterungen mit Eignung für den vorliegenden Kontext

Dimension	Konstrukt	Definition	Ursprung
Soziale und kognitive Kriterien	Einkaufsrelevanz (aus Berufsrelevanz)	Wahrgenommener Grad der Zielgerichtetheit eines Systems zur Anwendung entsprechend den Anforderungen eines Individuums.	- Venkatesh/ Davis (2000): TAM 2 - vormals: Thompson et al. (1991)
	Outputqualität	Wahrgenommener Grad zur gewünschten Aufgabenerfüllung nach den Ansprüchen eines Individuums.	- Venkatesh/ Davis (2000): TAM 2 - vormals: Davis et al. (1991)
	Subjektive Norm	Wahrgenommener Grad der Nutzung bzw. Nicht-Nutzung von technologischen Innovationen durch Personen, die für ein Individuum von Bedeutung sind (Fishbein/Ajzen 1975).	- Venkatesh/ Davis (2000): TAM 2 - Yu et al. (2005)
Merkmale in Bezug auf die technologische Innovation	Einstellung	„Subjektiv wahrgenommene Eignung eines Gegenstandes zur Befriedigung einer Motivation" (Kroeber-Riel et al. 2009, S. 215). Unterscheidung der Einstellung zu unterschiedlichen Gegenständen (z.B. in diesem Kontext zu Verkaufspersonal und zu Kaufempfehlungen).	- Davis (1989); Davis et al. (1989): Basis-TAM - Gefen et al. (2003a)
	Technologieaffinität	Positive Grundeinstellung gegenüber Technologien, welche den Erfolg des Leistungsangebotes beeinflusst (Müller 2007, S. 106).	- Stafford/Stern (2002) - Stern et al. (2008)
Persönlichkeitsdeterminanten	Involvement	Ein „nicht beobachtbares, hypothetisches Konstrukt, das einen Zustand der Aktiviertheit kennzeichnet, von dem das gedankliche Entscheidungsengagement abhängt" (Trommsdorff 2009, S. 48). Unterscheidung verschiedener Dimensionen (z.B. Zeit) sowie verschiedener Ursachen (z.B. Produkt und Person).	- Koufaris (2002) - Stafford/Stern (2002)
	Einkaufsmotive	„Fundamentale, zielorientierte innere Kräfte […], die durch Einkaufsaktivitäten befriedigt werden können" (Gröppel-Klein 1998, S. 107). Unterscheidung verschiedener Motive (z.B. Erlebnis-, Convenience-, Beratungs-, Preis und Öko-Orientierung).	- O'Cass/ Fenech (2003)

(Quelle: eigene Darstellung)

5.2.3.2 Einbeziehung von sozialen und kognitiven Kriterien

Die kognitiven Faktoren nehmen im TAM 2 großen Einfluss. Dies lässt sich mittels kognitiver Theorien dadurch begründen, dass ein System nur als nützlich erachtet wird, wenn ein Zusammenhang zwischen Nutzung und positivem Output leicht ersichtlich ist (Venkatesh/Davis 2000). So zählt die Relevanz eines Systems auf die Aufgabe, den Beruf oder, wie im vorliegenden Fall, auf den Einkauf zu den kognitiven Faktoren und ist von großer Bedeutung (Hong et al. 2001). In der Studie von Venkatesh und Davis (2000) beispielsweise hat die Berufsrelevanz einen signifikant positiven Einfluss auf die wahrgenommene Nützlichkeit. Hong et al. (2001) können sogar einen signifikant positiven Einfluss der Relevanz sowohl auf die wahrgenommene Nützlichkeit als auch auf die wahrgenommene einfache Benutzbarkeit nachweisen. Dies belegt die Bedeutung der Relevanz als Einflussfaktor. Auch im vorliegenden Kontext soll diese als Einkaufsrelevanz im Modell berücksichtigt werden. Analog zu Baier und Stüber (2010), welche die Einkaufsrelevanz erstmals im Internethandel berücksichtigt haben und einen signifikanten Einfluss identifizieren konnten, wird eine Wirkung auf die wahrgenommene Nützlichkeit vermutet.

Auch die Outputqualität spielt als kognitive Größe im Zusammenhang zwischen der Nutzung und einem positivem Output eine Rolle. Aus Sicht der Konsumenten ist entscheidend, dass die Qualität des Ergebnisses hoch ist. So wird die Qualität in verschiedenen Untersuchungen berücksichtigt, beispielsweise in Bezug auf Dienstleistungen (Ahn et al. 2004; Chen/Tan 2004), den Internethandel allgemein (Ha/Stoel 2009) oder Informationen (Shih 2004). In der vorliegenden Arbeit kann dies als Outputqualität bezeichnet werden. Shih (2004) konnte in seiner Studie zur Prognose des Verhaltens von Online-Verbrauchern einen höchst signifikanten Einfluss der Qualität hinsichtlich Service, Information und System aufzeigen. Analog zu Baier und Stüber (2010), welche die Outputqualität erstmals im Internethandel berücksichtigt haben und einen signifikanten Einfluss identifizieren konnten, wird ein Zusammenhang mit der wahrgenommenen Nützlichkeit vermutet. Die Wirkungszusammenhänge werden in Hypothese 2 und Hypothese 3 zusammengefasst.

Hypothese 2: Je größer die Einkaufsrelevanz von Kaufempfehlungen ist, desto größer ist die wahrgenommene Nützlichkeit von Kaufempfehlungen.

Hypothese 3: Je größer die Outputqualität von Kaufempfehlungen ist, desto größer ist die wahrgenommene Nützlichkeit von Kaufempfehlungen.

Als soziales Kriterium bildet die subjektive Norm das soziale Umfeld eines Individuums ab. Hiernach wird das Verhalten eines Individuums vom Wunsch beeinflusst, so zu handeln, wie wichtige Personen im Umfeld handeln würden. Damit ist eine Motivation verbunden, diesen Erwartungen gerecht zu werden. Die subjektive Norm stellt somit eine Wahrnehmung dar, ob eine gewisse Handlung vom Umfeld akzeptiert, bestärkt oder sogar verlangt wird (Pavlou/Fygension 2006). Hierbei handelt es sich stets um eine subjektive Einschätzung. Die Bedeutung der subjektiven Norm wird auch durch die Beachtung sozialer Einflüsse in der TRA und der TPB deutlich. Im Bereich des organisationalen Kontexts nimmt die subjektive Norm eine herausragende Stellung ein, wenn die Nutzung des Systems oder der technologischen Innovation nicht freiwillig ist (Komiak/Benbasat 2006). Aber auch im konsumentengerichteten Kontext haben Karahanna et al. (1999) eine dominante Wirkung der subjektiven Norm auf die Nutzungsabsicht bereits nachgewiesen. Jedoch mussten sie ebenso feststellen, dass die Einstellung einen größeren Einfluss besitzt. Einen signifikanten Einfluss der subjektiven Norm sowie der Einstellung auf die Nutzungsabsicht konnten auch Yu et al. (2005) nachweisen und damit die Dominanz dieser Faktoren bestätigen. Hierbei ist einschränkend zu erwähnen, dass die subjektive Norm im Feld eine größere Wirkung besitzt als bei Experimenten (Karahanna et al. 1999). Aus diesem Grund greifen viele Experimentalstudien nur auf Einstellungen zurück statt die subjektive Norm zu berücksichtigen (z.B. Gefen et al. 2003b). Jedoch findet die subjektive Norm auch im Kontext der Personalisierung Anwendung. Lee und Park (2009) können in ihrer Studie einen signifikanten Einfluss der subjektiven Norm auf die Einstellung zur Personalisierung sowie zur Kaufabsicht zeigen. Aus diesem Grund soll auch in vorliegender Studie die subjektive Norm berücksichtigt werden. Hierbei wird ein Zusammenhang in Bezug auf die Einkaufsrelevanz von Kaufempfehlungen vermutet. Der Wirkungszusammenhang wird in Hypothese 4 zusammengefasst.

Hypothese 4: Je größer die subjektive Norm in Bezug auf Kaufempfehlungen ist, desto größer ist die Einkaufsrelevanz von Kaufempfehlungen.

5.2.3.3 Einbeziehung von Merkmalen in Bezug auf die technologische Innovation

Von besonderer Bedeutung in der Konsumentenforschung ist die Einstellung, welche verhaltensprägend ist. Gleichzeitig ist diese auch gut operationalisierbar bzw. messbar (siehe z.B. Kroeber-Riel et al. 2009, S. 237 ff.). So bildet sie das globale Werturteil eines Konsumenten bezüglich eines Leistungsangebots ab (Trommsdorff 2009, S. 146) und beeinflusst nach der Einstellungs-Verhaltens-Hypothese die Nutzungsabsicht und schließlich das tatsächliche Nutzungsverhalten.[53] Nach Kroeber-Riel et al. (2009, S. 56) ist unter Einstellung eine Motivation zu verstehen, welche mit einer kognitiven Gegenstandbeurteilung verknüpft ist. Diese wird sowohl zur Erklärung des Konsumentenverhaltens im Internethandel (z.B. Barnes et al. 2007) als auch im Bereich der Akzeptanzmessung eingesetzt (siehe Kapitel 3.1.1). So beziehen Gefen et al. (2003a) beispielsweise die Einstellung (zum Vertrauen) als indirekte Determinante auf die Nutzungsabsicht in ihrer Untersuchung zum Einfluss von Vertrauen auf potenzielle Kunden und Wiederkäufer ein. Dieser Einfluss ist zwar im Vergleich der beiden Konsumentengruppen nicht signifikant, jedoch nimmt die Einstellung nachweislich einen bedeutenden Stellenwert ein. Im vorliegenden Kontext ist die Einstellung zu Kaufempfehlungen im Internethandel relevant, welche aufgrund der bisherigen Erkenntnisse in einem positiven Zusammenhang mit der Akzeptanz stehen muss. Gleichzeitig scheint auch die Einstellung zum Verkaufspersonal im stationären Einzelhandel relevant, da Kaufempfehlungen im Internethandel einen Teil der Beratungsleistung des Verkaufspersonals übernehmen. Daher sollen diese beiden Einstellungen berücksichtigt werden. Ein ähnliches Vorgehen wurde auch von Dabholkar (1996) in seiner Untersuchung zur Messung der Qualität von Self-Service-Angeboten gewählt. Hierbei wird neben der Einstellung hinsichtlich der Verwendung von technologischen Produkten das Bedürfnis mit dem Verkaufspersonal zu interagieren berücksichtigt. Dieses Vorgehen wurde gewählt, da vielen Konsumenten die Erfahrung mit technologiebasierten Self-Service-Angeboten fehlt, weshalb Urteile auf der Basis von früheren Erfahrungen oder Einstellungen gebildet werden. Auch im ursprünglichen TAM wird die Einstellung berücksichtigt (siehe Kapitel 3.2.1). Hierbei wird sie von der wahrgenommenen Nützlichkeit und der wahrgenommenen einfachen Benutzbarkeit beeinflusst und wirkt auf die Nutzungsabsicht. Analog zu diesen bestätigten Wirkungsweisen soll die Einstellung zu

---

[53] Zur E-V-Hypothese existieren auch viele kritische Stimmen. Zur Diskussion dieser Thematik siehe Kroeber-Riel et al. (2009, S. 217 f.).

Kaufempfehlungen berücksichtigt werden. Dabholkar (1996) folgend wird die Wirkung der Einstellung zum Verkaufspersonal auf die Einstellung von Kaufempfehlungen einbezogen. Die Wirkungszusammenhänge werden in Hypothese 5, Hypothese 6, Hypothese 7 und Hypothese 8 zusammengefasst.

Hypothese 5: Je größer die wahrgenommene einfache Benutzbarkeit von Kaufempfehlungen ist, desto positiver ist die Einstellung zu Kaufempfehlungen.

Hypothese 6: Je größer die wahrgenommene Nützlichkeit von Kaufempfehlungen ist, desto positiver ist die Einstellung zu Kaufempfehlungen.

Hypothese 7: Je positiver die Einstellung der Konsumenten zu Kaufempfehlungen ist, desto größer ist die Nutzungsabsicht von Kaufempfehlungen.

Hypothese 8: Je positiver die Einstellung der Konsumenten zum Verkaufspersonal im stationären Bereich ist, desto positiver ist die Einstellung der Konsumenten zu Kaufempfehlungen im Internethandel.

Da die Nutzung von Kaufempfehlungen im Internethandel im Zusammenhang mit weiteren Technologien steht (vgl. Kapitel 2.2.2), wird die Technologieaffinität (im Englischen „Attitude toward Using Technological Products") als relevant erachtet. Hierbei handelt es sich um eine Einstellung hinsichtlich der Nutzung von Technologien. Im Handelskontext ist man sich einig, dass das Konsumentenverhalten von anderen Faktoren beeinflusst wird, wenn Technologien im Spiel sind (z.B. Dabholkar 1996, Meuter et al. 2000; Parasuraman/Grewal 2000). In einem engen Zusammenhang mit der Technologieaffinität steht die Technologiebereitschaft (im Englischen „Technology Readiness"), welche die individuell ausgeprägte Neigung ausdrückt, neue Technologien zu akzeptieren und zu nutzen (Parasuraman 2000). Die Entwicklung dieses Konstrukts wird durch das Ziel angetrieben, im gedanklichen Prozess von Nutzungsentscheidungen technologischer Innovationen sowohl treibende als auch hemmende Faktoren zu berücksichtigen. Hierzu eignet sich laut Parasuraman (2000) insbesondere ein mehrdimensionales Konstrukt mit jeweils zwei adoptionstreibenden bzw. -hemmenden Faktoren (Optimismus und Innovationsfreude bzw. Unannehmlichkeit und Unsicherheit). Das Modell wurde in den letzten Jahren häufiger angewendet (z.B. Venkatesh/Ramesh 2006; Lin et al. 2007), was laut Königstorfer (2008, S. 168 f.) auch als Gegenbewegung zum weit verbreiteten TAM bzw. als Reaktion auf die Kritik an

5.2 Erweiterung des TAM zur Messung der Akzeptanz von Kaufempfehlungen

diesem Modell zu verstehen ist. In der Literatur werden die Folgen dieser Technologieaffinität oder -bereitschaft in unterschiedlichen Zusammenhängen betrachtet. So wird vermutet, dass technologieaffine Kunden ein geringeres Bedürfnis zur Kontaktaufnahme mit Verkaufspersonal besitzen (Dabholkar 1996), weswegen der Aspekt häufig im Zusammenhang mit Selbstbedienungstechnologien im stationären Bereich diskutiert wird (z.B. Meuter et al. 2003). Auch im Internethandel wird der Einfluss des Konstrukts berücksichtigt. Während Bauer et al. (2003) die Internetaffinität als Anhaltspunkt für Lerneffekte bezüglich der Risikowahrnehmung im Internethandel heranziehen und eine positive Beziehung zur Kaufwahrscheinlichkeit nachweisen, berücksichtigen Stafford und Stern (2002) in ihrer Untersuchung zum Bietverhalten in Online-Auktionen die Computeraffinität und identifizieren sie als signifikanten Einflussfaktor. Diese Erkenntnisse können Kim und Forsythe (2008a) bestätigen, die einen positiven Zusammenhang zwischen Technologieaffinität und der Nutzung von virtuellen Ankleidemöglichkeiten im Internethandel nachweisen. Als moderierende Einflussgrößen auf die Technologieaffinität konnten in zahlreichen Studien das Alter und das Geschlecht identifiziert werden. So weisen vor allem ältere Menschen und Frauen eine geringere Affinität und damit verbunden eine geringere Nutzungsabsicht in Bezug auf Technologien auf (z.B. Teo 2001; Tsikriktsis 2004; Massey et al. 2007). Auf Basis der bisherigen Erkenntnisse wird vermutet, dass die Technologieaffinität einen Einfluss auf die wahrgenommene einfache Benutzbarkeit besitzt. Der Wirkungszusammenhang wird in Hypothese 9 zusammengefasst.

Hypothese 9: Je höher die Technologieaffinität von Konsumenten ist, desto höher ist die wahrgenommene einfache Benutzbarkeit von Kaufempfehlungen im Internethandel.

5.2.3.4 Einbeziehung von Persönlichkeitsdeterminanten

Als Persönlichkeitsdeterminanten sind die Einkaufsmotive sowie das Involvement zu nennen. Diese fanden bereits in früheren Arbeiten mit Bezug zum Internethandel Anwendung. So wurde das Involvement bisher sowohl in Untersuchungen im organisationalen (z.B. Jackson/Chow 1997) als auch im konsumentenbezogenen Kontext verwendet. Beispielsweise hat Koufaris (2002) in seiner Untersuchung zum Wiederkaufverhalten der Konsumenten nach dem ersten Kauf in einem Internetshop das Produktinvolvement als indirekte Determinante auf die Nutzungsabsicht berücksichtigt und einen signifikanten Einfluss festgestellt. Die Involvement-Forschung, welche ursprünglich aus dem sozialpsychologischen Bereich stammt (vgl. Sherif/Cantril 1947), wurde von Krugman (1965) als „Ich-Beteiligung" in die verhaltenswissenschaftliche Marketing-Forschung eingeführt und hat sich zum zentralen Ansatzpunkt für die Verhaltenserklärung und -beeinflussung entwickelt (Kroeber-Riel et al. 2009, S. 386). So versteht Zaichkowsky (1985, S. 342) unter Involvement „…a person's perceived relevance of the object based on inherent needs, values, and interests". Es kennzeichnet folglich einen personenspezifischen Zustand der Aktivierung, welcher durch externe Stimuli (z.B. Produkt, Situation, Kommunikation) sowie interne Variablen (z.B. Selbstverständnis) bestimmt wird und eine beeinflussende Wirkung auf die emotionalen und kognitiven Prozesse (v.a. Informationsaufnahme, -verarbeitung und -speicherung) besitzt (Jeck-Schlottmann 1987, S. 78; Kroeber-Riel et al. 2009, S. 413 f.). Somit ist der Grad des Involvement einer stetigen Veränderung unterworfen, weswegen die reine Unterscheidung der dichotomen Ausprägungen Low- und High-Involvement in der Literatur zweifelhaft ist (Gardner et al. 1978; Deimel 1989). Dagegen bietet es sich an, die Komponenten aufgrund der Komplexität nach situations-, personen- und stimulusspezifischen Faktoren zu gliedern (Bloch 1982; Deimel 1989; Kroeber-Riel et al. 2009, S. 413 f.):

- Situations-Involvement: Bezug auf die in der Wahrnehmungs- und Entscheidungssituation auftretenden Konflikte und Risiken sowie unter Berücksichtigung der unterschiedlichen Ausprägungen des Involvement je nach Situation (instabil in Bezug auf den Zeitfaktor).

- Personenspezifisches Involvement: Verbindung eines Gegenstandes zum Wertesystem, zum Selbstkonzept und zu den festen und länger bestehenden Bedürfnissen, Wünschen und Interessen eines Individuums. Es steht für die persönlich empfundene Wichtigkeit eines Gegenstandes, ist in hohem Maße subjektiv und dient der Unterscheidung des Involvement zwischen Personen.

- Stimulus-Involvement: Andauerndes (langfristiges) Engagements und Interesse für einen Stimulus (z.B. Produkt, Werbung, Marken, Medien und Botschaft), welcher zentral für das kognitive und affektive Wertesystem des entsprechenden Individuums ist.

5.2 Erweiterung des TAM zur Messung der Akzeptanz von Kaufempfehlungen

Das Involvement ist subjektiv, d.h. was einer Person wichtig ist, lässt eine andere Person vollkommen kalt (Jeck-Schlottmann 1987, S. 69). Es kann als prädisponierende Variable die Wahrnehmung des Konsumenten beeinflussen und somit zu ihrer Erklärung beitragen. So suchen hochinvolvierte Personen aktiv nach Informationen und ziehen mehr Informationen heran als gering involvierte Personen (z.B. Bleicker 1983, S. 169 f.; Gröppel 1991, S. 152 ff.), so dass die Höhe des Involvement während des Kontaktes mit einer Information, also die Aufnahme und Verarbeitung dieser Information, beeinflusst (Deimel 1989). Betrachtet man das Involvement aus lerntheoretischer Perspektive, entspricht ein Lernen mit niedrigem Involvement einem Lernen mit geringer Verarbeitungstiefe, woraus sich die Notwendigkeit einer häufigen Wiederholung der Information ergibt. Gleichzeitig wird beim Lernen mit geringem Involvement die gedankliche Kontrolle unterlaufen (Leven 1991, S.43 f.; Kroeber-Riel et al. 2009, S. 386 f.). Im Rahmen von Akzeptanzmessungen im Internethandel auf Basis des TAM wurde das Involvement bereits mehrfach angewendet (z.B. Koufaris 2002; Stafford/Stern 2002; Son et al. 2006). Ebenso wurde der Einfluss des Involvement auf die Informationsverarbeitung auch bereits mit Hilfe von Eye-Tracking-Untersuchungen nachgewiesen. Pieters und Warlop (1999) zeigen beispielsweise, dass die durchschnittliche Fixationsdauer bei hohem Involvement größer ist als bei niedrigem Involvement. Auch im Personalisierungskontext fand das Involvement bereits Berücksichtigung. So konnten Gordon et al. (1998) nachweisen, dass die Wirkung der Personalisierung bei hohem Involvement stärker ist. In der vorliegenden Untersuchung soll das Involvement analog zur Literatur als Moderatorvariable berücksichtigt werden. Da davon auszugehen ist, dass hoch involvierte Konsumenten sich gerne intensiv mit der entsprechenden Thematik auseinandersetzen und daher nicht auf Vereinfachungsmöglichkeiten zurückgreifen, wird vermutet, dass das Involvement die Wirkung der Nutzungsabsicht auf das Nutzungsverhalten negativ beeinflusst. Der Wirkungszusammenhang wird in Hypothese 10 zusammengefasst.

Hypothese 10: Je höher das Involvement der Konsumenten ist, desto geringer ist die Wirkung der Nutzungsabsicht auf das Nutzungsverhalten von Kaufempfehlungen.

Als Antriebsursachen des Verhaltens werden Motivationen angesehen, die zu den aktivierenden Prozessen gehören (Kroeber-Riel et al. 2009, S. 167 ff.). Motive, die durch

Einkaufsaktivitäten befriedigt werden können und sich somit auf die eigentliche Einkaufsstättenwahl beziehen, werden als Einkaufsmotive bezeichnet. Die Einkaufsmotivforschung liefert eine breite theoretische Basis für die Prüfung mehrerer synchron wirkender Antezedenzien auf das Kaufverhalten. Diese wurde schon im Modell von Howard und Sheth (1969) berücksichtigt. Die hohe Bedeutung der Einkaufsmotive zur Erklärung des Konsumentenverhaltens lässt sich dadurch begründen, dass unterschiedliche Individuen gleiche Stimuli unterschiedlich wahrnehmen. Diese interindividuelle Heterogenität auf der Basis der Anforderungen der Konsumenten wird in den meisten Untersuchungen implizit akzeptiert und ist oftmals die Basis einer „Benefit Segmentation". Erste Klassifikationen von Kunden gehen auf Stone (1954) oder Tauber (1972) zurück, welche vor allem demografische Kriterien berücksichtigen. Jedoch wurde früh erkannt, dass diese nicht ausreichend sind. So müssen psychografische Kriterien zur Klassifikation herangezogen werden, da der Erfolg eines Händlers maßgeblich von einer klaren Fokussierung und Bearbeitung einer Zielgruppe abhängig ist (Samli 1975). Gröppel-Klein (1998) zeigte beispielsweise, dass Handelsunternehmen adäquate, auf die Einkaufsbedürfnisse bzw. -motive des Konsumenten passende Leistungen anbieten müssen, um einen entsprechenden „Eignungsgrad" zu erreichen. Trotz dieser großen Bedeutung existiert kein allgemeingültiger Katalog von Einkaufsmotiven, sondern lediglich unterschiedliche Klassifikationsansätze. Während der sehr bekannte Ansatz von Westbrock und Black (1985) in einem sehr breiten Katalog sieben Einkaufsmotive unterscheidet, betrachten viele Autoren mit hedonistischen und versorgungsorientierten Werten nur zwei Gruppen von Motiven (z.B. Hirschman/Holbrook 1982; Dawson et al. 1990; Babin et al. 1994). Steenkamp und Wedel (1991) dagegen haben in ihrer Studie drei Cluster mit bedeutenden Einkaufsmotiven ermittelt. In Tabelle 31 sind diese Klassifikationen mit den jeweiligen Einkaufsmotiven und deren Bedeutung aufgelistet.

Die Klassifikation von Steenkamp und Wedel (1991) wird häufig als Ausgangsbasis herangezogen und durch eine sogenannte Zeit- bzw. Convenience-Orientierung der Konsumenten ergänzt (z.B. Swoboda 1999; Schramm-Klein 2003, S. 213). Auf Basis dieser erweiterten Klassifikation können als Grundorientierungen des Konsumentenverhaltens die Erlebnis-, die Convenience-, die Preis- und die Beratungs-Orientierung festgehalten werden (siehe auch Liebmann et al. 2008, S. 60 f.). Somit wird der Tatsache Rechnung getragen, dass im Zeitverlauf eine Entwicklung im Bereich des Kon-

5.2 Erweiterung des TAM zur Messung der Akzeptanz von Kaufempfehlungen

sumentenverhaltens vom konstanten zum multioptionalen Verhalten festzustellen ist (Liebmann et al. 2008, S. 58 ff.).

Tabelle 31: Klassifikationsansätze der Einkaufsmotive

Autor(en)	Einkaufsmotive	Bedeutung
Hirschman/ Holbrook (1982); Dawson et al. (1990); Babin et al. (1994)	„Utilitarian Value"	Ergebnisbezogene Orientierung, Einkaufen als Problemlösungsprozess mit Betonung von Effizienz und Zielerreichung
	„Hedonic Value"	Unterhaltungs- bzw. spaßbezogene Orientierung, Einkaufen als Erlebnis mit der Betonung von Vergnügen, Stimulierung und Freude
Westbrook/Black (1985)	„Anticipated Utility"	Wunsch bzw. Suche der Konsumenten nach innovativen Produkten
	„Role Enactment"	Bezug auf das sozio-kulturelle Rollenverständnis, Preise und Qualität zu vergleichen, um so das optimale Produkt zu finden und so größtmöglichen Wert zu erlangen („Optimum Value")
	„Negotiation"	Bedürfnis, durch Verhandlungen mit dem Verkaufspersonal, einen besseren Preis zu realisieren
	„Choice Optimization"	Wunsch, genau das richtige Produkt zu finden, bei dem jedes Detail stimmt
	„Affiliation"	Wunsch, im Sinne eines sozialen Prozesses mit dem Verkaufspersonal, Freunden oder anderen Kunden zu interagieren
	„Power and Authority"	Bedürfnis nach sozialer Anerkennung bzw. Macht, sich beim Einkauf dem Personal überlegen zu fühlen
	„Stimulation"	Einkauf als Spaß, bei welchem der Konsument neue Anregungen erhält, da er mit interessanten Stimuli konfrontiert wird
Steenkamp/Wedel (1991)	„Value Shopping"	Auswahl der Einkaufsstätten bzw. der Produkte nach dem Kriterium der Preisgünstigkeit
	„Quality Shopping"	Bedürfnis nach einer qualitativ hochwertigen Einkaufsstätte im Vordergrund, so dass ein höherer Preis nicht unbedingt als negatives Merkmal eines Händlers aufgefasst wird
	„Service Shopping"	Qualität des Services und der Ladengestaltung als oberstes Entscheidungskriterium

(Quelle: eigene Darstellung)

Neben dem klassischen Einsatzort im stationären Einzelhandel hat sich die Einkaufsmotivforschung auch zur Erklärung des Online-Nachfragerverhaltens bewährt (z.B. Childers et al. 2001; Arnold/Reynolds 2003). Lingenfelder und Loevenich (2003) weisen in ihrer Untersuchung eine hohe Trennkraft der Einkaufsmotive zur Segmentierung von Online-Kundenclustern nach und belegen den hohen Eignungsgrad dieses theoretischen Ansatzes zur Erklärung des Konsumentenverhaltens im Internethandel. Auch O'Cass und Fenech (2003) haben in ihrer Untersuchung zur Annahme des Internethandels auf Basis des TAM Einkaufsmotive (ökonomische vs. freizeitorientierte Motive) als direkte Einflussgrößen auf die wahrgenommene Nützlichkeit und die wahrgenommene einfache Benutzbarkeit berücksichtigt und einen signifikanten Einfluss feststellen können. Angesichts dieser Bedeutung muss für die vorliegende Untersuchung die Auswahl geeigneter Einkaufsmotive durchgeführt werden. In Anbetracht des Ziels der Akzeptanzmessung von Kaufempfehlungen im Internethandel, werden die Erlebnis-, die Convenience- sowie die Beratungs-Orientierung fokussiert. Diese Wahl lässt sich dadurch begründen, dass einerseits durch den Einsatz von Kaufempfehlungen dem Erlebnis- und Beratungsbedürfnis der Konsumenten Rechnung getragen werden soll und andererseits der Internethandel allgemein sowie die Aussprache von Kaufempfehlungen speziell den Convenience-Wunsch der Konsumenten entspricht (siehe auch Hansen/Møller-Jensen 2009).

Das am häufigsten verwendete Einkaufsmotiv stellt die Erlebnis-Orientierung (im Englischen als „Hedonic Motive(s)", „Experiential Motive(s)", „Recreational Motive(s)", „Shopping as a Pleasure" oder „Entertaining Shopping Experience" bezeichnet) dar, welche gleichzeitig den wichtigsten gesellschaftlichen und einkaufsspezifischen Trend widerspiegelt (Opaschowski 2008, S. 163 ff.; Kroeber-Riel et al. 2009, S. 138 ff.). Der Begriff des hedonistischen Konsumenten wurde von Hirschman und Holbrook (1982) eingeführt und in Deutschland vor allem durch Gröppel (1991), Weinberg (1992) sowie Kroeber-Riel et al. (2009) geprägt. Da die Konzeptualisierung der Erlebnis-Orientierung in der Literatur nicht einheitlich gehandhabt wird, haben Arnold und Reynolds (2003) eine umfangreiche empirische Untersuchung durchgeführt und ein sechsdimensionales Modell zur Messung der Erlebnis-Orientierung ermittelt. Beim Erlebniskauf stehen im Gegensatz zum Versorgungskauf, welcher das gewohnheitsmäßige Auffüllen der häuslichen Bestände umfasst, die sozialen Gesichtspunkte des Einkaufs und die Erfüllung hedonistischer Bedürfnisse im Mittelpunkt. Erlebniskäufer erwarten in ihrem Einkaufsumfeld eine stimulierende Wirkung und eine multisensuale Erlebnisvermittlung. Die Befriedigung von Lust und Neugier stellen das Motiv für den Einkauf dar. Diese derart aktivierten Konsumenten nehmen sich wahrscheinlich mehr Zeit für den Einkauf und betrachten mehr Produkte bei der Suche nach verschiedenen Anregungen. Außerdem werden diese vermutlich besonders empfänglich für aufmerksamkeitsstarke Reize sein (Kroeber-Riel et al. 2009, S. 140).

Dieser gestiegene Hedonismus der Konsumenten und der Wunsch nach einem schönen Leben gehen eng einher mit dem Wunsch nach Entlastung, der Abnahme von physischem und psychischem Stress, was sich in einer zunehmenden Convenience-Orientierung äußert (z.B. Swoboda 1999; Liebmann et al. 2008, S. 61). Die Convenience-Orientierung zählt ebenso zu den wesentlichen aktuellen Trends und wird zur Erforschung des Konsumentenverhaltens häufig und seit geraumer Zeit (Kelley 1958; Anderson 1971) angewendet. Jedoch ist sie in der Literatur nicht einheitlich definiert, was sich durch den universellen Einsatz in verschiedenen Gebieten begründen lässt (siehe hierzu Reith (2007) sowie Ettinger (2010)). Zusammenfassend kann unter der Convenience-Orientierung ein auf Bequemlichkeit hin optimiertes Kaufverhalten verstanden werden (Berry et al. 2002). Darunter können unter anderem die Erreichbarkeit der Einkaufsstätte, der Suchaufwand vor dem Kauf, die Einfachheit des Produkterhalts (Lieferzeit) und des Kaufabschlusses zusammengefasst werden. Im Kontext des Internethandels ist diese schon weit gefasste Kategorisierung jedoch noch bezüglich der Zeitunabhängigkeit zum Informationszugang (Bellman et al. 1999) und dem Nutzen der umfangreichen und inhaltsstarken Internet-Recherchen (Alba et al. 1997) zu erweitern. In Anbetracht der dargelegten vielfältigen Auffassungen der Convenience-Orientierung muss eine Eingrenzung des Konstrukts für die vorliegende Arbeit vorgenommen werden. Daher wird im Folgenden unter diesem Einkaufsmotiv das Streben des Konsumenten zur Reduzierung von Zeit sowie physischen und mentalen Anstrengungen verstanden (Wolfinbarger/Gilly 2001). Somit ist die Relevanz der Convenience-Orientierung für den Internethandel offenkundig und durch zahlreiche Studien belegt (z.B. Keeney 1999; Vijayasarathy 2002; Chiang/Dholakia 2003). In Bezug auf die Kaufempfehlungen wird ein Zusammenhang vermutet, da umfangreiche sowie inhaltsstarke Recherchen leicht getätigt werden können. Weiterhin führen die dargebotenen Hilfsmittel zu einer Reduzierung von Zeit sowie physischen und mentalen Anstrengungen.

Als wichtigste Informationsquelle der Konsumenten im stationären Bereich kann im Rahmen des Bedienprozesses die persönliche Beratung durch geschultes Verkaufspersonal angesehen werden. Hierunter ist der direkte Informationsaustausch zwischen Verkäufer und Käufer zur Lösung eines auf den Kauf ausgerichteten Einzelproblems zu verstehen (Schuckel 1999, S. 10). Dieses dient dazu, den Output des Entscheidungsprozesses zu verbessern, indem Informationen zur Beseitigung der Unsicherheit gesammelt werden. Während im stationären Bereich das Verkaufspersonal durch die Beratung wichtige Kundeninformationen gewinnt, auf welches bei künftigen Kundenbesuchen zurückgegriffen werden kann, werden diese Informationen im Internethandel durch das Surfverhalten der Konsumenten automatisiert gespeichert und verarbeitet (vgl. Kapitel 2.2.2). Durch die Darbietung von Kaufempfehlungen als Hilfestellung kann der Konsument Wissenslücken schließen und eine bessere Kaufentscheidung treffen (Ansari et al. 2000; Häubl/Trifts 2000; Ariely et al. 2004). Dieses aktive Informationsverhalten lässt sich primär durch psychische Determinanten des Käuferverhaltens erklären, da es der Reduktion von Informationsnachteilen und der Minimierung sich hieraus ergebender Unsicherheiten dient. Somit ist der individuelle Beratungsbedarf stark von den wahrgenommenen Risiken und bisherigen Erfahrungen in diesem Produktbereich abhängig (Kroeber-Riel et al. 2009, S. 303 ff.). Empirische Studien zur Beratungs-Orientierung von Konsumenten sind in der Literatur nur selten aufzufinden. Der inhaltliche Schwerpunkt von Studien zum Verkaufspersonal liegt eher im Bereich der Zufriedenheut mit der Beratung sowie der Vertrauensbildung (Ciesielski 2009, S. 92). Lediglich Reynolds und Beatty (1999) liefern einen Beitrag zur Erklärung des Zustandekommens von Beratungswünschen beim Konsumenten.

Im vorliegenden Zusammenhang wird vermutet, dass die Einkaufsmotive die Wirkung zwischen der Einkaufsrelevanz und der wahrgenommenen Nützlichkeit moderieren. Umso stärker die soeben diskutierten Einkaufsmotive ausgeprägt sind, desto stärker wirkt sich die Einkaufsrelevanz auf die wahrgenommene Nützlichkeit von Kaufempfehlungen aus. Die Wirkungszusammenhänge werden in Hypothese 11, Hypothese 12 und Hypothese 13 zusammengefasst.

Hypothese 11: Je stärker die Erlebnis-Orientierung bei den Konsumenten ausgeprägt ist, desto stärker ist die Wirkung der Einkaufsrelevanz auf die wahrgenommene Nützlichkeit von Kaufempfehlungen.

Hypothese 12: Je stärker die Convenience-Orientierung bei den Konsumenten ausgeprägt ist, desto stärker ist die Wirkung der Einkaufsrelevanz auf die wahrgenommene Nützlichkeit von Kaufempfehlungen.

Hypothese 13: Je stärker die Beratungs-Orientierung bei den Konsumenten ausgeprägt ist, desto stärker ist die Wirkung der Einkaufsrelevanz auf die wahrgenommene Nützlichkeit von Kaufempfehlungen.

5.2.4 Zusammenfassende Darstellung der Hypothesen sowie der Modellkomponenten

In den vorangehenden Kapiteln wurden die Hypothesen zur Erweiterung des TAM aufgestellt. Zunächst wird ein Vergleich der objektiven und subjektiven Messung der Wahrnehmung vorgenommen (Hypothese 1). Die restlichen Hypothesen stellen die Überprüfung der Zusammenhänge durch die neuen Konstrukte im Fragebogen dar (Hypothese 2 bis Hypothese 13). Bisher wurden hierbei jedoch noch nicht die Wirkungsweisen der TAM-Hauptkomponenten berücksichtigt. Diese wurden in der Literatur bereits vielfach geprüft und beinhalten die Zusammenhänge von der wahrgenommenen Nützlichkeit, der wahrgenommenen einfachen Benutzbarkeit, der Nutzungsabsicht und des Nutzungsverhaltens. In der Hypothese 14 bis Hypothese 17 sind diese Wirkungen zusammengefasst.

Hypothese 14: Je größer die wahrgenommene Nützlichkeit von Kaufempfehlungen ist, desto höher ist die Nutzungsabsicht von Kaufempfehlungen.

Hypothese 15: Je größer die wahrgenommene einfache Benutzbarkeit von Kaufempfehlungen ist, desto höher ist die wahrgenommene Nützlichkeit von Kaufempfehlungen.

Hypothese 16: Je größer die wahrgenommene einfache Benutzbarkeit von Kaufempfehlungen ist, desto höher ist die Nutzungsabsicht von Kaufempfehlungen.

Hypothese 17: Je größer die Nutzungsabsicht von Kaufempfehlungen ist, desto höher ist das Nutzungsverhalten von Kaufempfehlungen.

Tabelle 32 gibt abschließend eine Übersicht zu allen aufgestellten Hypothesen und unterscheidet hierbei drei Kategorien: Hypothesen auf Basis der Eye-Tracking-Daten, Hypothesen zur Erweiterung des TAM sowie Hypothesen zu den TAM-Hauptkomponenten.

Tabelle 32: Übersicht der Hypothesen

Kategorie	Hypothese
Vergleich der Messansätze	Hypothese 1: Es bestehen Unterschiede bezüglich der Wahrnehmung von Kaufempfehlungen zwischen der Messung der Wahrnehmung mittels objektiver und subjektiver Messung.
Erweiterung des TAM um neue Beziehungen	Hypothese 2: Je größer die Einkaufsrelevanz von Kaufempfehlungen ist, desto größer ist die wahrgenommene Nützlichkeit von Kaufempfehlungen
	Hypothese 3: Je größer die Outputqualität von Kaufempfehlungen ist, desto größer ist die wahrgenommene Nützlichkeit von Kaufempfehlungen.
	Hypothese 4: Je größer die subjektive Norm in Bezug auf Kaufempfehlungen ist, desto größer ist die Einkaufsrelevanz von Kaufempfehlungen.
	Hypothese 5: Je größer die wahrgenommene einfache Benutzbarkeit von Kaufempfehlungen ist, desto positiver ist die Einstellung zu Kaufempfehlungen.
	Hypothese 6: Je größer die wahrgenommene Nützlichkeit von Kaufempfehlungen ist, desto positiver ist die Einstellung zu Kaufempfehlungen.
	Hypothese 7: Je positiver die Einstellung der Konsumenten zu Kaufempfehlungen ist, desto größer ist die Nutzungsabsicht von Kaufempfehlungen.
	Hypothese 8: Je positiver die Einstellung der Konsumenten zum Verkaufspersonal im stationären Bereich ist, desto positiver ist die Einstellung der Konsumenten zu Kaufempfehlungen im Internethandel.
	Hypothese 9: Je höher die Technologieaffinität von Konsumenten ist, desto höher ist die wahrgenommene einfache Benutzbarkeit von Kaufempfehlungen im Internethandel.
Erweiterung des TAM um Moderationseffekte	Hypothese 10: Je höher das Involvement der Konsumenten ist, desto geringer ist die Wirkung der Nutzungsabsicht auf das Nutzungsverhalten
	Hypothese 11: Je stärker die Erlebnis-Orientierung bei den Konsumenten ausgeprägt ist, desto stärker ist die Wirkung der Einkaufsrelevanz auf die wahrgenommene Nützlichkeit von Kaufempfehlungen.
	Hypothese 12: Je stärker die Convenience-Orientierung bei den Konsumenten ausgeprägt ist, desto stärker ist die Wirkung der Einkaufsrelevanz auf die wahrgenommene Nützlichkeit von Kaufempfehlungen.
	Hypothese 13: Je stärker die Beratungs-Orientierung bei den Konsumenten ausgeprägt ist, desto stärker ist die Wirkung der Einkaufsrelevanz auf die wahrgenommene Nützlichkeit von Kaufempfehlungen.
TAM-Hauptkomponenten	Hypothese 14: Je größer die wahrgenommene Nützlichkeit von Kaufempfehlungen ist, desto höher ist die Nutzungsabsicht von Kaufempfehlungen.
	Hypothese 15: Je größer die wahrgenommene einfache Benutzbarkeit von Kaufempfehlungen ist, desto höher ist die wahrgenommene Nützlichkeit von Kaufempfehlungen.
	Hypothese 16: Je größer die wahrgenommene einfache Benutzbarkeit von Kaufempfehlungen ist, desto höher ist die Nutzungsabsicht von Kaufempfehlungen.
	Hypothese 17: Je größer die Nutzungsabsicht von Kaufempfehlungen ist, desto höher ist das Nutzungsverhalten von Kaufempfehlungen.

(Quelle: eigene Darstellung)

5.2 Erweiterung des TAM zur Messung der Akzeptanz von Kaufempfehlungen

Alle Determinanten der Erweiterung des TAM sind in Tabelle 33, unterschieden nach den jeweiligen Dimensionen sowie der Erfassungsart, noch einmal dargestellt.

Tabelle 33: Erweiterung des TAM zur Messung der Akzeptanz von Kaufempfehlungen

Dimension	Determinanten	Erfassungsart
Psychografische Kriterien	Persönlichkeitsdeterminanten: - Involvement - Einkaufsmotive: Beratungs-, Convenience- und Erlebnis-Orientierung Merkmale in Bezug auf die technologische Innovation: - Einstellung: zu Verkaufspersonal im stationären Handel und zu Kaufempfehlungen im Internethandel - Technologieaffinität	Fragebogen
Soziale Kriterien	- Subjektive Norm	Fragebogen
Kognitive Kriterien	- Einkaufsrelevanz - Outputqualität	Fragebogen
Kriterien des tatsächlichen Verhaltens	Anzahl der Produkte aus den Kaufempfehlungen, welche - näher betrachtet wurden. - gekauft wurden.	Eye-Tracking

(Quelle: eigene Darstellung)

In Abbildung 19 sind abschließend noch einmal alle Modellkomponenten mit den vermuteten Zusammenhängen dargestellt.

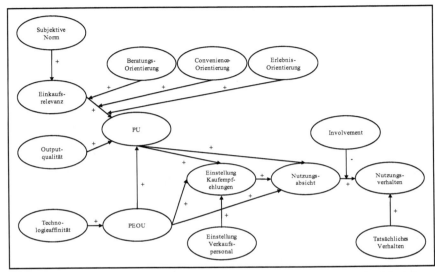

Abbildung 19: Darstellung des Akzeptanzmodells für Kaufempfehlungen im Internethandel mit den vermuteten Zusammenhängen
(Quelle: eigene Darstellung)

6 Empirische Untersuchungen zur Akzeptanz von Kaufempfehlungen

6.1 Design der Untersuchungen

6.1.1 Auswahl und Darstellung der zu untersuchenden Branche

Bei der Auswahl der zu untersuchenden Branche ist darauf zu achten, dass die Branche eine Relevanz im Bereich des Internethandels besitzt und die in dieser Branche gehandelten Produkte zudem für den Einsatz von Kaufempfehlungen geeignet sind. Aufgrund der unterschiedlichen Eignung von Produkten für den Internethandel, welche durch die Leistungseigenschaften aus der Informationsökonomie begründet werden kann (Weiber/Adler 1995; siehe auch Kapitel 2.2.4), kann eine unterschiedliche Beliebtheit für den Online-Kauf von Produkten festgestellt werden. Dies zeigt sich beispielsweise in den Online-Umsätzen nach Produktgruppen (vgl. Abbildung 20).

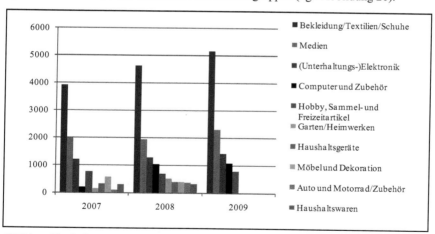

Abbildung 20: Online-Umsätze nach Produktgruppen in Mio. Euro, 2007-2009
(Quelle: eigene Darstellung in Anlehnung an BVH 2010)

Die beliebtesten Produktgruppen sind Bekleidung/Textilien/Schuhe, Medien, (Unterhaltungs-)Elektronik sowie Computer und Zubehör, welche Merkmale mit besonderer Eignung für den Internethandel aufweisen. Dies wären eine geringe Komplexität und ein geringer Erklärungsbedarf (z.B. Bekleidung/Textilien/Schuhe) sowie die Digitalisierbarkeit und das Transaktionssenkungspotenzial (z.B. Medien), aber auch die Notwendigkeit ständiger Verfügbarkeit und Aktualität (z.B. (Unterhaltungs-) Elektronik). Nach der Definition aus der Informationsökonomie handelt es sich hierbei größtenteils um Erfahrungsgüter, welche auch für den Personalisierungskontext allgemein bzw. die Aussprache von Kaufempfehlungen im Speziellen eine besondere Relevanz besitzen. So hat sich gezeigt, dass der Einfluss von Personalisierungsmaßnahmen bei Erfahrungsgütern größer als beispielsweise bei Suchgütern ist (z.B. Senecal/Nantel 2004). Aus diesem Grund wurde bereits in Kapitel 2.2.4 festgehalten, dass die empirische Überprüfung an einem Erfahrungsgut stattfinden soll.

Da es sich bei Bekleidung einerseits um ein Erfahrungsgut handelt und andererseits der Verkauf von Bekleidung im Internet die höchsten Umsätze erzielt, wird die empirische Überprüfung zur Akzeptanz von Kaufempfehlungen im Internethandel in der Bekleidungsbranche durchgeführt. Bekleidungsshops im Internethandel profitieren insbesondere von Personalisierungsmaßnahmen und setzen diese in der Praxis verstärkt um. Beispielsweise sind Avatare als virtuelle Models sowohl ein beliebtes Forschungsthema (Nantel 2004; Kim/Forsythe 2008a) als auch Anwendungsobjekt in der Praxis (z.B. zeitweise beim Bekleidungsunternehmen Land's End). Deswegen wurden Internetshops im Bekleidungshandel auch aktuell in Studien als Untersuchungsobjekt verwendet (z.B. Lee/Park 2009). Auch das TAM wurde im Internethandel in der Bekleidungsbranche bereits mehrfach genutzt (z.B. Kim/Forsythe 2008a; b; 2009; Hausmann/Siekpe 2009).

6.1.2 Untersuchungsgegenstand und Festlegung der Stichprobe

Als Untersuchungsgegenstand wurde ein existierender Internetshop in der Bekleidungsbranche gewählt, welcher sowohl Kaufempfehlungen für Alternativ- als auch für Zusatzprodukte anbietet. Hierbei war neben dem erforderlichen Funktionsumfang eine ansprechende optische Gestaltung wichtig. Ebenso wurde darauf geachtet, dass eine übersichtliche und strukturierte Darbietung der Elemente des Shops, speziell der Produktseiten gegeben war. Komponenten wie Pop-up-Fenster oder eine übermäßige Anzahl von animierten interaktiven Flash-Elementen wurden aus Gründen der Unübersichtlichkeit als negativ bewertet. Von besonderer Relevanz war jedoch, dass das Sortiment sowohl für Frauen als auch für Männer der anvisierten Stichprobe eine Eignung zum Kauf besitzt. Um den Aufbau des genutzten Internetshops zu verdeutlichen, ist in Abbildung 21 eine Produktseite mit Kaufempfehlungen für Alternativ- und Zusatzprodukte beispielhaft dargestellt.

Abbildung 21: Produktseite mit Kaufempfehlungen für Alternativ- und Zusatzprodukte im genutzten Internetshop
(Quelle: Tom Tailor 2010)

Die Untersuchung bezieht sich aus mehreren Gründen auf eine Studierendenstichprobe: Eine solch homogene Gruppe macht die aufgrund situativer Faktoren eintretende

Varianz kontrollierbar, wodurch die Stichprobe insbesondere zur angestrebten Theorieentwicklung geeignet ist (Calder et al. 1981). Gleichzeitig ist sichergestellt, dass die Studierenden mit dem Einkaufskanal und dessen grundsätzlichen Aufbau vertraut sind (z.B. Stern et al. 2008). Dieses Vorgehen wird in der Literatur häufig gewählt, was beispielsweise auch aus der Übersicht der Anwendung des TAM im Internethandel deutlich wird (siehe Tabelle 18). Hierbei werden die möglicherweise mit der Wahl einer Studierendenstichprobe verbundenen Nachteile, wie zum Beispiel die nicht repräsentative Abbildung von Charakteristika und Einstellungen, in Kauf genommen.

6.1.3 Ablauf der Untersuchungen

In Kapitel 4.3 wurde bereits festgehalten, dass die empirische Überprüfung der Akzeptanz von Kaufempfehlungen mittels Laborstudie in einem experimentellen Design durch Verwendung einer kombinierten Erhebungsmethode von Befragung und Beobachtung durchgeführt werden soll. So kommt ein standardisierter Fragebogen zum Einsatz, um beispielsweise Einstellungen, Motive und Verhaltensabsichten der Probanden zu messen, während das tatsächliche Verhalten beim simulierten Kaufvorgang durch Eye-Tracking erfasst wird.

Da die Erhebung von Daten mittels Eye-Tracking sehr komplex und zeitaufwendig ist, wurde ein stufenweises Vorgehen mit zwei Studien gewählt. Zunächst wurde aufbauend auf der Untersuchung von Baier und Stüber (2010) eine erste Studie ohne objektive Messung (also ohne Eye-Tracking) als Vorstudie durchgeführt. Neben der integrierten Eye-Tracking-Untersuchung und dem erweiterten Fragebogen in der zweiten Studie, waren die beiden Studien in Bezug auf den Ablauf identisch. Der Untersuchungsleiter empfing die Probanden im Labor des Verhaltenswissenschaftlichen Marketingzentrums der BTU Cottbus. Dieser Laborraum wurde eigens für die Erforschung menschlicher Wahrnehmung eingerichtet und ist neben den hochwertigen technischen Messinstrumenten bewusst reizarm ausgestattet. Dadurch soll gewährleistet sein, dass Probanden nicht durch unnötige äußere Reize beeinflusst werden und der Untersuchungsablauf ungestört ist. Nach einer Begrüßung und Erläuterung des Ablaufs nahmen die Probanden am Experimentaltisch, welcher mit Monitor, Tastatur und Maus ausgestattet ist, Platz. Der Untersuchungsleiter erläuterte die zu erfüllende Aufgabe, welche darin bestand, ein Outfit bestehend aus drei bis vier Teilen aus dem Sortiment

6.1 Design der Untersuchungen

des vorgegebenen Internetshops auszuwählen. Zudem verdeutlichte er anhand einer Übersicht, was Kaufempfehlungen für Alternativ- und Zusatzprodukte sind. Nachdem der simulierte Kaufvorgang von den Probanden beendet wurde, erfolgte der Wechsel an einen zweiten Tisch, auf welchem für jeden Probanden Fragebogen und Kugelschreiber zum Ausfüllen bereit lagen. Nach dessen Beendigung wurden die Probanden verabschiedet. Hierzu ist anzumerken, dass sich immer nur maximal zwei Probanden im Raum befanden, einer am Experimentaltisch und einer am Schreibtisch. Dadurch wurden die Umfeldstimuli konstant gehalten (z.B. Geräuschkulisse, Gefühl von Hektik). Der Untersuchungsleiter hielt sich bis auf die bereits aufgeführten Passagen zur Begrüßung und Einweisung im Hintergrund. In einem abgetrennten Bereich des Laborraums befindet sich ein gesonderter und voll ausgestatteter Arbeitsplatz für ihn, welcher zur Vorbereitung, Steuerung und Kontrolle der Untersuchungen genutzt werden kann. Die Probanden saßen mit dem Rücken zu diesem Bereich, um eventuelle Ablenkungen durch die Anwesenheit des Untersuchungsleiters zu minimieren.

Im Rahmen der zweiten Studie wurde in diesen aufgeführten Ablauf lediglich die Eye-Tracking-Untersuchung integriert. So wurde das Eye-Tracking-System erläutert nachdem die Probanden am Experimentaltisch Platz genommen hatten. Danach folgten die Kalibrierung der Kameras und der Start der Eye-Tracking-Aufnahme. Abbildung 22 zeigt beispielhaft einen Proband während der Kalibrierung und der Eye-Tracking-Untersuchung.

Abbildung 22: Proband während der Kalibrierung und der Eye-Tracking-Untersuchung
(Quelle: eigene Darstellung)

Nach Beendigung des simulierten Kaufvorgangs wurde diese Aufnahme dann gestoppt. Der Ablauf der empirischen Erhebungen, unterschieden nach der ersten und zweiten Studie, ist übersichtsartig in Abbildung 23 dargestellt.

		Untersuchung der Akzeptanz ohne objektive Messung (Studie 1)	Untersuchung der Akzeptanz mit objektiver Messung (Studie 2)
Begrüßungs- und Vorbereitungsphase	1	Erläuterung des Untersuchungsablauf sowie der Aufgabe	
	2	Bildliche Präsentation von Kaufempfehlungen für Alternativ- und Zusatzprodukte	
	3	-	Erläuterung des Eye-Tracking-Systems
	4	-	Kalibrierung der Kameras für die Eye-Tracking-Untersuchung
Experimentelle Phase sowie Beobachtungsphase in Studie 2	5	-	Start der Eye-Tracking-Aufzeichnung
	6	Durchführung der Aufgabe: Einkauf eines Outfits bestehend aus drei bis vier Teilen aus dem Sortiment des vorgegebenen Internetshops	
	7	-	Beendigung der Eye-Tracking-Aufzeichnung
Befragungsphase	8	Beantwortung des schriftlichen, standardisierten Fragebogens bestehend aus	
		3 Teilen	6 Teilen

Abbildung 23: Ablauf der empirischen Erhebungen in der ersten und zweiten Studie
(Quelle: eigene Darstellung)

Die erste Studie (ohne objektive Messung) wurde von Juni bis Juli 2009 durchgeführt. Nach einem Pretest mit 20 Studierenden, nahmen 83 Studierende der BTU Cottbus an der Studie teil, von denen 66 % männlich sind. Das Alter der Probanden liegt zwischen 20 und 36 Jahren, bei einem Altersdurchschnitt von 23,5 Jahren.

Nach dem simulierten Kaufvorgang im Internetshop wurde den Probanden ein Fragebogen vorgelegt, welcher aus drei Themenfeldern bestand:

- Hauptbestandteile des TAM: In diesem Teil wurden die Probanden gebeten die wahrgenommene Nützlichkeit, die wahrgenommene einfache Benutzbarkeit, die Nutzungsabsicht sowie das Nutzungsverhalten der Kaufempfehlungen aus dem eben genutzten Internetshop zu bewerten.

- Einflussfaktoren der Akzeptanz: Die Einkaufsrelevanz, die Outputqualität sowie das Involvement in Bezug auf Bekleidung waren im folgenden Teil von den Probanden als Einflussfaktoren zu bewerten.

6.1 Design der Untersuchungen

- Demografika: Abschließend wurden die Probanden gebeten, Alter, Geschlecht und Region anzugeben, in welcher sie den größten Teil ihres Lebens verbracht haben. Auf die Abfrage weiterer Größen in diesem Zusammenhang wurde aufgrund der Homogenität der Stichprobe verzichtet.

Bis auf die Demografika wurden alle Items auf einer sieben-stufigen Likert-Skala von „trifft überhaupt nicht zu" (1) bis „trifft voll und ganz zu" (7) abgefragt. Das Geschlecht wurde nominal erfasst, das Alter und die Region, in welcher der größte Teil des Lebens verbracht wurde, in einer offenen Frage.

Die zweite Studie (mit objektiver Messung) fand im Januar 2010 statt und war aufgrund der Eye-Tracking-Untersuchung um einiges komplexer als die erste Studie. So wurde zunächst ein Pretest mit drei Studierenden durchgeführt, um die Systemstabilität und den Ablauf zu überprüfen. Für die Studie konnten schließlich auf dem Campus der BTU 201 Studierende zur Teilnahme gewonnen werden. Da jedoch im Nachhinein festgestellt wurde, dass die Eye-Tracking-Daten von drei Probanden nicht gespeichert wurden, mussten diese Probanden von den weiteren Analysen ausgeschlossen werden. Die verbleibenden 198 Probanden sind im Durchschnitt 22,1 Jahre alt (19 bis 34 Jahre). Das Geschlechterverhältnis ist, trotz der Tatsache, dass die Untersuchung an einer technischer Universität stattfand, fast ausgeglichen (52,5 % männliche Probanden). Die Probanden verbrachten im Durchschnitt 20 Minuten im Laborraum. Um unnötige Wartezeiten und Probandenaufläufe im Labor zu verhindern, wurde bei der Rekrutierung auf ein online verfügbares Terminvereinbarungstool verwiesen, was erheblich zur ordnungsgemäßen und zügigen Durchführung der Studie beitrug.

Für die Messung des Blickverhaltens wurde das Eyegaze Analysis System der Firma Interactive Minds Dresden GmbH und die dazugehörige Software NYAN 2.0XT Version 2.4.4 verwendet. Hierbei handelt es sich um ein binokulares Eye-Tracking-System, welches über eine Abtastrate von 120 Hz verfügt. Das System besteht aus zwei Kameras, die unterhalb eines 19 Zoll LCD-Flachbildschirm mittig angebracht sind. Die Kameras erfassen die Blickbewegungen des linken und des rechten Auges getrennt, wodurch eine höhere Genauigkeit erzielt werden kann (Registrierungsgenauigkeit: 0,45 Grad). Die Eye-Tracking-Kameras verfügen über integrierte Infrarot-LEDs, mit denen die Augen des Probanden angestrahlt werden. Die entstehenden Reflexionen werden von den Kameras aufgenommen und über Videosignalkabel zu einem

Rechner weitergeleitet und verarbeitet. Am oberen Ende besitzen die Kameras ein Objektiv, mit dem Schärfeneinstellungen vorgenommen werden können (vgl. Abbildung 24).

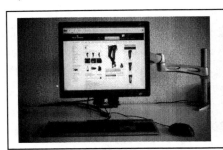

Abbildung 24: Darstellung des Eye-Tracking-System sowie der Eye-Tracking-Kameras
(Quelle: eigene Darstellung)

Neben dieser Hardware wurde die Untersuchung durch die Eye-Tracking-Software NYAN 2.0 XT vorbereitet und ausgewertet. Im Rahmen der Vorbereitung wurde beispielsweise neben Einstellungen zur Speicherverwaltung und Back-up-Sicherung auch die Art und Weise der Bildverarbeitung festgelegt („Image Processing"). Bedeutende Einstellungen in diesem Punkt sind die Angabe, wie die Software die von der Kamera aufgenommenen Bilder des Auges analysieren soll, der Umgang mit Sonderfällen (z.B. hängende Augenlider), die automatische Schärfeeinstellung der Kamera (z.B. zur Korrektur bei Bewegungen des Probanden). Weiterhin wurden die Kalibrierungsparameter konfiguriert (z.B. Anzahl und Position der verschiedenen Kalibrierungspunkte). Nach diesen grundsätzlichen Einstellungen wurden die Probanden zunächst nur mit einer Code-Nummer versehen angelegt. Weitere Zuordnungen, z.B. von Alter und Geschlecht, können nach Beendigung der Umfrage auf Basis der Daten aus dem Fragebogen erfolgen. Des Weiteren wurde die Aufgabe festgelegt, die der Proband während der Untersuchung zu erfüllen hat (Web-Task). Nach Beendigung der Untersuchung ist die Analyse der aufgenommenen Daten mit Hilfe der Software möglich (z.B. Festlegung der AOIs, Bestimmung des Blickpfades und der Fixationsdauer). Die Ergebnisse dieser Auswertungen können sowohl grafisch aufbereitet als auch in andere Dateiformate exportiert werden, womit eine Auswertungsmöglichkeit auch außerhalb der NYAN-Software besteht (z.B. in Excel oder SPSS). In Abbildung 25 sind beispielhaft

6.1 Design der Untersuchungen

eine Heatmap und ein Blickverlauf als grafische Ausgabemöglichkeit der Eye-Tracking-Auswertung dargestellt.

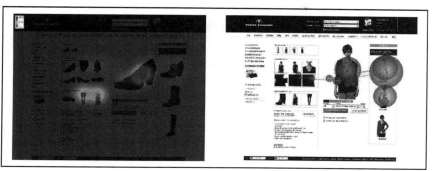

Abbildung 25: Heatmap und Blickverlauf als grafische Ausgabemöglichkeiten der Eye-Tracking-Auswertung
(Quelle: eigene Darstellung)

Nach dem simulierten Kaufvorgang im Internetshop, bei welchem die Eye-Tracking-Aufzeichnung vorgenommen wurde, folgte die Beantwortung des Fragebogens. Dieser bestand aus sechs Themenfeldern:

- Wahrnehmung von Kaufempfehlungen: Zunächst wurde abgefragt, ob die Probanden im eben besuchten Internetshop Kaufempfehlungen wahrgenommen haben. Falls ja, sollte angegeben werden, welcher Art diese Kaufempfehlungen waren (Kaufempfehlungen für Alternativ- und/oder Zusatzprodukte).

- Allgemeine Einflussfaktoren: In diesem Teil wurden die Technologieaffinität, das Involvement in Bezug auf Bekleidung, die Einstellung zu Verkaufspersonal beim Einkauf von Bekleidung in Ladengeschäften sowie die Einstellung zu Kaufempfehlungen beim Einkauf von Bekleidung in Internetshops abgefragt.

- Spezifische Einflussfaktoren: Die Einkaufsmotive beim Kauf im Internethandel, die subjektive Norm in Bezug auf Kaufempfehlungen sowie die Einkaufsrelevanz und die Outputqualität der Kaufempfehlungen im eben genutzten Internetshop wurden als spezifische Einflussfaktoren erhoben.

- Hauptbestandteile des TAM: In diesem Teil wurden die Probanden gebeten die wahrgenommene Nützlichkeit, die wahrgenommene einfache Benutzbarkeit, die Nutzungsabsicht sowie das Nutzungsverhalten der Kaufempfehlungen aus dem eben genutzten Internetshop zu bewerten.

- Globalitems: Zu jedem genutzten Konstrukt wurde in diesem Teil das Globalitem erhoben, um die Konsistenz der Antworten eines jeden Probanden überprüfen zu können.

- Demografika: Abschließend wurden die Probanden gebeten, Alter, Geschlecht und Region anzugeben, in welcher sie den größten Teil ihres Lebens verbracht haben. Auf die Abfrage weiterer Größen in diesem Zusammenhang wurde aufgrund der Homogenität der Stichprobe verzichtet.

Der größte Teil der Items wurde auf einer sieben-stufigen Likert-Skala von „trifft überhaupt nicht zu" (1) bis „trifft voll und ganz zu" (7) erfasst. Nominal wurden lediglich die Wahrnehmung und Art der Kaufempfehlungen sowie das Geschlecht erfasst. Während die Einstellung zu Kaufempfehlungen als semantisches Differenzial erfasst wurde, erfolgte die Erhebung des Alters und der Region, in welcher der größte Teil des Lebens verbracht wurde, offen. In Abbildung A 1 (siehe Anhang) ist der gesamte Fragebogen abgebildet.

6.1.4 Vorgehensweise bei der Datenanalyse

Bevor die eigentliche quantitative Analyse durchgeführt werden kann, müssen die Daten aufbereitet und einer Voranalyse unterzogen werden. So erfolgt eine Überprüfung der Rohdaten auf Fehler in der Kodierung sowie fehlende Werte. Ebenso wird eine Prüfung der Konstruktgüte angesetzt.

Über Häufigkeitsanalysen werden zunächst außerhalb der zulässigen Beantwortungsintervalle liegende Variablen überprüft, um dadurch Eingabefehler zu eliminieren. Hierbei zeigt sich eine sehr niedrige Anzahl an Kodierungsfehlern, weswegen davon ausgegangen werden kann, dass die Zahl möglicherweise noch vorhandener Kodierungsfehler vernachlässigbar ist. Weiterhin werden negativ kodierte Items (z.B. im Rahmen der Messung des Konstrukts Involvement) entsprechend umkodiert.

Danach wurde sich der Problematik fehlender Werte gewidmet, da zahlreiche Analyseverfahren bei unvollständigem Datenmaterial nicht mehr anwendbar sind (z.B. Berechnung der Gütemaße mittels AMOS). Nachdem sichergestellt wurde, dass diese nicht systematischer Natur sind und mit der Art der Fragestellung zusammenhängen (z.B. Hair et al. 2010, S. 48 ff.), werden die (wenigen) fehlenden Werte mit Hilfe der Hot-Deck Imputation ersetzt (Roth 1994; Cordeiro et al. 2010, S. 282). Hierbei werden fehlende Stichprobenwerte durch den Mittelwert beobachteter Ausprägungen desselben Merkmals aus der aktuellen Stichprobe ersetzt.

Abschließend werden als Voruntersuchung die Gütemaße der Konstrukte sowie des Mess- als auch des Strukturmodells bestimmt. Hierzu werden zunächst die einzelnen Konstrukte mit Hilfe der Gütemaße der ersten und zweiten Generation wie in Kapitel 4.4.1.2 dargestellt näher betrachtet. Zur Berechnung der Maße der ersten Generation wird das Programm SPSS 17.0 genutzt, bevor die Maße der zweiten Generation mit Hilfe von AMOS 17.0 berechnet werden. Wenn die Werte die bereits festgelegten Mindestanforderungen erfüllen, wird mit der Prüfung des Mess- und des Strukturmodells in SmartPLS (Ringle et al. 2005)[54] fortgefahren. Hierbei sind nach Herrmann et al. (2006) selten Probleme zu erwarten, wenn bei der vorgeschalteten Konstruktprüfung die Mindestwerte erreicht wurden.

6.2 Untersuchung der Akzeptanz mit rein subjektiver Messung (Studie 1)

6.2.1 Operationalisierung der Konstrukte

Die Operationalisierung der Konstrukte für die erste Studie erfolgt in einem mehrstufigen Verfahren, welches sich größtenteils an der von Homburg und Giering (1996) vorgeschlagenen Vorgehensweise orientiert. Jedoch kann die Konzeptualisierung der Konstrukte hauptsächlich basierend auf den Ergebnissen einer Literaturanalyse erfolgen, so dass keine Annäherung an die Konstrukte mittels Fokusgruppen und Expertengesprächen notwendig ist. Die einzelnen Konstrukte sollen hierbei durch Indikatorbatterien abgebildet werden, da sich diese Vorgehensweise im Gegensatz zur Messung mit einem Indikator als wirkungsvoller erwiesen hat (Peter/Churchill 1986). In Anlehnung an die Studie von Baier und Stüber (2010) werden zunächst die Hauptbestandtei-

---

[54] Ein Vergleich aktueller PLS-Software findet sich bei Temme et al. (2010).

le des TAM operationalisiert und anschließend die für diese erste Studie ausgewählten Einflussfaktoren (Einkaufsrelevanz, Outputqualität, Involvement). Wie in Kapitel 4.4.1.1 bereits dargestellt, sind die Bestandteile des TAM reflektiver Art. Im Rahmen der Operationalisierung wird die reflektive Interpretation sowohl für die Hauptbestandteile des Modells als auch für die hinzugefügten Bestandteile (Einflussfaktoren) sichergestellt. Nach Fertigstellung des Fragebogens wurde dieser einem Pretest unterzogen. Hierzu wurde der Fragebogen von 20 Probanden ausgefüllt und überprüft, welche Fragen aufgrund der Formulierung noch überarbeitet werden müssen (z.B. nicht beantwortete Fragen, formal nicht korrekt ausgefüllte Fragen). Gleichzeitig wurden die Anmerkungen der Befragten zur Verbesserung des Fragebogens genutzt.

Die Operationalisierung der Hauptbestandteile des TAM sowie der Outputqualität als Einflussfaktor auf die Akzeptanz erfolgt in Anlehnung an Venkatesh und Davis (2000), Gefen et al. (2003b) sowie Porter und Donthu (2006). Die Formulierungen werden für den vorliegenden Kontext lediglich angepasst. Das Konstrukt Einkaufsrelevanz basiert auf dem ursprünglichen Konstrukt der Berufsrelevanz aus dem TAM 2 und wird für den vorliegenden Handelskontext entsprechend neu entwickelt. Eine Anwendung ist bereits in Baier und Stüber (2010) erfolgt.

Die Operationalisierung des Konstrukts Involvement gestaltet sich im Gegensatz zu den bereits genannten Konstrukten etwas aufwendiger. In der Literatur sind die verschiedensten Operationalisierungen des Konstrukts zu finden, sowohl in Bezug auf das Messmodell (z.B. formativ bei Zaichkowsky/Sood 1989) als auch auf die inhaltliche Ausgestaltung (z.B. mehrdimensional bei Kapferer/Laurent 1993). In der vorliegenden Arbeit handelt es sich um das Produktinvolvement, welches operationalisiert werden soll. Dieses äußert sich vor allem durch das Interesse am Produkt sowie der Beschäftigung mit dem Produkt. Die Operationalisierung dieses Konstrukts soll in Anlehnung an Schuckel (1999) erfolgen, welcher seine Herleitung auf Mittal (1995) sowie Bloch und Bruce (1984) stützt.

Für alle Konstrukte wird eine Güteprüfung durchgeführt. Hierbei werden sowohl die Kriterien der ersten als auch der zweiten Generation angewendet. In Tabelle 34 sind die Informationen zu den einzelnen Faktoren zusammenfassend dargestellt.[55] Insge-

---

[55] Da die in Studie 1 verwendeten Konstrukte auch in Studie 2 in gleicher bzw. angepasster Art verwendet werden, sind in Tabelle 34 nicht die einzelnen Indikatoren aufgelistet, sondern die Ergebnisse lediglich zusam-

samt kann man von sehr guten Werten sprechen. Lediglich vereinzelte Werte liegen minimal unter bzw. über den geforderten Schwellenwerten. In Anlehnung an die Literatur, in welcher teilweise nicht erforderlich ist, dass ausnahmslos alle Anforderungen erfüllt sein müssen (z.B. Homburg/Baumgartner 1995a), können diese Abweichungen akzeptiert werden.

---

mengefasst dargestellt. Eine ausführliche Darstellung der Indikatoren findet sich im Rahmen der Operationalisierung der Konstrukte aus Studie 2 in Kapitel 6.3.1.1.

Tabelle 34: Überblick zu den Informationen der verwendeten Faktoren (Studie 1)

Faktor	Anzahl Items	1. Generation					2. Generation					
		ITK[1]	exp. FL[1]	α	erkl. Varianz	konf. FL[1]	IR[1]	FR	DEV	χ^2/df; p-Wert	GFI	AGFI
wahrgenommene einfache Benutzbarkeit (PEOU)	4	0,730 - 0,766	0,849 - 0,876	0,882	74,726 %	0,782 - 0,836; ***	0,612 - 0,700	0,884	0,657	6,419; 0,002	0,940	0,700
wahrgenommene Nützlichkeit (PU)	6	0,548 - 0,774	0,676 - 0,858	0,857	59,308 %	0,595 - 0,843; ***	0,354 - 0,711	0,857	0,502	2,077; 0,028	0,922	0,819
Nutzungsabsicht (NA)	3	0,769 - 0,916	0,891 - 0,965	0,923	86,760 %	0,790 - 1,000; ***	0,624 - 1,000	0,929	0,817	-	-	-
Nutzungsverhalten (NV)	4	0,580 - 0,783	0,743 - 0,897	0,848	69,496 %	0,618 - 0,901; ***	0,382 - 0,812	0,850	0,589	0,544; 0,580	0,994	0,968
Involvement (INV)	3	0,714 - 0,769	0,871 - 0,901	0,857	78,742 %	0,781 - 0,864; ***	0,611 - 0,746	0,870	0,695	-	-	-
Einkaufsrelevanz (ER)	3	0,579 - 0,710	0,800 - 0,885	0,798	71,274 %	0,649 - 0,878; ***	0,421 - 0,771	0,807	0,587	-	-	-
Outputqualität (OQ)	3	0,695 - 0,744	0,818 - 0,898	0,827	74,576 %	0,677 - 0,798; ***	0,458 - 0,790	0,830	0,621	-	-	-

(Quelle: eigene Darstellung); Legende: [1]: Angegebene Werte entsprechen minimaler und maximaler Ausprägung der Indikatoren; t-Test mit statistischer Signifikanz auf einem Niveau von *p<0,05, **p<0,01, ***p<0,001; ITK: „Item to Total"-Korrelation; FL: Faktorladung; expl.: exploratorisch; konf.: konfirmatorisch; α: Cronbach's Alpha; erkl.: erklärte; IR: Indikatorreliabilität; FR: Faktorreliabilität

Wie in der Tabelle zu sehen ist, sind die Anforderungen an die Indikatorreliabilität, den χ^2/df-Wert sowie den AGFI nicht in allen Fällen erfüllt. Weiterhin besitzt ein Indikator der Nutzungsabsicht eine negative Varianz, weswegen die Fehlervarianz null gesetzt wurde. Dieses Phänomen wird in der Literatur als „Heywood Case" behandelt und ist durch verschiedene Ursachen zu erklären. So kann beispielsweise der reale Wert der geschätzten Varianz in der Population nahe Null liegen, wodurch bei der Schätzung durch Fluktuationen ein Wert außerhalb des Wertebereiches erreicht wird (Bollen 1989, S. 282 ff.).

Jeweils ein Indikator der wahrgenommenen Nützlichkeit und des Nutzungsverhaltens weisen mit 0,352 bzw. 0,382 eine zu geringe Indikatorreliabilität auf. Jedoch ist ein Indikator für einen Faktor nicht nur dann wichtig, wenn er eine hohe Indikatorreliabilität aufweist, sondern auch, wenn er in relevanter Weise zur Interpretation dieses Faktors beiträgt. Dies ist insbesondere dann der Fall, wenn ein Faktor durch Indikatoren repräsentiert wird, welche unterschiedliche Facetten des Faktors widerspiegeln. Diese Indikatoren tragen dann trotz niedriger Indikatorreliabilität in hohem Maße zur Interpretation des Faktors bei (z.B. Balderjahn 1985; Bagozzi/Baumgartner 1994, S. 402).

Ferner überschreiten die Konstrukte wahrgenommene einfache Benutzbarkeit und Nutzungsverhalten den angesetzten Schwellenwert des χ^2/df-Werts. Um jedoch sicherzustellen, dass eine ausreichende Diskriminanzvalidität bei diesen Konstrukten vorliegt, wird eine Prüfung mit Hilfe des Fornell-Larcker-Kriterium vorgenommen, welche beide Konstrukte auch bestanden (siehe dazu Kapitel 4.4.1.2).

Bei den Konstrukten wahrgenommene Nützlichkeit und wahrgenommene einfache Benutzbarkeit sind abschließend geringe Abweichungen beim AGFI festzustellen. Hierzu gilt anzumerken, dass in Bezug auf den AGFI in Anlehnung an Homburg und Giering (1996) der Schwellenwert von 0,9 angesetzt wurde. In der Literatur wird jedoch auch bereits ein Schwellenwert von 0,8 akzeptiert (Segars/Grover 1983). Dadurch würde lediglich der Faktor wahrgenommene einfache Benutzbarkeit den Schwellenwert nicht überschreiten.

6.2.2 Ergebnisse der ersten Studie

Zunächst muss die Güteprüfung der Messmodelle und des Strukturmodells durchgeführt werden. Da im Rahmen der Operationalisierung eine sorgfältige Konstruktprüfung nach Homburg und Giering (1996) vorgenommen wurde, sollten bei der Prüfung des Messmodells nach Herrmann et al. (2006) keine kritischen Werte zu erwarten sein. In Tabelle 35 ist die Gütebeurteilung der Messmodelle überblicksartig[56] dargestellt. Wie zu erwarten erfüllen alle Messmodelle die geforderten Bedingungen. Hierzu mussten lediglich bei der wahrgenommenen Nützlichkeit und der Interaktionsvariable Involvement je ein Indikator entfernt werden.

Tabelle 35: Überblick zur Gütebeurteilung der Messmodelle (Studie 1)

Faktor	Anzahl Items	FL[1]	DEV	α	Q[2]
Wahrgenommene einfache Benutzbarkeit	4	0,849 - 0,870; ***	0,746	0,887	0,559
Wahrgenommene Nützlichkeit	5	0,719 - 0,845; ***	0,636	0,856	0,451
Nutzungsabsicht	3	0,892 - 0,964; ***	0,868	0,952	0,684
Nutzungsverhalten	4	0,770 - 0,901; ***	0,693	0,900	0,481
Involvement	8	0,715 - 0,975; ***	0,682	0,952	0,340
Einkaufsrelevanz	3	0,773 - 0,900; ***	0,712	0,798	0,420
Outputqualität	3	0,802 - 0,892; ***	0,745	0,829	0,475

(Quelle: eigene Darstellung); Legende: [1]: Angegebene Werte entsprechen minimaler und maximaler Ausprägung der Indikatoren; t-Test mit statistischer Signifikanz auf einem Niveau von *p<0,05, **p<0,01, ***p<0,001; FL: Faktorladung; α: Cronbach's Alpha

Da die erste Studie als Replikationsstudie von Baier und Stüber (2010) sowie als Vorstudie für die zweite Studie konzipiert wurde, fanden nicht alle diskutierten Einflussfaktoren Berücksichtigung. Dadurch ist es nicht möglich, alle aufgestellten Hypothesen (siehe Kapitel 5.2.4) zu prüfen. Im Folgenden werden somit lediglich die Hypothesen der Hauptkomponenten des TAM (Hypothese 14 bis Hypothese 17), sowie die Erweiterungen um die Einflussfaktoren Einkaufsrelevanz und Outputqualität und die

---

[56] Analog zur Darstellung der Ergebnisse der Konstruktprüfung im Rahmen der Operationalisierung erfolgt die Darstellung der Ergebnisse der Prüfung des Messmodells in zusammengefasster Form. Eine ausführliche Darstellung für jeden Indikator findet sich im Rahmen der Prüfung der Messmodelle in Studie 2 (siehe Kapitel 6.3.2.1).

6.2 Untersuchung der Akzeptanz mit rein subjektiver Messung

Moderatorvariable Involvement (Hypothese 2, Hypothese 3 und Hypothese 10) geprüft.

Die zu untersuchenden Hypothesen wurden simultan statistisch überprüft. Dies bedeutet, dass die Modellparameter für die direkten und die moderierenden Effekte in einem Schritt geschätzt wurden. Bevor die Resultate der Wirkbeziehungen näher betrachtet werden, erfolgt zunächst die Beurteilung der Modellgüte. Nach Herrmann et al. (2006) ist die Prüfung des Strukturmodells anhand der Höhe der Pfadkoeffizienten sowie deren Signifikanz und der Effektstärke f^2 durchzuführen und das Bestimmtheitsmaß R^2 sowie das Stone-Geisser-Kriterium Q^2 der endogenen Variablen zu betrachten. Die Ergebnisse dieser Prüfung sind in Tabelle 36 dargestellt.

Tabelle 36: Ergebnisse des Strukturmodells (Studie 1)

Konstruktbeziehungen	Pfadkoeffizienten	f^2	R^2	Q^2
				(endogene Variablen)
Einkaufsrelevanz → wahrgenommene Nützlichkeit	0,593***	0,359	0,589	0,353
Outputqualität → wahrgenommene Nützlichkeit	0,211***	0,063		
wahrgenommene einfache Benutzbarkeit → wahrgenommene Nützlichkeit	0,075	0,012		
wahrgenommene einfache Benutzbarkeit → Nutzungsabsicht	-0,011	-0,001	0,476	0,371
Wahrgenommene Nützlichkeit → Nutzungsabsicht	0,694***	0,788		
Nutzungsabsicht → Nutzungsverhalten	0,697***	-	0,504	0,332
Interaktion Nutzungsabsicht → Nutzungsverhalten	0,110	0,020		

(Quelle: eigene Darstellung); Legende: t-Test mit statistischer Signifikanz auf einem Niveau von *p<0,05, **p<0,01, ***p<0,001

Es ist zu sehen, dass nicht alle vermuteten Wirkbeziehungen die Mindestanforderungen erfüllen. Die Pfadkoeffizienten der wahrgenommenen einfachen Benutzbarkeit auf die wahrgenommene Nützlichkeit sowie auf die Nutzungsabsicht und die Interaktion des Involvement zwischen der Nutzungsabsicht und des Nutzungsverhaltens erreichen den geforderten Wert von 0,2 bei den Pfadkoeffizienten nicht. Diese Wirkbeziehungen sind auch nicht signifikant und werden deswegen von den weiteren Betrachtungen ausgeschlossen. Die Hypothese 10, die Hypothese 15 und die Hypothese 16 können somit nicht bestätigt werden. Dagegen werden die Hypothese 2, die Hypothese 3, die Hypothese 14 und die Hypothese 17 bestätigt. In Abbildung 26 ist das korrigierte Strukturmodell der ersten Studie ohne Berücksichtigung der nicht signifikanten Variablen dargestellt.

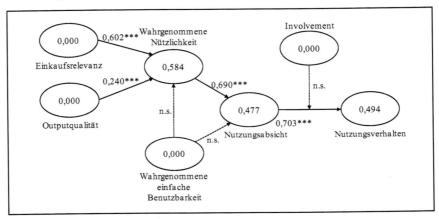

Abbildung 26: Darstellung des Strukturmodells (Studie 1)
(Quelle: eigene Darstellung); Legende: t-Test mit statistischer Signifikanz auf einem Niveau von *p<0,05, **p<0,01, ***p<0,001; n.s. nicht signifikant

Als wesentlicher Einflussfaktor zeigt sich die Einkaufsrelevanz, welche einen Pfadkoeffizienten von 0,602 mit einer Effektstärke von 0,575 auf die wahrgenommene Nützlichkeit besitzt. Ebenso nehmen die wahrgenommene Nützlichkeit sowie die Nutzungsabsicht bedeutende Stellungen im Modell ein und bilden die Grundlage zur Erklärung des Nutzungsverhaltens. Dieses wird zu 49,4 % durch die verwendeten Variablen erklärt. Das Modell stellt eine gute Messung dar, da die endogenen Variablen gut erklärt werden (wahrgenommene Nützlichkeit: 58,4 %; Nutzungsabsicht: 47,7 %). Somit konnten die Ergebnisse der Studie von Baier und Stüber (2010) größtenteils bestätigt werden. Das Nutzungsverhalten wurde in der vorliegenden Studie sogar besser erklärt. Lediglich der Einfluss der wahrgenommenen einfachen Benutzbarkeit konnte nicht nachgewiesen werden. Hierzu kann angemerkt werden, dass dieser auch in der zu replizierenden Studie schon als schwach zu bezeichnen ist. Auch Wang und Benbasat (2005) konnten in ihrer Studie zur Akzeptanz von Kaufempfehlungen auf Vergleichsseiten keine Wirkung der wahrgenommenen einfachen Benutzbarkeit auf die Nutzungsabsicht feststellen. So kann vermutet werden, dass die Bedeutung des Faktors wahrgenommene einfache Benutzbarkeit von der Komplexität der untersuchten Technologie abhängig ist. Da die Nutzung von Kaufempfehlungen sehr einfach und intuitiv ist, spielt die wahrgenommene einfache Benutzbarkeit keine Rolle für die Akzeptanz.

6.3 Untersuchung der Akzeptanz mit subjektiver und objektiver Messung (Studie 2)

6.3.1 Operationalisierungen

6.3.1.1 Operationalisierung der Konstrukte

Die Operationalisierungen der Hauptbestandteile des TAM sind analog zu der Operationalisierung dieser Konstrukte in Studie 1 erfolgt. Lediglich die Indikatoren der Nutzungsabsicht sowie des Nutzungsverhaltens wurden noch einmal in Anlehnung an die bereits genannte Literatur erweitert. Im Rahmen aller Operationalisierungen wird wiederum sichergestellt, dass alle Konstrukte auch tatsächlich reflektiv gemessen werden, so dass die eingesetzten Prüfverfahren auch korrekt angewendet werden.

In Tabelle 37 sind die Informationen zur Gütebeurteilung des Faktors wahrgenommene einfache Benutzbarkeit enthalten. Von den ursprünglichen fünf Indikatoren muss im Rahmen der konfirmatorischen Faktorenanalyse ein Indikator entfernt werden. Nach erneuter Berechnung der Gütemaße mit der reduzierten Indikatorenmenge wird ein zufriedenstellendes Ergebnis erreicht. Die Gütekriterien der ersten Generation sowie die lokalen Gütekriterien der zweiten Generation erreichen die geforderten Schwellenwerte. Lediglich der χ^2/df-Wert sowie der AGFI verfehlen ihr Anspruchsniveau jeweils minimal. In Kapitel 6.2.1 wurde jedoch bereits darauf hingewiesen, dass nach Segars/Grover (1983) der AGFI bereits ab einem Wert von 0,8 als erfüllt angesehen werden kann, was im Folgenden auch getan wird. Ebenso wird wie in Kapitel 6.2.1 das Fornell-Larcker-Kriterium angewendet, um die Diskriminanzvalidität eines Faktors bei Überschreitung des χ^2/df-Wert zu gewährleisten. Für alle Indikatoren wird dieses auch erfüllt, so dass die Diskriminanzvalidität sichergestellt ist. Somit kann von einer zufriedenstellenden Messung gesprochen werden.

Tabelle 37: Informationen zum Faktor wahrgenommene einfache Benutzbarkeit (Studie 2)

Indikator		1. Generation		2. Generation			
		ITK	exp. FL	konf. FL	IR	FR	DEV
Die Nutzung von Kaufempfehlungen war…							
PEOU1	…einfach.	0,785	0,874	0,801 ***	0,642	0,934	0,779
PEOU3	…verständlich und klar.	0,860	0,924	0,888 ***	0,789		
PEOU4	…einfach zu erlernen.	0,860	0,925	0,910 ***	0,828		
PEOU5	…eine einfache Sache.	0,880	0,937	0,938 ***	0,881		
1. Gen.	Cronbach's Alpha	0,934					
	Erklärte Varianz	83,797 %					
2. Gen.	χ^2/df; p-Wert	6,056; 0,002					
	GFI	0,971					
	AGFI	0,856					

(Quelle: eigene Darstellung); Legende: t-Test mit statistischer Signifikanz auf einem Niveau von *p<0,05, **p<0,01, ***p<0,001; ITK: „Item to Total"-Korrelation; FL: Faktorladung; expl.: exploratorisch; konf.: konfirmatorisch; IR: Indikatorreliabilität; FR: Faktorreliabilität

Die Informationen zur Gütebeurteilung des Faktors wahrgenommene Nützlichkeit sind dann in Tabelle 38 enthalten, dessen Werte alle die geforderten Mindestwerte überschreiten.

6.3 Untersuchung der Akzeptanz mit subjektiver und objektiver Messung

Tabelle 38: Informationen zum Faktor wahrgenommene Nützlichkeit (Studie 2)

Indikator		1. Generation			2. Generation		
		ITK	exp. FL	konf. FL	IR	FR	DEV
Durch die Nutzung von Kaufempfehlungen...							
PU1	...konnte ich effizienter einkaufen.	0,797	0,862	0,818 ***	0,669		
PU2	...war eine schnellere Auswahl möglich.	0,829	0,885	0,852 ***	0,726		
PU3	...konnte ich das Einkaufsergebnis verbessern.	0,818	0,876	0,843 ***	0,711	0,940	0,727
PU4	...wurde das Einkaufen erleichtert.	0,891	0,927	0,931 ***	0,867		
PU5	...konnte ich Zeit einsparen.	0,833	0,888	0,881 ***	0,777		
PU6	Die Nutzung von Kaufempfehlungen ist eine nützliche Sache.	0,722	0,800	0,745 ***	0,555		
1. Gen.	Cronbach's Alpha	0,937					
	Erklärte Varianz	76,382 %					
2. Gen.	χ^2/df; p-Wert	2,864; 0,002					
	GFI	0,957					
	AGFI	0,900					

(Quelle: eigene Darstellung); Legende: t-Test mit statistischer Signifikanz auf einem Niveau von *p<0,05, **p<0,01, ***p<0,001; ITK: „Item to Total"-Korrelation; FL: Faktorladung; expl.: exploratorisch; konf.: konfirmatorisch; IR: Indikatorreliabilität; FR: Faktorreliabilität

In Tabelle 39 sind die Informationen zur Gütebeurteilung des Faktors Nutzungsabsicht enthalten. Bis auf den χ^2/df-Wert sowie den AGFI erfüllen alle Kriterien ihr Anspruchsniveau. Aufgrund der ansonsten guten Werte können die nur minimalen Abweichungen der zwei genannten Kriterien vernachlässigt werden und es kann von einer sehr guten Messung gesprochen werden. Zur Sicherstellung der Diskriminanzvalidität wird zusätzlich wieder das Fornell-Larcker-Kriterium angewendet, welches für alle Indikatoren auch erfüllt wird.

In Tabelle 40 sind die Informationen zur Gütebeurteilung des Faktors Nutzungsverhalten enthalten. Von den ursprünglichen sechs Indikatoren mussten im Rahmen der konfirmatorischen Faktorenanalyse zwei Indikatoren entfernt werden. Nach erneuter Berechnung der Gütemaße mit der reduzierten Indikatorenmenge wurde ein zufriedenstellendes Ergebnis erreicht.

Tabelle 39: Informationen zum Faktor Nutzungsabsicht (Studie 2)

Indikator		1. Generation		2. Generation			
		ITK	exp. FL	konf. FL	IR	FR	DEV
Wenn ich in Zukunft in einem solchen oder ähnlichen Internetshop Bekleidung kaufen würde, würde ich...							
NA1	...mir Kaufempfehlungen öfter anschauen.	0,782	0,883	0,842 ***	0,708	0,904	0,702
NA2	...Kaufempfehlungen nutzen.	0,818	0,905	0,892 ***	0,796		
NA3	...meinen Freunden empfehlen, Kaufempfehlungen zu nutzen.	0,723	0,838	0,757 ***	0,573		
NA4	...regelmäßig Kaufempfehlungen nutzen.	0,827	0,908	0,875 ***	0,765		
1. Gen.	Cronbach's Alpha	0,904					
	Erklärte Varianz	78,116 %					
2. Gen.	χ^2/df; p-Wert	8,577; 0,000					
	GFI	0,959					
	AGFI	0,796					

(Quelle: eigene Darstellung); Legende: t-Test mit statistischer Signifikanz auf einem Niveau von *p<0,05, **p<0,01, ***p<0,001; ITK: „Item to Total"-Korrelation; FL: Faktorladung; expl.: exploratorisch; konf.: konfirmatorisch; IR: Indikatorreliabilität; FR: Faktorreliabilität

Tabelle 40: Informationen zum Faktor Nutzungsverhalten (Studie 2)

Indikator		1. Generation		2. Generation			
		ITK	exp. FL	konf. FL	IR	FR	DEV
NV1	Ich habe Kaufempfehlungen eben beim Einkauf genutzt.	0,707	0,842	0,804 ***	0,646	0,852	0,601
NV2	Beim Einkauf eben habe ich mir Kaufempfehlungen angeschaut.	0,619	0,783	0,664 ***	0,441		
NV3	Ich habe viel Zeit mit Kaufempfehlungen eben beim Einkauf verbracht.	0,654	0,809	0,707 ***	0,499		
NV4	Durch das Beachten von Kaufempfehlungen habe ich meinen Einkauf eben schneller zu einem guten Abschluss bringen können.	0,751	0,869	0,858 ***	0,736		
1. Gen.	Cronbach's Alpha	0,839					
	Erklärte Varianz	68,303 %					
2. Gen.	χ^2/df; p-Wert	3,483; 0,031					
	GFI	0,982					
	AGFI	0,912					

(Quelle: eigene Darstellung); Legende: t-Test mit statistischer Signifikanz auf einem Niveau von *p<0,05, **p<0,01, ***p<0,001; ITK: „Item to Total"-Korrelation; FL: Faktorladung; expl.: exploratorisch; konf.: konfirmatorisch; IR: Indikatorreliabilität; FR: Faktorreliabilität

6.3 Untersuchung der Akzeptanz mit subjektiver und objektiver Messung

In Tabelle 41 sind die Informationen zur Gütebeurteilung des Faktors Involvement enthalten, dessen Operationalisierung wie in Studie 1 erfolgt ist. Auch in Studie 2 musste von den ursprünglichen vier Indikatoren im Rahmen der konfirmatorischen Faktorenanalyse ein Indikator entfernt werden. Aufgrund dieser Reduzierung war es leider nicht mehr möglich die globalen Gütemaße der zweiten Generation zu berechnen, die restlichen Gütemaßen zeigen jedoch ein zufriedenstellendes Ergebnis.

Tabelle 41: Informationen zum Faktor Involvement (Studie 2)

Indikator		1. Generation		2. Generation			
		ITK	exp. FL	konf. FL	IR	FR	DEV
INV1	Kleidung ist mir wichtig.	0,608	0,811	0,663 ***	0,440		
INV2	Ich kenne mich mit Stoffen, Kleidung und Mode aus.	0,744	0,892	0,861 ***	0,741	0,845	0,654
INV4	Ich interessiere mich sehr für Mode.	0,731	0,887	0,842 ***	0,709		
	Cronbach's Alpha	0,828					
	Erklärte Varianz	74,653 %					

(Quelle: eigene Darstellung); Legende: t-Test mit statistischer Signifikanz auf einem Niveau von
*p<0,05, **p<0,01, ***p<0,001; ITK: „Item to Total"-Korrelation; FL: Faktorladung; expl.: exploratorisch; konf.: konfirmatorisch; IR: Indikatorreliabilität; FR: Faktorreliabilität

Die Operationalisierung des Faktors Erlebnis-Orientierung ist in Anlehnung an Gröppel (1991) und Salzmann (2007) erfolgt. In Tabelle 42 sind die Informationen zur Gütebeurteilung enthalten. Da lediglich der zweite Indikator den Schwellenwert von 0,4 bei der Indikatorreliabilität nicht erreicht, ist von einer zufriedenstellenden Messung zu sprechen. Diese minimale Unterschreitung ist aufgrund des Erklärungsbeitrags dieses Indikators (siehe oben) und der ansonsten guten Werte vernachlässigbar.

In Tabelle 43 sind die Informationen zur Gütebeurteilung des Faktors Convenience-Orientierung enthalten, dessen Operationalisierung in Anlehnung an Diehl (2002) und Salzmann (2007) erfolgt ist. Da lediglich drei Indikatoren abgefragt wurden, war es nicht möglich die globalen Gütekriterien zu berechnen. Die restlichen Kriterien werden jedoch erfüllt, lediglich der zweite Indikator erreicht den Schwellenwert der Indikatorreliabilität nicht. Diese geringfügige Unterschreitung ist jedoch vernachlässigbar, wenn ein Indikator in relevanter Weise zur Interpretation dieses Faktors beiträgt (siehe

Kapitel 6.2.1), was im vorliegenden Fall auch zutrifft. So kann von einer zufriedenstellenden Güte des Konstrukts gesprochen werden.

Tabelle 42: Informationen zum Faktor Erlebnis-Orientierung (Studie 2)

Indikator		1. Generation		2. Generation			
		ITK	exp. FL	konf. FL	IR	FR	DEV
EO1	Einkaufen ist für mich auch eine Freizeitbeschäftigung.	0,719	0,858	0,822 ***	0,676	0,842	0,580
EO2	Es macht mir Spaß, einfach so Internetshops durchzuschauen – unabhängig von Käufen.	0,662	0,816	0,731 ***	0,534		
EO3	Ich kaufe ein, um etwas zu erleben.	0,720	0,853	0,818 ***	0,669		
EO4	Beim Einkaufen lasse ich mich gerne vom neuen Sortiment inspirieren.	0,580	0,749	0,630 ***	0,397		
1. Gen.	Cronbach's Alpha	0,833					
	Erklärte Varianz	67,289 %					
2. Gen.	χ^2/df; p-Wert	0,750; 0,472					
	GFI	0,996					
	AGFI	0,982					

(Quelle: eigene Darstellung); Legende: t-Test mit statistischer Signifikanz auf einem Niveau von *p<0,05, **p<0,01, ***p<0,001; ITK: „Item to Total"-Korrelation; FL: Faktorladung; expl.: exploratorisch; konf.: konfirmatorisch; IR: Indikatorreliabilität; FR: Faktorreliabilität

Tabelle 43: Informationen zum Faktor Convenience-Orientierung (Studie 2)

Indikator		1. Generation		2. Generation			
		ITK	exp. FL	konf. FL	IR	FR	DEV
CO1	Ich versuche meine Einkäufe möglichst schnell abzuwickeln.	0,713	0,890	0,887 ***	0,787	0,802	0,580
CO2	Wenn ich einen Internetshop besuche, weiß ich meistens genau, was ich kaufen möchte.	0,535	0,767	0,589 ***	0,347		
CO3	Ich möchte stets in kurzer Zeit möglichst viele Einkäufe erledigen.	0,663	0,865	0,785 ***	0,617		
	Cronbach's Alpha	0,792					
	Erklärte Varianz	70,922 %					

(Quelle: eigene Darstellung); Legende: t-Test mit statistischer Signifikanz auf einem Niveau von *p<0,05, **p<0,01, ***p<0,001; ITK: „Item to Total"-Korrelation; FL: Faktorladung; expl.: exploratorisch; konf.: konfirmatorisch; IR: Indikatorreliabilität; FR: Faktorreliabilität

In Tabelle 44 sind die Informationen zur Gütebeurteilung des Faktors Beratungs-Orientierung enthalten, dessen Operationalisierung in Anlehnung an Gröppel-Klein (1998) und Schuckel (1999) erfolgt ist. Auch bei diesem Faktor wurden lediglich drei

6.3 Untersuchung der Akzeptanz mit subjektiver und objektiver Messung

Indikatoren abgefragt, so dass es nicht möglich war, die globalen Gütemaße zu berechnen. Alle berechneten Werte erfüllen jedoch ihr Anspruchsniveau, so dass von einer zufriedenstellenden Messung gesprochen werden kann.

Tabelle 44: Informationen zum Faktor Beratungs-Orientierung (Studie 2)

Indikator		1. Generation		2. Generation			
		ITK	exp. FL	konf. FL	IR	FR	DEV
Beim Einkauf...							
BO1	...lasse ich mich gerne beraten.	0,600	0,816	0,678 ***	0,459		
BO2	...ist für mich die Beratung äußerst wichtig.	0,711	0,886	0,884 ***	0,782	0,801	0,576
BO3	...ist die Kommunikation mit dem Verkaufspersonal für mich ein wichtiger Faktor.	0,615	0,831	0,709 ***	0,503		
	Cronbach's Alpha	0,796					
	Erklärte Varianz	71,329 %					

(Quelle: eigene Darstellung); Legende: t-Test mit statistischer Signifikanz auf einem Niveau von *p<0,05, **p<0,01, ***p<0,001; ITK: „Item to Total"-Korrelation; FL: Faktorladung; expl.: exploratorisch; konf.: konfirmatorisch; IR: Indikatorreliabilität; FR: Faktorreliabilität

In Tabelle 45 sind die Informationen zur Gütebeurteilung des Faktors Einstellung zum Verkaufspersonal in Ladengeschäften enthalten, dessen Operationalisierung in Anlehnung an Stüber und Brusch (2009) erfolgt ist. Von den ursprünglichen fünf Indikatoren musste im Rahmen der konfirmatorischen Faktorenanalyse ein Indikator entfernt werden. Nach erneuter Berechnung der Gütemaße mit der reduzierten Indikatorenmenge wurde ein zufriedenstellendes Ergebnis erreicht. Lediglich der zweite Indikator erreicht den Schwellenwert von 0,4 bei der Indikatorreliabilität nicht, was jedoch aufgrund des Erklärungsbeitrags dieses Indikators (siehe oben) und der ansonsten guten Werte vernachlässigbar ist.

Tabelle 45: Informationen zum Faktor Einstellung zu Verkaufspersonal (Studie 2)

Indikator		1. Generation		2. Generation			
		ITK	exp. FL	konf. FL	IR	FR	DEV
EVK1	Grundsätzlich bevorzuge ich es, wenn das Verkaufspersonal mich in Ruhe lässt.	0,746	0,876	0,868 ***	0,754	0,835	0,565
EVK2	Allgemein wünsche ich mir, dass das Verkaufspersonal aufmerksamer ist.	0,547	0,722	0,590 ***	0,348		
EVK3	Ich genieße die Aufmerksamkeit des Verkaufspersonals in hochwertigen Läden.	0,670	0,823	0,726 ***	0,527		
EVK4	Ich bevorzuge eine anonyme Atmosphäre beim Einkaufen.	0,678	0,833	0,787 ***	0,619		
1. Gen.	Cronbach's Alpha	0,830					
	Erklärte Varianz	66,517 %					
2. Gen.	χ^2/df; p-Wert	2,328; 0,097					
	GFI	0,989					
	AGFI	0,943					

(Quelle: eigene Darstellung); Legende: t-Test mit statistischer Signifikanz auf einem Niveau von *p<0,05, **p<0,01, ***p<0,001; ITK: „Item to Total"-Korrelation; FL: Faktorladung; expl.: exploratorisch; konf.: konfirmatorisch; IR: Indikatorreliabilität; FR: Faktorreliabilität

In Tabelle 46 sind die Informationen zur Gütebeurteilung des Faktors Einstellung zu Kaufempfehlungen enthalten, dessen Operationalisierung in Anlehnung an Königstorfer (2008) erfolgt ist. Alle Gütemaße liegen über den jeweiligen Anspruchsniveaus, so dass von einer sehr guten Messung gesprochen werden kann.

In Tabelle 47 sind die Informationen zur Gütebeurteilung des Faktors Technologieaffinität enthalten, dessen Operationalisierung in Anlehnung an Meuter et al. (2003) erfolgt ist. Von den ursprünglichen drei Indikatoren musste im Rahmen der konfirmatorischen Faktorenanalyse ein Indikator entfernt werden. Nach dessen Eliminierung sind lediglich die Gütekriterien der ersten Generation noch anwendbar. Diese zeigen jedoch zufriedenstellende Ergebnisse.

6.3 Untersuchung der Akzeptanz mit subjektiver und objektiver Messung

Tabelle 46: Informationen zum Faktor Einstellung zu Kaufempfehlungen (Studie 2)

Indikator		1. Generation		2. Generation			
		ITK	exp. FL	konf. FL	IR	FR	DEV
Die Nutzung von Kaufempfehlungen ist...							
EKE1	...gut.	0,638	0,753	0,694 ***	0,482		
EKE2	...sinnvoll.	0,696	0,799	0,754 ***	0,568		
EKE3	...positiv.	0,729	0,825	0,790 ***	0,624	0,881	0,553
EKE4	...vorteilhaft.	0,689	0,793	0,744 ***	0,554		
EKE5	...nützlich.	0,674	0,777	0,725 ***	0,525		
EKE6	...hilfreich.	0,711	0,805	0,756 ***	0,572		
1. Gen.	Cronbach's Alpha Erklärte Varianz	0,880 62,790 %					
2. Gen.	χ^2/df; p-Wert GFI AGFI	3,622; 0,000 0,947 0,876					

(Quelle: eigene Darstellung); Legende: t-Test mit statistischer Signifikanz auf einem Niveau von *p<0,05, **p<0,01, ***p<0,001; ITK: „Item to Total"-Korrelation; FL: Faktorladung; expl.: exploratorisch; konf.: konfirmatorisch; IR: Indikatorreliabilität; FR: Faktorreliabilität

Tabelle 47: Informationen zum Faktor Technologieaffinität (Studie 2)

Indikator		1. Generation	
		ITK	exp. FL
TA2	Ich fühle mich in der Lage, über neue Technologien auf dem Laufenden zu bleiben.	0,683	0,917
TA3	Ich bin mir sicher, dass ich den Umgang mit neuen Technologien lernen kann.	0,683	0,917
	Cronbach's Alpha Erklärte Varianz	0,808 84,148 %	

(Quelle: eigene Darstellung); Legende: ITK: „Item to Total"-Korrelation; FL: Faktorladung; expl.: exploratorisch

In Tabelle 48 sind die Informationen zur Gütebeurteilung des Faktors subjektive Norm enthalten, dessen Operationalisierung in Anlehnung an Venkatesh und Davis (2000) erfolgt ist. Da lediglich drei Indikatoren abgefragt wurden, war es nicht möglich die globalen Gütekriterien zu berechnen. Die restlichen Kriterien werden jedoch erfüllt, so dass von einer zufriedenstellenden Güte des Konstrukts gesprochen werden kann.

Tabelle 48: Informationen zum Faktor subjektive Norm (Studie 2)

Indikator		1. Generation		2. Generation			
		ITK	exp. FL	konf. FL	IR	FR	DEV
Personen, deren Meinung ich schätze,...							
SN1	...finden Kaufempfehlungen gut.	0,716	0,869	0,770 ***	0,593		
SN2	...nutzen Kaufempfehlungen.	0,776	0,903	0,856 ***	0,733	0,880	0,712
SN3	...mögen die Darbietung von Kaufempfehlungen.	0,795	0,913	0,888 ***	0,788		
	Cronbach's Alpha	0,875					
	Erklärte Varianz	80,106 %					

(Quelle: eigene Darstellung); Legende: t-Test mit statistischer Signifikanz auf einem Niveau von *p<0,05, **p<0,01, ***p<0,001; ITK: „Item to Total"-Korrelation; FL: Faktorladung; expl.: exploratorisch; konf.: konfirmatorisch; IR: Indikatorreliabilität; FR: Faktorreliabilität

In Tabelle 49 sind die Informationen zur Gütebeurteilung des Faktors Einkaufsrelevanz enthalten, dessen Operationalisierung wie in der ersten Studie erfolgt ist. Von den ursprünglichen vier Indikatoren musste im Rahmen der konfirmatorischen Faktorenanalyse ein Indikator entfernt werden. Nach erneuter Berechnung der Gütemaße mit der reduzierten Indikatorenmenge wurde ein zufriedenstellendes Ergebnis erreicht. Lediglich der dritte Indikator erreicht den Schwellenwert von 0,4 bei der Indikatorreliabilität nicht, was jedoch aufgrund des Erklärungsbeitrags dieses Indikators (siehe oben) und der ansonsten guten Werte vernachlässigbar ist.

In Tabelle 50 sind die Informationen zur Gütebeurteilung des Faktors Outputqualität enthalten, dessen Operationalisierung in Anlehnung an die erste Studie sowie an Venkatesh und Davis (2000) erfolgt ist. Von den ursprünglichen vier Indikatoren musste im Rahmen der konfirmatorischen Faktorenanalyse ein Indikator entfernt werden. Nach Eliminierung dieses Indikators war keine Berechnung der globalen Gütemaße mehr möglich. Die restlichen Kriterien erfüllen jedoch die geforderten Mindestwerte. Lediglich die durchschnittlich erfasste Varianz unterschreitet die geforderten 50 % knapp, so dass von einer zufriedenstellenden Messung gesprochen werden kann.

6.3 Untersuchung der Akzeptanz mit subjektiver und objektiver Messung

Tabelle 49: Informationen zum Faktor Einkaufsrelevanz (Studie 2)

Indikator		1. Generation		2. Generation			
		ITK	exp. FL	konf. FL	IR	FR	DEV
Kaufempfehlungen haben das Einkaufen in diesem Internetshop...							
ER1	...vereinfacht.	0,798	0,932	0,978 ***	0,956		
ER2	...angenehmer gemacht.	0,730	0,903	0,846 ***	0,716	0,835	0,631
ER4	...mich zu neuen Produktkombinationen angeregt.	0,569	0,777	0,597 ***	0,356		
	Cronbach's Alpha	0,829					
	Erklärte Varianz	76,263 %					

(Quelle: eigene Darstellung); Legende: t-Test mit statistischer Signifikanz auf einem Niveau von *p<0,05, **p<0,01, ***p<0,001; ITK: „Item to Total"-Korrelation; FL: Faktorladung; expl.: exploratorisch; konf.: konfirmatorisch; IR: Indikatorreliabilität; FR: Faktorreliabilität

Tabelle 50: Informationen zum Faktor Outputqualität (Studie 2)

Indikator		1. Generation		2. Generation			
		ITK	exp. FL	konf. FL	IR	FR	DEV
OQ1	Die dargebotenen Ergänzungen trafen meinen Geschmack.	0,534	0,791	0,649 ***	0,422		
OQ3	Am liebsten habe ich mir Zusatzprodukte zu einem von mir favorisierten Stück angeschaut.	0,561	0,810	0,695 ***	0,483	0,737	0,485
OQ4	Einkäufe in Internetshops, bei denen ich Kaufempfehlungen genutzt habe, führen, im Vergleich zu Einkäufen ohne Nutzung von Kaufempfehlungen, zu besseren Ergebnissen.	0,585	0,826	0,740 ***	0,548		
	Cronbach's Alpha	0,735					
	Erklärte Varianz	65,482 %					

(Quelle: eigene Darstellung); Legende: t-Test mit statistischer Signifikanz auf einem Niveau von *p<0,05, **p<0,01, ***p<0,001; ITK: „Item to Total"-Korrelation; FL: Faktorladung; expl.: exploratorisch; konf.: konfirmatorisch; IR: Indikatorreliabilität; FR: Faktorreliabilität

6.3.1.2 Operationalisierung der objektiven Verhaltensvariablen

Die objektiven Verhaltensdaten wurden mittels Eye-Tracking erhoben und sind danach über die verwendete Eye-Tracking Software NYAN verfügbar. Um Vergleiche zwischen den einzelnen Bereichen der Produktseiten vornehmen zu können, wurden analog zu den funktionalen und grafischen Teilabschnitten AOIs festgelegt. Diese gewähren eine klare Abgrenzbarkeit sowie eine eindeutige Auswertung der Blickdaten. Hierbei wurde sich auf die Festlegung von lediglich drei AOIs beschränkt, welche für die

Auswertung benötigt werden. Dies sind zum einen die Kaufempfehlungen für Alternativ- und Zusatzprodukte und zum anderen die Produktdarstellung (vgl. Abbildung 27).

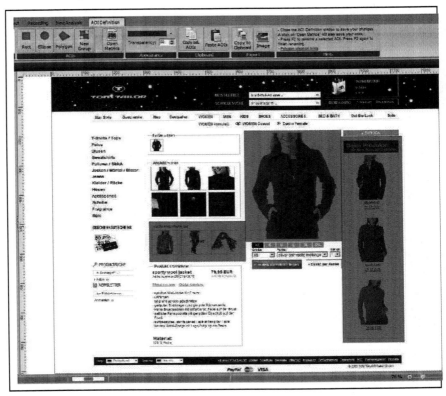

Abbildung 27: Aufteilung der Produktseite in AOIs
(Quelle: eigene Darstellung)

Durch diese Festlegung ist es möglich, die jeweiligen Blickdaten separat für die einzelnen Bereiche ausgeben zu lassen. Zusätzlich berechnet die Software automatisiert die Werte für alle AOIs und den Bereich außerhalb der festgelegten AOIs („OutsideAllAOIs"). Aus inhaltlichen Gründen werden zusätzlich die Werte für die „Kaufempfehlungen (insgesamt)" berechnet. In Tabelle 51 befindet sich eine Übersicht der verwendeten AOIs mit einer Kurzbeschreibung sowie der Angabe der jeweiligen Grö-

6.3 Untersuchung der Akzeptanz mit subjektiver und objektiver Messung

ßen. So ist zu sehen, dass die einzelnen AOIs erhebliche Größenunterschiede aufweisen, was sich auf die Blickdaten auswirkt. Denn Fixationen auf größeren Flächen sind wahrscheinlicher als Fixationen auf kleineren Flächen.

Tabelle 51: Übersicht der verwendeten AOIs

AOI-ID	AOI-Name	Kurzbeschreibung	Größe (in px)	Bildschirmanteil (in %)
-99	OutsideAllAOIs	Bereich außerhalb der festgelegten AOIs	-	70,40
0	AOIs	Gesamtheit aller AOIs	-	29,60
1	AOI_Produkt	Darstellung des ausgewählten Produkts	320x381	11,90
2	AOI_KE-Alternativ	Kaufempfehlungen für Alternativprodukte	195x703	13,39
3	AOI_KE-Zusatz	Kaufempfehlungen für Zusatzprodukte	300x147	4,31
4	AOI_KE	Kaufempfehlungen (insgesamt)	-	17,70

(Quelle: eigene Darstellung); Legende: px: Pixel; KE: Kaufempfehlung; Hinweis: Berechnungen auf Basis einer Bildschirmauflösung von 1280x800 px

Im Rahmen der vorliegenden Untersuchung werden als Kenngrößen in Bezug auf die betrachteten AOIs „Kaufempfehlungen für Alternativprodukte", „Kaufempfehlungen für Zusatzprodukte" und „Kaufempfehlungen (insgesamt)" die Dauer bis zur ersten Fixation, die Fixationsdauer sowie die Fixationshäufigkeit berücksichtigt.

Neben diesen Blickdaten können aus dem System die Anzahl der betrachteten Produkte allgemein sowie der betrachteten Alternativ- und Zusatzprodukte ausgelesen werden. Weiterhin lässt sich bestimmen, welche der betrachteten Produkte letztendlich in den Warenkorb gelegt wurden und wie viel Zeit der Proband für den Einkaufsvorgang benötigt hat.

6.3.2 Ergebnisse der zweiten Studie

6.3.2.1 Ergebnisse der subjektiven Messung

Analog zu Kapitel 6.2.2 erfolgt zunächst die Güteprüfung der Messmodelle und des Strukturmodells. Auch im Rahmen dieser Studie sind keine kritischen Werte zu erwarten, da im Rahmen der Operationalisierung eine sorgfältige Konstruktprüfung nach Homburg und Giering (1996) vorgenommen wurde. In Tabelle 52 ist zunächst die Gütebeurteilung der Messmodelle für die „latenten" Variablen dargestellt. Wie zu erwarten erfüllen alle Messmodelle die geforderten Bedingungen.

In Tabelle 53 folgt die Gütebeurteilung der Messmodelle für die Interaktionsvariablen. Im Rahmen dieser Prüfung mussten bei allen Interaktionsvariablen jeweils drei Indikatoren entfernt werden. Bei der Interaktionsvariable Involvement die Indikatoren INV-NA13, 23 und 43, bei der Interaktionsvariable Erlebnis-Orientierung die Indikatoren EO-ER 12, 14 und 24, bei der Interaktionsvariable Convenience-Orientierung die Indikatoren CO-ER 14, 24 und 34 sowie bei der Interaktionsvariable Beratungs-Orientierung die Indikatoren BO-ER 14, 24 und 34.

Tabelle 52: Gütebeurteilung der Messmodelle der „latenten" Variablen (Studie 2)

Indikator	FL	DEV	α	Q^2
PEOU1	0,887***			
PEOU3	0,919***	0,837	0,935	0,702
PEOU4	0,924***			
PEOU5	0,930***			
PU1	0,863***			
PU2	0,884***			
PU3	0,876***	0,764	0,938	0,663
PU4	0,926***			
PU5	0,884***			
PU6	0,807***			
NA1	0,881***			
NA2	0,908***	0,781	0,906	0,620
NA4	0,834***			
NA5	0,909***			
NV1	0,848***			
NV2	0,747***	0,680	0,845	0,467
NV3	0,797***			
NV4	0,899***			
EVP1	0,747***			
EVP2	0,855***	0,627	0,830	0,357
EVP3	0,812***			
EVP4	0,749***			
EKE1	0,761***			
EKE2	0,796***			
EKE3	0,828***	0,628	0,881	0,471
EKE4	0,785***			
EKE5	0,773***			
EKE6	0,809***			
TA2	0,839***	0,823	0,812	0,365
TA3	0,971***			
SN1	0,845***			
SN2	0,917***	0,800	0,876	0,567
SN3	0,918***			
ER1	0,939***			
ER2	0,916***	0,762	0,841	0,517
ER4	0,752***			
OQ1	0,770***			
OQ3	0,783***	0,652	0,736	0,312
OQ4	0,866***			

(Quelle: eigene Darstellung); Legende: t-Test mit statistischer Signifikanz auf einem Niveau von *p<0,05, **p<0,01, ***p<0,001; FL: Faktorladung; α: Cronbach's Alpha

Tabelle 53: Gütebeurteilung der Messmodelle der Interaktionsvariablen (Studie 2)

Indikator	FL	DEV	α	Q^2
INV-NA11	0,809***			
INV-NA12	0,839***			
INV-NA14	0,817***			
INV-NA21	0,870***			
INV-NA22	0,870***	0,720	0,952	0,644
INV-NA24	0,826***			
INV-NA41	0,874***			
INV-NA42	0,897***			
INV-NA44	0,827***			
EO-ER11	0,711***			
EO-ER21	0,734***			
EO-ER22	0,737***			
EO-ER31	0,796***			
EO-ER32	0,776***	0,581	0,912	0,469
EO-ER34	0,724***			
EO-ER41	0,806***			
EO-ER42	0,814***			
EO-ER44	0,753***			
CO-ER11	0,884***			
CO-ER12	0,849***			
CO-ER21	0,828***	0,681	0,912	0,494
CO-ER22	0,827***			
CO-ER31	0,790***			
CO-ER32	0,768***			
BO-ER11	0,747***			
BO-ER12	0,751***			
BO-ER21	0,840***	0,688	0,912	0,560
BO-ER22	0,882***			
BO-ER31	0,869***			
BO-ER32	0,875***			

(Quelle: eigene Darstellung); Legende: t-Test mit statistischer Signifikanz auf einem Niveau von
*p<0,05, **p<0,01, ***p<0,001; FL: Faktorladung; α: Cronbach's Alpha

Die zu untersuchenden Hypothesen wurden simultan statistisch überprüft. Dies bedeutet, dass die Modellparameter für die direkten und die moderierenden Effekte in einem Schritt geschätzt wurden. Bevor die Resultate der Wirkbeziehungen näher betrachtet werden, erfolgt zunächst die Beurteilung der Modellgüte. Nach Herrmann et al. (2006) ist die Prüfung des Strukturmodells anhand der Höhe der Pfadkoeffizienten sowie deren Signifikanz und der Effektstärke f^2 durchzuführen. Ebenso muss das Bestimmt-

6.3 Untersuchung der Akzeptanz mit subjektiver und objektiver Messung

heitsmaß R^2 sowie das Stone-Geisser-Kriterium Q^2 der endogenen Variablen betrachtet werden. Die Ergebnisse dieser Prüfung sind in Tabelle 54 dargestellt.

Tabelle 54: Ergebnisse des Strukturmodells (Studie 2)

Konstruktbeziehungen	Pfadkoeffizienten	f^2	R^2	Q^2
			(endogene Variablen)	
Subjektive Norm → Einkaufsrelevanz	0,338***	0,129	0,114	0,083
Einkaufsrelevanz → wahrgenommene Nützlichkeit	0,458***	0,330		
Outputqualität → wahrgenommene Nützlichkeit	0,294***	0,144		
Interaktionsterm (Beratungs-Orientierung) Einkaufsrelevanz → wahrgenommene Nützlichkeit	-0,031*	0,039		
Interaktionsterm (Convenience-Orientierung) Einkaufsrelevanz → wahrgenommene Nützlichkeit	0,076	0,013	0,694	0,500
Interaktionsterm (Erlebnis-Orientierung) Einkaufsrelevanz → wahrgenommene Nützlichkeit	-0,110	0,003		
wahrgenommene einfache Benutzbarkeit → wahrgenommene Nützlichkeit	0,191***	0,098		
Technologieaffinität → wahrgenommene einfache Benutzbarkeit	0,094	0,009	0,009	0,008
wahrgenommene einfache Benutzbarkeit → Einstellung zu Kaufempfehlungen	0,175*	0,037		
wahrgenommene Nützlichkeit → Einstellung zu Kaufempfehlungen	0,511***	0,310	0,385	0,230
Einstellung zu Verkaufspersonal → Einstellung zu Kaufempfehlungen	0,028	0,000		
wahrgenommene Nützlichkeit → Nutzungsabsicht	0,649***	0,696	0,615	0,469
Einstellung zu Kaufempfehlungen → Nutzungsabsicht	0,198***	0,065		
Nutzungsabsicht → Nutzungsverhalten	0,572***	-	0,338	0,206
Interaktion Nutzungsabsicht → Nutzungsverhalten	-0,082	0,009		

(Quelle: eigene Darstellung); Legende: t-Test mit statistischer Signifikanz auf einem Niveau von *p<0,05, **p<0,01, ***p<0,001

In der Tabelle ist zu sehen, dass nicht alle vermuteten Wirkbeziehungen die Mindestanforderungen erfüllen. So erreichen einige Pfadkoeffizienten nicht den Grenzwert von 0,2.

Hierbei sind die Wirkungen

- der wahrgenommenen einfachen Benutzbarkeit auf die wahrgenommene Nützlichkeit,
- der Technologieaffinität auf die wahrgenommene einfache Benutzbarkeit,
- der wahrgenommenen einfachen Benutzbarkeit auf die Einstellung zu Kaufempfehlungen,
- der Einstellung zu Verkaufspersonal auf die Einstellung zu Kaufempfehlungen sowie
- der Interaktionsterme Einkaufsmotive und Involvement

zu nennen. Da jedoch einige der genannten Wirkbeziehungen den Grenzwert nur marginal unterschreiten (z.B. die Wirkung der wahrgenommenen einfachen Benutzbarkeit auf die wahrgenommene Nützlichkeit) bzw. der Pfadkoeffizient mindestens auf einem 5 %-Niveau signifikant ist und die Effektstärke der Wirkbeziehung mindestens einen kleinen Einfluss (größer als 0,02) bescheinigt, können diese vermuteten Wirkungen weiterhin berücksichtigt werden. Somit können lediglich die Hypothese 8 zur Wirkung der Einstellung zu Verkaufspersonal auf die Einstellung von Kaufempfehlungen, die Hypothese 9 zur Wirkung der Technologieaffinität auf die wahrgenommene einfache Benutzbarkeit, die Hypothese 10 zum Einfluss des Interaktionsterms Involvement auf die Wirkung der Nutzungsabsicht auf das Nutzungsverhalten, die Hypothese 11 sowie die Hypothese 12 zum Einfluss der Interaktionsterme Convenience- und Erlebnis-Orientierung auf die Wirkung der Einkaufsrelevanz auf die wahrgenommene Nützlichkeit nicht bestätigt werden. Ebenso kann Hypothese 13, welche einen positiven Einfluss der Beratungsorientierung auf die Wirkung der Einkaufsrelevanz auf die wahrgenommene Nützlichkeit postuliert, nicht bestätigt werden. Das Modell zeigt einen negativen Einfluss dieser Moderatorvariablen, welcher auf dem 5 %-Niveau signifikant ist. Dagegen konnten die Hypothese 2 bis Hypothese 7, die Hypothese 14, die Hypothese 15 und die Hypothese 17 bestätigt werden. Die Wirkung der wahrgenommenen einfachen Benutzbarkeit auf die Nutzungsabsicht (Hypothese 16) wird in Studie 2 nicht berücksichtigt, da diese in der ersten Studie auch keinen signifikanten Einfluss besaß. In Abbildung 28 ist das korrigierte Strukturmodell der zweiten Studie ohne Berücksichtigung der nicht signifikanten Variablen dargestellt.

6.3 Untersuchung der Akzeptanz mit subjektiver und objektiver Messung

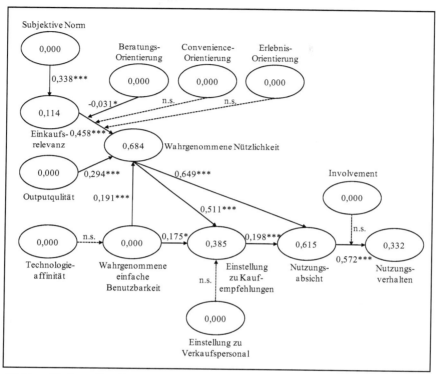

Abbildung 28: Darstellung des Strukturmodells (Studie 2)
(Quelle: eigene Darstellung); Legende: t-Test mit statistischer Signifikanz auf einem Niveau von *p<0,05, **p<0,01, ***p<0,001; n.s. nicht signifikant

Ein kleiner Einfluss mit lediglich einer Signifikanz auf dem 5 %-Niveau ist beim Interaktionsterm Beratungsorientierung sowie der Wirkung der wahrgenommenen einfachen Benutzbarkeit auf die Einstellung zu Kaufempfehlungen festzustellen (f^2: 0,032 bzw. 0,036). Ebenso konnte eine geringe Effektstärke, jedoch auf einem Signifikanzniveau von 0,001, bei der Wirkung der Einstellung zu Kaufempfehlungen auf die Nutzungsabsicht sowie der wahrgenommenen einfachen Benutzbarkeit auf die wahrgenommene Nützlichkeit festgestellt werden (f^2: 0,065 bzw. 0,095). Einen kleinen bis mittleren Einfluss besitzt die subjektive Norm auf die Einkaufsrelevanz (f^2: 0,130) sowie die Outputqualität auf die wahrgenommene Nützlichkeit (f^2: 0,142). Beide Wirkungszusammenhänge sind auf einem Niveau von 0,001 höchst signifikant. Als wesentliche Einflussfaktoren konnten jedoch analog zur ersten Studie die Einkaufsrelevanz, die wahrgenommene Nützlichkeit sowie die Nutzungsabsicht identifiziert werden. Die Einkaufsrelevanz besitzt auf die wahrgenommene Nützlichkeit eine große Wirkung mit einer Effektstärke von 0,332, die wahrgenommene Nützlichkeit einerseits auf die Einstellung zu Kaufempfehlungen (f^2: 0,327) und andererseits auf die Nutzungsabsicht (f^2: 0,696). Diese genannten Effektstärken zeigen alle einen großen Einfluss und sind auf dem höchsten Niveau signifikant. Da die erklärte Varianz der endogenen Variablen hoch ist, kann von einer guten Messung gesprochen werden. Die wahrgenommene Nützlichkeit besitzt einen Anteil von 68,4 %, welcher erklärt wird, die Einstellung zu Kaufempfehlungen wird zu 38,5 % erklärt und die Nutzungsabsicht zu 61,5 %. Diese erklärt letztendlich das Nutzungsverhalten zu 33,2 %. Damit kann der hohe Anteil an erklärter Varianz aus der ersten Studie (49,4 %) zwar nicht noch einmal erreicht werden, aber immerhin wird ein Drittel des Verhaltens erklärt.

6.3.2.2 Ergebnisse der objektiven Messung

Im Gegensatz zur Gütebeurteilung bei „latenten" Konstrukten ist die Validitäts- und Reliabilitätsbeurteilung von Eye-Tracking-Daten fragwürdig (Wang/Minor 2008). Während einige Autoren (z.B. Kroeber-Riel/Barton 1980) die Validität von Blickdaten in Abhängigkeit der kognitiven Prozesse betrachten, sehen andere Autoren (z.B. Pieters et al. 1999) trotz Kontrolle externer Größen die Reliabilität der Messungen nicht als gegeben an. Da jedoch Eye-Tracking-Daten vielfach in Untersuchungen verwendet werden (siehe Kapitel 4.2.1), wird in der vorliegenden Arbeit auch ohne abgesicherte Validität und Reliabilität nicht auf den Einsatz von Eye-Tracking verzichtet. Jedoch müssen alle Erkenntnisse kritisch beleuchtet werden.

Die Probanden verbrachten im Durchschnitt 6 Minuten und 11 Sekunden im Internetshop (Minimum: 1 min 17 s, Maximum: 19 min 18 s). In den jeweiligen Einkaufsvorgängen wurden insgesamt 1958 Produkte auf den entsprechenden Produktseiten angesehen, was einem Durchschnittswert von 10,8 Produkten pro Proband entspricht (Minimum: 2, Maximum: 27). Zur Auswahl standen Produkte aller Kategorien (z.B. Pullover, T-Shirts, Kleider, Hosen, Röcke, Schuhe sowie Accessoires), aus denen sich die Probanden ein Outfit zu einem von ihnen gewählten Anlass zusammenstellen sollten. Im Folgenden wird jedoch nicht unterschieden, welcher Art die Produkte waren, wel-

6.3 Untersuchung der Akzeptanz mit subjektiver und objektiver Messung

che die Probanden betrachtet haben. Auf die Produktseiten konnten die Probanden über verschiedene Wege gelangen. Der Einstieg zur Produktsuche fand in der Regel über die Produktkategorien mit Hilfe der Navigationsleiste oder über die Produktsuche statt. Auf den folgenden Übersichtsseiten konnten die gewünschten Produkte zur Ansicht auf der jeweiligen Produktseite ausgewählt werden, welche Kaufempfehlungen für Alternativ- oder Zusatzprodukte enthalten. So handelt es sich bei 5,7 % der betrachteten Produkte um Alternativprodukte, welche nach einer Empfehlung angeschaut wurden und bei 12,5 % um betrachtete Zusatzprodukte. 37 % der betrachteten Produkte wurden letztendlich in den Warenkorb gelegt, wovon wiederum 6,49 % betrachtete Alternativprodukte und 9,95 % betrachtete Zusatzprodukte waren. In Tabelle 55 ist die Anzahl der betrachteten sowie gekauften Produkte übersichtsartig dargestellt.

Tabelle 55: Übersicht der betrachteten sowie gekauften Produkte (alle Probanden)

Kategorie	Produkte	Alternativprodukte		Zusatzprodukte	
	Real/Ø	Real/Ø	Prod.anteil	Real/Ø	Prod.anteil
Angesehene Produkte: - insgesamt - Durchschnitt pro Proband	1958 10,8	112 0,57	5,70 %	244 1,23	12,50 %
Gekaufte Produkte: - insgesamt - Durchschnitt pro Proband	724 3,66	47 0,24	6,49 %	72 0,36	9,95 %

(Quelle: eigene Darstellung); Legende: Ø; Prod.anteil: Anteil an den insgesamt angeschauten Produkten

Jedoch gab es Unterschiede zwischen den Probanden bezüglich der Ansicht von Alternativ- und Zusatzprodukten. 124 Probanden und damit 62,62 % haben sich die in den Kaufempfehlungen vorgestellten Produkte angeschaut. Tabelle 56 zeigt, wie viele Probanden davon Alternativ- oder bzw. und Zusatzprodukte betrachtet haben.

Tabelle 56: Übersicht der Probandenanzahl und -anteile je nach Nutzung

Kategorie	Alternativprodukte		Zusatzprodukte		Alternativ- und Zusatzprodukte	
	Real	Prob.anteil	Real	Prob.anteil	Real	Prob.anteil
Probanden, welche die jeweiligen Produkte angeschaut haben	62	31,31 %	102	51,51 %	40	20,20 %
Probanden, welche die jeweiligen Produkte gekauft haben	44	22,22 %	55	27,78 %	12	6,06 %

(Quelle: eigene Darstellung); Legende: Prob.anteil: Anteil an den Probanden insgesamt

Nach der Nutzung von Kaufempfehlungen, das heißt dem Anklicken der in den Kaufempfehlungen dargestellten Produkte und der Betrachtung dieser Produkte auf ihrer eigenen Produktseite, können verschiedene Nutzergruppen (NG) unterschieden werden:

- NG 1: Probanden, die weder Alternativ- noch Zusatzprodukte betrachtet haben,
- NG 2: Probanden, die Produkte aus Kaufempfehlungen (Alternativ- oder Zusatzprodukte) betrachtet haben,
- NG 3: Probanden, die Alternativprodukte betrachtet haben,
- NG 4: Probanden, die Zusatzprodukte betrachtet haben,
- NG 5: Probanden, die sowohl Alternativ- als auch Zusatzprodukte betrachtet haben.

Eine detaillierte Analyse des Such- und Kaufverhaltens dieser Nutzergruppen zeigt (vgl. Tabelle 57), dass in Abhängigkeit der Nutzung der Empfehlungen die durchschnittliche Anzahl an betrachteten und gekauften Produkten variiert. Probanden, welche Produkte aus den Empfehlungen angeschaut haben (NG 2), haben mehr Produkte betrachtet (ca. 12,30 Produkte) als Probanden, die weder Alternativ- noch Zusatzprodukte betrachtet haben (NG 1; 7,82 Produkte). Zusätzlich sind Unterschiede bei den einzelnen Nutzergruppen der Empfehlungen zu erkennen: Probanden, die sowohl Alternativ- als auch Zusatzprodukte betrachtet haben (NG 5), betrachteten mit 14,13 Produkten im Durchschnitt die meisten Produkte, gefolgt von den Probanden, die lediglich Alternativ- (NG 3; 12,45 Produkte) oder Zusatzprodukte (NG 4; 11,49 Produk-

6.3 Untersuchung der Akzeptanz mit subjektiver und objektiver Messung

te) betrachtet haben. Neben dem Suchverhalten wird auch das Kaufverhalten durch die Nutzung der Empfehlungen beeinflusst. Probanden, die weder Alternativ- noch Zusatzprodukte betrachtet haben (NG 1), legten weniger Produkte in den Warenkorb (3,64 Produkte) als Probanden, die sich Produkte aus den Empfehlungen angeschaut haben (NG 2; ca. 4,09 Produkte). Die meisten Produkte wählten die Probanden aus, die sowohl Alternativ- als auch Zusatzprodukte betrachtet haben (NG 5; 5,43 Produkte).

Somit kann festgehalten werden, dass Kaufempfehlungen nicht unbedingt zur Beschleunigung des Einkaufsvorgangs beitragen, da mehr Produkte angeschaut und gekauft werden. Wie viel Zeit die jeweiligen Nutzergruppen für ihren Einkauf benötigt haben, ist in Tabelle 58 dargestellt. Hierbei ist zu sehen, dass zwar nur marginale Unterschiede zwischen den verschiedenen Nutzergruppen bestehen, aber alle Nutzergruppen, welche Produkte aus den Empfehlungen angeschaut haben, auch länger für ihren Einkauf benötigten.

Tabelle 57: Übersicht der betrachteten sowie gekauften Produkte (unterteilt nach Nutzergruppen)

NG (Anzahl an Probanden)	Kategorie	Produkte Real/Ø	Alternativprodukte Real/Ø	Alternativprodukte Prod.anteil	Zusatzprodukte Real/Ø	Zusatzprodukte Prod.anteil
NG 1: Probanden, die weder Alternativ- noch Zusatzprodukte betrachtet haben (74)	Angesehene Produkte: - insgesamt - Ø/Proband	579 7,82	- -	-	- -	-
	Gekaufte Produkte: - insgesamt - Ø/Proband	269 3,64	- -	-	- -	-
NG 2: Probanden, die Produkte aus Kaufempfehlungen betrachtet haben (124)	Angesehene Produkte: - insgesamt - Ø/Proband	1379 11,12	112 0,9	8,12 %	244 1,97	17,69 %
	Gekaufte Produkte: - insgesamt - Ø/Proband	455 3,67	47 0,38	6,09 %	72 0,58	15,82 %
NG 3: Probanden, die Alternativprodukte betrachtet haben (62)	Angesehene Produkte: - insgesamt - Ø/Proband	772 12,45	112 1,81	14,51 %	105 1,70	13,60 %
	Gekaufte Produkte: - insgesamt - Ø/Proband	217 3,50	47 0,76	21,66 %	22 0,35	10,14 %
NG 4: Probanden, die Zusatzprodukte betrachtet haben (102)	Angesehene Produkte: - insgesamt - Ø/Proband	1172 11,49	80 0,78	6,83 %	244 2,39	20,82 %
	Gekaufte Produkte: - insgesamt - Ø/Proband	382 3,75	72 0,71	18,85 %	30 0,29	7,85 %
NG 5: Probanden, die Alternativ- und Zusatzprodukte betrachtet haben (40)	Angesehene Produkte: - insgesamt - Ø/Proband	565 14,13	112 2,8	19,82 %	105 2,63	18,58 %
	Gekaufte Produkte: - insgesamt - Ø/Proband	217 5,43	30 0,75	13,82 %	22 0,55	10,14 %

(Quelle: eigene Darstellung); Legende: Ø: Durchschnitt; Prod.anteil: Anteil an den insgesamt angeschauten Produkten

6.3 Untersuchung der Akzeptanz mit subjektiver und objektiver Messung

Tabelle 58: Benötigte Einkaufszeit je Nutzergruppe

NG	Benötigte Zeit (Ø)
NG 0: Alle Probanden	6 min 11 s
NG 1: Probanden, die weder Alternativ- noch Zusatzprodukte betrachtet haben	5 min 49 s
NG 2: Probanden, die Produkte aus Kaufempfehlungen betrachtet haben	6 min 23 s
NG 3: Probanden, die Alternativprodukte betrachtet haben	6 min 43 s
NG 4: Probanden, die Zusatzprodukte betrachtet haben	6 min 17 s
NG 5: Probanden, die Alternativ- und Zusatzprodukte betrachtet haben	6 min 39 s

(Quelle: eigene Darstellung); Legende: Ø: Durchschnitt pro Proband

Voraussetzung für eine Nutzung ist jedoch eine Wahrnehmung der dargestellten Kaufempfehlungen. Deshalb werden im Folgenden die AOIs „Kaufempfehlungen für Alternativprodukte", „Kaufempfehlungen für Zusatzprodukte" und „Kaufempfehlungen (insgesamt)" sowie „Produkt" bezüglich der Dauer bis zur ersten Fixation, der Fixationsdauer sowie der Fixationshäufigkeit betrachtet. In Tabelle 59 sind die genannten Messgrößen jeweils als Mittelwert für die AOIs dargestellt. Zusätzlich ist das jeweilige Minimum (Min.) und Maximum (Max.) sowie die Standardabweichung (SD) in Klammern angegeben. Bei der Betrachtung wird zunächst der gesamte Einkaufsprozess eingeschlossen. Es werden keine Unterscheidungen bezüglich der Anzahl der Produkte vorgenommen. Die Ergebnisse sind nach den bereits im Vorfeld betrachteten fünf Nutzergruppen aufgeschlüsselt. Da die Anzahl der Probanden, die die jeweiligen AOIs fixiert haben, nicht in jedem Fall mit der Größe der Nutzergruppen übereinstimmt, wird zu jedem AOI die jeweilige Probandenanzahl noch einmal gesondert angegeben.

Tabelle 59: Übersicht der Eye-Tracking-Ergebnisse als Mittelwerte

NG	Messgröße	Produkt	Kaufempfehlungen (insgesamt)	Kaufempfehlungen für Alternativprod.	Kaufempfehlungen für Zusatzprod.
0 (N=198)	DEF	N=198 1,06; (0,01; 9,17; 1,11)	N=198 1,94; (0,01; 108,71; 8,21)	N=197 6,28; (0,002; 133,07; 12,98)	N=196 3,84; (0,01; 135,51; 13,46)
	FH	95,94; (2; 692; 92, 84)	100,71; (2; 637; 85; 96)	53,42; (2; 453; 56,59)	47,84; (1; 335; 38,18)
	FD	24,14; (0,42; 183, 71; 23,37)	25,79; (0,08; 180,19; 22,19)	13,60; (0,08; 102,42; 14,44)	12,32; (0,14; 105,58; 10,47)
1 (N=74)	DEF	N=72 1,09; (0,01; 9,17; 1,27)	N=74 2,63; (0,01; 108,71; 12,59)	N=73 6,43; (0,03; 133,07; 16,56)	N=73 5,87; (0,01; 135,51; 20,60)
	FH	75,17; (2; 307; 61,40)	66,88; (2; 198; 50,19)	37,55; (2; 158; 33,80)	30,07; (2; 95; 22,40)
	FD	18,93; (0,42; 67,74; 15,00)	16,58; (0,08; 58,05; 12,40)	9,22; (0,08; 45,98; 8,42)	7,54; (0,42; 27,18; 5,94)
2 (N=124)	DEF	N=124 1,04; (0,01; 4,4; 1,01)	N=124 1,53; (0,01; 34,33; 3,67)	N=124 6,19; (0,02; 63,35; 10,45)	N=123 2,64; (0,01; 44,86; 6,00)
	FH	108; (11; 692; 105,31)	120,90; (26; 637; 96,13)	62,89; (6; 453; 64,94)	58,33; (1; 335; 41,61)
	FD	27,17; (2,52; 183,71; 26,67)	31,28; (3,48; 180,19; 24,81)	16,21; (1,1; 103,42; 16,56)	15,15; (0,14; 105,58; 11,52)
3 (N=62)	DEF	N=62 1,04; (0,01; 4,4; 1,02)	N=62 1,43; (0,01; 14,33; 2,65)	N=62 3,65; (0,02; 18,94; 4,31)	N=61 2,98; (0,01; 44,86; 6,64)
	FH	133,18; (13; 664; 109,28)	149,63; (28; 637; 102,08)	88,84; (11; 453; 75,09)	61,79; (1; 184; 37,89)
	FD	33,26; (2,94; 141,02; 26,75)	37,84; (3,48; 134,09; 24,90)	22,89; (2,31; 103,42; 18,75)	15,20; (0,14; 40,63; 9,23)
4 (N=102)	DEF	N=102 1,08; (0,01; 4,4; 1,06)	N=102 1,65; (0,02; 34,33; 3,98)	N=102 7,05; (0,02; 63,35; 11,30)	N=102 2,51; (0,02; 44,86; 6,19)
	FH	106,47; (11; 692; 111,53)	122,89; (26; 637; 97,36)	60,01; (6; 453; 62,14)	62,73; (15; 335; 43,29)
	FD	26,66; (2,52; 183,71; 27,84)	32,12; (7,04; 180,19; 25,08)	15,56; (1,1; 103,42; 15,82)	16,52; (3,63; 105,58; 11,91)
5 (N=40)	DEF	N=40 1,14; (0,01; 4,4; 1,15)	N=40 1,67; (0,02; 14,33; 3,08)	N=40 4,44; (0,02; 18,94; 4,96)	N=40 2,82; (0,06; 44,86; 7,38)
	FH	143,13; (13; 664; 125,17)	170,5; (32; 637; 102,46)	95,78; (14; 453; 74,15)	74,73; (18; 184; 37,89)
	FD	35,31; (2,94; 141,02; 29,56)	43,58; (7,98; 134,09; 23,90)	24,90; (3,64; 103,42; 18,10)	18,68; (4,34; 40,63; 8,69)

(Quelle: eigene Darstellung); Legende: DEF: Dauer bis zur ersten Fixation; FH: Fixationshäufigkeit; FD: Fixationsdauer (jeweils in s und als Min., Max., SD); Prod.: Produkte

6.3 Untersuchung der Akzeptanz mit subjektiver und objektiver Messung

Hierbei ist zu sehen, dass das Produkt als Hauptstimulus bei allen Nutzergruppen im Durchschnitt zuerst fixiert wird. Diese Aussage bezieht sich jedoch nur auf die betrachteten Stimuli, denn der Bereich außerhalb der AOIs wird im Durchschnitt früher fixiert (vgl. Tabelle A 1 im Anhang). Dies ist jedoch aufgrund des Orientierungsverhaltens nicht verwunderlich. So ist auch die durchschnittliche Dauer einer Fixation außerhalb der betrachteten AOIs (0,30 s) länger als bei den AOIs (ca. 0,26 s). Dies entspricht den Erkenntnissen zur Fixationsdauer bei unterschiedlichen Aufgaben (Rayner 1978; 1998). Dementsprechend fixierten 62,63 % der Probanden zuerst den Bereich außerhalb der festgelegten AOIs, während die erste Fixation von 18,69 % der Probanden auf dem Produkt als Hauptstimulus liegt. 8,59 % der Probanden fixierten zunächst Kaufempfehlungen für Alternativprodukte sowie 10,10 % Kaufempfehlungen für Zusatzprodukte.[57] Neben inhaltlichen Aspekten und deren Bedeutung für die Probanden spielt hierbei vor allem aber auch die Größe der AOIs (siehe 6.3.1.2) eine entscheidende Rolle.

Das Verhältnis der Kaufempfehlungen zum Produkt bezüglich der Fixationshäufigkeit sowie der Fixationsdauer ermöglicht eine Aussage darüber, welche Bedeutung die Kaufempfehlungen im Einkaufsprozess der Probanden einnehmen. In Tabelle 60 sind die Mittelwerte mit dem Minimum (Min.), dem Maximum (Max.) und der Standardabweichung (SD) für die Fixationshäufigkeit und die Fixationsdauer je Nutzergruppe angegeben. Zusätzlich ist der Prozentanteil der Probanden angegeben, welche der jeweiligen Kaufempfehlungen durch eine höhere Fixationshäufigkeit bzw. eine längere Fixationsdauer mehr Aufmerksamkeit geschenkt haben als dem Produkt.

Hierbei ist festzustellen, dass es zunächst schwer ist, über die verschiedenen Empfehlungsarten und Nutzergruppen einheitliche Erkenntnisse abzuleiten. Bei den Mittelwerten ist zwar zu erkennen, dass NG 1 stets die niedrigsten Werte aufweist und NG 5 über alle Empfehlungsarten die höchsten Werte besitzt. Jedoch zeigen die Probandenanteile teilweise entgegengesetzte Tendenzen. So weist NG 1 zwar über alle Empfehlungsarten die geringsten Mittelwerte und größtenteils auch den geringsten Probandenanteil auf, was aufgrund des Nicht-Interesses an den Produkten aus den Empfehlungen auch nicht weiter verwunderlich ist, jedoch ist der Anteil der Probanden, wel-

---

[57] Die angegebenen Werte beziehen sich auf die jeweils besuchten Produktseiten. Hierbei wurde nicht nur die jeweils erste besuchte Produktseite einbezogen, sondern alle Seiten in Gänze.

che den Empfehlungen mehr Aufmerksamkeit entgegen gebracht haben bei dieser Nutzergruppe auffallend hoch. Zusammenfassend betrachtet, sind diese Anteile insgesamt auch sehr hoch, was auf ein reges Interesse bestimmter Probanden an den Empfehlungen schließen lässt.

Tabelle 60: Verhältnis der Kaufempfehlungen zum Produkt bezüglich der Fixationshäufigkeit (FH) sowie der Fixationsdauer (FD)

NG	Messgröße	Kaufempfehlungen (insgesamt)		Kaufempfehlungen für Alternativprodukte		Kaufempfehlungen für Zusatzprodukte	
		MW; (Min.; Max.; SD)	%	MW; (Min.; Max.; SD)	%	MW; (Min.; Max.; SD)	%
0	FH	1,33; (0,13; 6,26; 0,86)	61,11	0,62; (0,08; 1,89; 0,36)	14,00	0,63; (0,03; 2,91; 0,44)	13,78
	FD	1,24; (0,21; 4,55; 0,63)	59,60	0,65; (0,05; 2,34; 0,44)	18,00	0,69; (0,02; 4,94; 0,62)	20,41
1	FH	1,01; (0,20; 2,42; 0,55)	44,59	0,57; (0,08; 1,52; 0,33)	9,59	0,45; (0,04; 1,85; 0,28)	4,11
	FD	1,01; (0,21; 2,45; 0,47)	74,30	0,57; (0,05; 1,93; 0,39)	13,70	0,46; (0,06; 1,77; 0,32)	5,48
2	FH	1,52; (0,13; 6,26; 0,94)	70,97	0,65; (0,08; 1,89; 0,37)	16,94	0,73; (0,03; 2,91; 0,48)	19,51
	FD	1,37; (0,31; 4,55; 0,68)	66,94	0,70; (0,06; 2,34; 0,46)	20,97	0,83; (0,02; 4,93; 0,71)	29,27
3	FH	1,40; (0,13; 3,57; 0,76)	64,52	0,76; (0,16; 1,56; 0,38)	29,03	0,56; (0,03; 1,72; 0,33)	11,48
	FD	1,31; (0,31; 2,86; 0,60)	62,90	0,82; (0,13; 1,96; 0,47)	32,26	0,59; (0,02; 2,05; 0,43)	16,39
4	FH	1,64; (0,37; 6,26; 0,98)	76,47	0,64; (0,08; 1,89; 0,37)	15,59	0,81; (0,19; 2,91; 0,48)	23,53
	FD	1,45; (0,40; 4,55; 0,70)	72,55	0,70; (0,08; 2,34; 0,47)	19,61	0,94; (0,18; 4,94; 0,73)	35,29
5	FH	1,62; (0,45; 3,60; 0,80)	75,00	0,81; (0,20; 1,56; 0,37)	32,50	0,68; (0,19; 1,72; 0,34)	17,50
	FD	1,48; (0,47; 2,86; 0,60)	75,00	0,89; (0,19; 1,96; 0,46)	35,00	0,73; (0,28; 2,05; 0,45)	25,00

(Quelle: eigene Darstellung); Legende: MW: Mittelwert; %: Anteil der Probanden, die die jeweiligen Kaufempfehlungen mehr als das Produkt beachtet haben

6.4 Vergleich der Messansätze und Studien

6.4.1 Vergleich des subjektiven und objektiven Messansatzes

Laut Selbstauskunft im Fragebogen haben 72,22 % der Probanden im eben besuchten Internetshop Kaufempfehlungen wahrgenommen. 12,63 % der Probanden haben Kaufempfehlungen für Alternativprodukte gesehen und 19,70 % Kaufempfehlungen für Zusatzprodukte. Die restlichen 39,40 % haben sowohl Kaufempfehlungen für Alternativ- als auch Zusatzprodukte wahrgenommen.

6.4 Vergleich der Messansätze und Studien

Jedoch haben 30,90 % der Probanden, die im Fragebogen angegeben haben, dass sie keine Kaufempfehlungen wahrgenommen haben, während ihres Einkaufs 29 Produkte betrachtet, welche zuvor in Kaufempfehlungen präsentiert wurden. Dies entspricht 1,71 Produkten pro Proband. 47,06 % dieser Probanden haben sogar jeweils eines dieser Produkte gekauft. Somit besitzen die subjektiven Aussagen der Probanden im Fragebogen nur eine begrenzte Aussagekraft. Womit Hypothese 1 bestätigt werden kann.

Deswegen soll im Folgenden anhand der Blickdaten die Anzahl der Probanden bestimmt werden, welche die Kaufempfehlungen tatsächlich wahrgenommen haben. Hierzu wird am häufigsten die durchschnittliche Fixationsdauer herangezogen. Jedoch existieren unterschiedliche Werte in der Literatur, ab welcher durchschnittlichen Fixationsdauer von einer Informationsaufnahme und damit von einer Wahrnehmung zu sprechen ist. Gleichzeitig sind die durchschnittlichen Fixationsdauern in Abhängigkeit der zu erfüllenden Aufgabe zu sehen. Im statischen Umfeld werden als übliche durchschnittliche Fixationsdauer beim Lesen ca. 0,23 s angenommen, bei visuellen Suchaufgaben ca. 0,28 s und bei der Bildwahrnehmung ca. 0,33 s (Rayner 1978; 1998). Erkenntnisse aus dynamischen Bereichen sind jedoch noch nicht vorhanden. Internetshops sind eine Mischung aus statischen und dynamischen Teilen. Die einzelnen Produktseiten sind größtenteils statischer Natur. Ausnahmen entstehen durch die Einbindung von dynamischen Elementen (z.B. Videos zur Präsentation des Produkts). Jedoch ist der gesamte Einkaufsprozess mit den verschiedenen Unterseiten, die besucht werden, dynamisch. Auf Basis dieser Überlegungen und unter Rückgriff auf die Daten der Untersuchungsstichprobe soll im Folgenden eine geeignete durchschnittliche Fixationsdauer bestimmt werden, welche zur Ermittlung der Wahrnehmung herangezogen werden kann. In Tabelle 61 sind die Mittelwerte der durchschnittlichen Fixationsdauer, jeweils mit Minimum, Maximum und Standardabweichung für die gesamte Stichprobe, die Probanden, welche laut Fragebogen die Kaufempfehlungen wahrgenommen haben, und für die Probanden, welche laut Fragebogen keine Kaufempfehlungen wahrgenommen haben, aufgelistet. Zusätzlich wurden die Probanden identifiziert, die zwar angegeben haben, keine Kaufempfehlungen wahrgenommen zu haben, jedoch in Kaufempfehlungen dargestellte Produkte betrachtet bzw. gekauft haben. Die Werte wurden jeweils für das aggregierte AOI „Kaufempfehlungen (insgesamt)" berechnet. In Tabelle 61 sind neben dieser durchschnittlichen Fixationsdauer noch die Fixationsdauer und die Fixationshäufigkeit angegeben.

Tabelle 61: Durchschnittliche Fixationsdauer (Durchschnittliche FD), Fixationsdauer (FD) und Fixationshäufigkeit (FH) in Abhängigkeit der subjektiven Wahrnehmung

Gruppen je nach Wahrnehmung	Durchschnittliche FD MW; (Min.; Max.; SD)	FD MW; (Min.; Max.; SD)	FH MW; (Min.; Max.; SD)
Alle Probanden	0,26; (0,04; 0,46; 0,05)	25,79; (0,08; 180,19; 22,19)	100,71; (2,00; 637,00; 85,96)
Probanden mit Wahrnehmung laut Fragebogen	0,26; (0,13; 0,42; 0,04)	28,97; (3,72; 180,19; 24,07)	111,77; (12,00; 637,00; 93,13)
Probanden ohne Wahrnehmung laut Fragebogen	0,25; (0,04; 0,46; 0,06)	17,50; (0,08; 61,65; 13,23)	71,96; (2,00; 231,00; 54,62)
Probanden ohne Wahrnehmung laut Fragebogen und ohne Nutzung	0,25; (0,04; 0,46; 0,08)	15,56; (0,08; 54,35; 12,15)	64,74; (2,00; 194,00; 52,00)
Probanden ohne Wahrnehmung laut Fragebogen, aber mit Nutzung	0,25; (0,12; 0,32; 0,05)	21,85; (3,48; 61,65; 14,83)	88,12; (28,00; 231,00; 58,43)

(Quelle: eigene Darstellung); Legende: MW: Mittelwert; Min.: Minimum; Max.: Maximum; SD: Standardabweichung

Hierbei ist zu sehen, dass sich die durchschnittlichen Fixationsdauern zwischen den unterschiedlichen Wahrnehmungsgruppen nur geringfügig unterscheiden. Die Mittelwerte der Fixationsdauer und Fixationshäufigkeit unterscheiden sich dagegen etwas deutlicher. Jedoch unterliegen die Werte einer großen Streuung, welche die Festlegung einer Wahrnehmungsgrenze erschwert. Diese Werte zeigen jedoch auch, dass die durchschnittlichen Fixationsdauern am PC-Bildschirm wesentlich kürzer sind, als in anderen statischen Umwelten (z.B. in Zeitschriften).

Vor diesem Hintergrund wird ein mehrstufiges Verfahren zur Identifikation der Probanden gewählt, die die Kaufempfehlungen im Internetshop wahrgenommen haben. Zunächst wird in Anlehnung an die durchschnittliche Fixationsdauer beim Lesen aus der Literatur ein Wert von 0,20 s angesetzt, um die Probanden mit Wahrnehmung der Kaufempfehlungen ausfindig zu machen. Dieser Wert ist zwar tief angesetzt, wird jedoch durch die empirischen Daten (siehe Tabelle 61) bestätigt. In der nächsten Stufe wird eine Fixationshäufigkeit von mindestens 50 angesetzt. Diese gewählte Vorgehensweise wird durch die Anwendung auf die vorliegenden Daten bestätigt. Lediglich ein Proband, bei welchem die Nutzung anhand des tatsächlichen Verhaltens nachgewiesen werden kann, wird durch die festgelegten Wahrnehmungsgrenzen nicht erreicht. Aufgrund der sehr geringen durchschnittlichen Fixationsdauer dieses Proban-

6.4 Vergleich der Messansätze und Studien

den (0,12 s) ist diese Fehlspezifikation akzeptierbar. Diesen Wert erreicht der Proband zudem lediglich durch die Fixation der Kaufempfehlungen für Alternativprodukte, da er die Darbietung der Zusatzprodukte gar nicht fixiert hat. Somit kann anhand der Eye-Tracking-Daten nachgewiesen werden, dass 92,24 % der Probanden Kaufempfehlungen wahrgenommen haben.

Da sich die subjektiven Aussagen der Probanden von den objektiv erfassten Daten unterscheiden, muss zur Bestimmung der Akzeptanz von Kaufempfehlungen das tatsächliche Verhalten einbezogen werden. Dazu wird das bereits in Kapitel 6.3.2.1 getestete Modell erweitert. Nicht berücksichtigt werden dagegen die Beziehungen, die sich bereits als nicht signifikant erwiesen haben. Neben den Moderatorvariablen ist dies die Wirkung der Technologieaffinität auf die wahrgenommene einfache Benutzbarkeit und die Wirkung der Einstellung zu Verkaufspersonal auf die Einstellung zu Kaufempfehlungen. Da die Messmodelle der „latenten" Variablen bereits in Kapitel 6.3.2.1 einer Prüfung unterzogen wurden, befindet sich in Tabelle 62 lediglich die Gütebeurteilung des tatsächlichen Verhaltens (TV), welches sich aus der Anzahl der betrachteten Produkte aus Kaufempfehlungen (TV1) sowie der Anzahl der gekauften Produkte aus Kaufempfehlungen (TV2) zusammensetzt. Das Messmodell überschreitet alle geforderten Mindestwerte.

Tabelle 62: Gütebeurteilung des Messmodells der objektiven Verhaltensvariablen (Studie 2)

Indikator	FL	DEV	α	Q^2
TV1	0,907	0,825	0,788	0,825
TV2	0,910			

(Quelle: eigene Darstellung); Legende: t-Test mit statistischer Signifikanz auf einem Niveau von *p<0,05, **p<0,01, ***p<0,001; FL: Faktorladung; α: Cronbach's Alpha

Die zu untersuchenden Hypothesen wurden wiederum simultan statistisch überprüft. Bevor die Resultate der Wirkbeziehungen näher betrachtet werden, erfolgt die Beurteilung der Modellgüte. Die Ergebnisse dieser Prüfung sind in Tabelle 63 dargestellt.

Tabelle 63: Ergebnisse des Strukturmodells mit objektiver Verhaltensvariable (Studie 2)

Konstruktbeziehungen	Pfadkoeffizienten	f^2	R^2	Q^2
			(endogene Variablen)	
Subjektive Norm → Einkaufsrelevanz	0,338***	0,129	0,114	0,082
Einkaufsrelevanz → wahrgenommene Nützlichkeit	0,476***	0,344	0,674	0,500
Outputqualität → wahrgenommene Nützlichkeit	0,306***	0,147		
wahrgenommene einfache Benutzbarkeit → wahrgenommene Nützlichkeit	0,190***	0,089		
wahrgenommene einfache Benutzbarkeit → Einstellung zu Kaufempfehlungen	0,172*	0,036	0,385	0,240
Wahrgenommene Nützlichkeit → Einstellung zu Kaufempfehlungen	0,517***	0,327		
Wahrgenommene Nützlichkeit → Nutzungsabsicht	0,649***	0,696	0,615	0,476
Einstellung zu Kaufempfehlungen → Nutzungsabsicht	0,198***	0,065		
Nutzungsabsicht → Nutzungsverhalten	0,394***	-	0,495	0,326
Tatsächliches Verhalten → Nutzungsverhalten	0,450***	0,323		

(Quelle: eigene Darstellung); Legende: t-Test mit statistischer Signifikanz auf einem Niveau von *p<0,05, **p<0,01, ***p<0,001

In der Tabelle ist zu sehen, dass alle vermuteten Wirkbeziehungen die Mindestanforderungen erfüllen. Durch das Hinzufügen werden die Wirkbeziehungen im Modell nicht bzw. nur marginal verändert. So entsprechen die Ergebnisse größtenteils exakt denen des Strukturmodells ohne Berücksichtigung des tatsächlichen Verhaltens (siehe Kapitel 6.3.2.1). Jedoch wird nun das Nutzungsverhalten zu 49,50 % erklärt, was einer Verbesserung im Vergleich zum Modell ohne Berücksichtigung des tatsächlichen Verhaltens um 16,30 % entspricht. Somit kann die Bedeutung der Einbeziehung von objektiven Verhaltensvariablen gezeigt werden. Durch die Kombination der Erkenntnisse aus der subjektiven und der objektiven Messung konnte ein sehr gutes Ergebnis erreicht werden.

Abschließend ist in Abbildung 29 das Strukturmodell der zweiten Studie, welches die objektive Verhaltensvariable berücksichtigt, dargestellt.

6.4 Vergleich der Messansätze und Studien

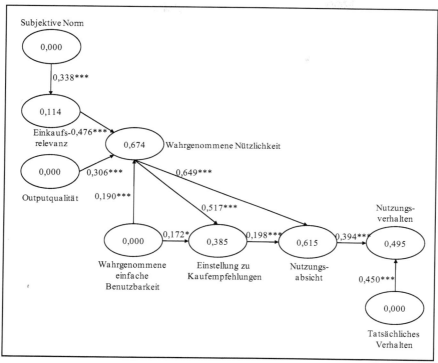

Abbildung 29: Darstellung des Strukturmodells mit Berücksichtigung der objektiven Verhaltensvariable (Studie 2)
(Quelle: eigene Darstellung)

6.4.2 Vergleich der ersten und zweiten Studie

Aufgrund der Komplexität von Eye-Tracking-Untersuchungen wurde in der vorliegenden Arbeit ein stufenweises Vorgehen mit zwei Studien gewählt. In der ersten Studie wurde die Erfassung der Akzeptanz auf Basis einer Befragung, welche auf der Studie von Baier und Stüber (2010) aufbaut, vorgenommen. Diese Befragung wurde für die zweite Studie noch einmal erweitert und durch eine Eye-Tracking-Untersuchung ergänzt. Diese Vorgehensweise konnte in Kapitel 6.4.1 bestätigt werden. In diesem Kapitel wurde gezeigt, dass sich die Erkenntnisse aus der subjektiven und objektiven Erhebung bezüglich der Wahrnehmung unterscheiden. Damit stellt die Erhebung von objektiven Verhaltensdaten eine sinnvolle Ergänzung von subjektiven Erkenntnissen dar. Jedoch konnte in keiner der beiden Studien der vermutete Einfluss der Persönlichkeitsdeterminanten bestätigt werden. So nimmt das Involvement keinen Einfluss auf die Wirkung der Nutzungsabsicht auf das Nutzungsverhalten. Auch die betrachteten Einkaufsmotive zeigen keine signifikante Wirkung (Erlebnis- und Convenience-Orientierung) bzw. eine Wirkung entgegengesetzt der vermuteten (Beratungs-Orientierung). Insgesamt kann in beiden Studien jedoch das Nutzungsverhalten und damit die Akzeptanz von Kaufempfehlungen im Internethandel sehr gut erklärt werden.

Als Haupteinflussfaktoren für die Akzeptanz wurden in beiden Studien die subjektive Norm, die Outputqualität, die Einkaufsrelevanz, die Einstellung zu Kaufempfehlungen sowie die wahrgenommene Nützlichkeit bestätigt. Insbesondere sind jedoch die Einkaufsrelevanz sowie die wahrgenommene Nützlichkeit herauszustellen. In der zweiten Studie konnte durch die Berücksichtigung des tatsächlichen Verhaltens das Nutzungsverhalten um 16,30 % besser erklärt werden.

Das Ergebnis der Hypothesenprüfung ist abschließend in Tabelle 64 zusammengefasst.

6.4 Vergleich der Messansätze und Studien

Tabelle 64: Übersicht der Hypothesenprüfung (Studie 1 und Studie 2)

Kategorie	Hypothese	Studie 1	Studie 2
Vergleich der Messansätze	Hypothese 1: Unterschied zwischen der objektiven und subjektiven Wahrnehmungsmessung	-	bestätigt
Erweiterung des TAM um neue Beziehungen	Hypothese 2: Einkaufsrelevanz → wahrgenommene Nützlichkeit	bestätigt	bestätigt
	Hypothese 3: Outputqualität → wahrgenommene Nützlichkeit	bestätigt	bestätigt
	Hypothese 4: Subjektive Norm → Einkaufsrelevanz	-	bestätigt
	Hypothese 5: wahrgenommene einfache Benutzbarkeit → Einstellung zu Kaufempfehlungen	-	bestätigt
	Hypothese 6: Wahrgenommene Nützlichkeit → Einstellung zu Kaufempfehlungen	-	bestätigt
	Hypothese 7: Einstellung zu Kaufempfehlungen → Nutzungsabsicht	-	bestätigt
	Hypothese 8: Einstellung zu Verkaufspersonal → Einstellung zu Kaufempfehlungen	-	nicht bestätigt
	Hypothese 9: Technologieaffinität → wahrgenommene einfache Benutzbarkeit	-	nicht bestätigt
Erweiterung des TAM um Moderationseffekte	Hypothese 10: Interaktionsterm (Involvement) Nutzungsabsicht → Nutzungsverhalten	nicht bestätigt	nicht bestätigt
	Hypothese 11: Interaktionsterm (Erlebnis-Orientierung) Einkaufsrelevanz → wahrgenommene Nützlichkeit	-	nicht bestätigt
	Hypothese 12: Interaktionsterm (Convenience-Orientierung) Einkaufsrelevanz → wahrgenommene Nützlichkeit	-	nicht bestätigt
	Hypothese 13: Interaktionsterm (Beratungs-Orientierung) Einkaufsrelevanz → wahrgenommene Nützlichkeit	-	nicht bestätigt
TAM-Hauptkomponenten	Hypothese 14: Wahrgenommene Nützlichkeit → Nutzungsabsicht	bestätigt	bestätigt
	Hypothese 15: wahrgenommene einfache Benutzbarkeit → wahrgenommene Nützlichkeit	nicht bestätigt	bestätigt
	Hypothese 16: wahrgenommene einfache Benutzbarkeit → Nutzungsabsicht	nicht bestätigt	-
	Hypothese 17: Nutzungsabsicht → Nutzungsverhalten	bestätigt	bestätigt

(Quelle: eigene Darstellung); Legende: -: nicht geprüft

7 Zusammenfassung und Implikationen für Wissenschaft und Praxis

7.1 Zusammenfassung

Der Internethandel nimmt bei den Konsumenten eine immer bedeutendere Stellung ein. Mit steigender Konsumentennachfrage und damit verbundenen steigenden Online-Umsätzen nimmt auch das Angebot an Internetshops und somit das online verfügbare Sortiment zu. Die Internetanbieter sind dadurch gezwungen, Maßnahmen zu ergreifen und verschiedene Möglichkeiten anzubieten, um den Einkauf für die Konsumenten angenehmer und einfacher zu gestalten. Die Personalisierung in Form von Kaufempfehlungen stellt eine solche Möglichkeit dar. Anbieter können dadurch auch gleichzeitig Up- und Cross-Selling-Potenziale generieren.

Vor diesem Hintergrund verfolgte die vorliegende Arbeit das Ziel, die Akzeptanz von Kaufempfehlungen als Personalisierungsansatz zu messen sowie Determinanten dieser Akzeptanz herauszukristallisieren. Zur Vorbereitung der empirischen Untersuchung folgte zunächst in einem theoretischen Teil eine Literaturanalyse zum Stand der Personalisierungsforschung im Internet sowie der Akzeptanzforschung allgemein und speziell im Bereich des Internet. Neben den aktuellen Forschungsständen wurden die jeweiligen theoretischen Grundlagen, die Determinanten sowie die Ansätze der Personalisierung und die unterschiedlichen Modelle zur Messung von Akzeptanz betrachtet. Nachdem das TAM aus den existierenden Modellen als geeignete Grundlage zur Akzeptanzmessung für den vorliegenden Kontext identifiziert wurde, wurden ausführlich verschiedene Datenerhebungsmethoden als Messansätze der Akzeptanz diskutiert. Hierbei zeigte sich die Vorteilhaftigkeit einer kombinierten Messung mit Hilfe von Beobachtung und Befragung, woraus das experimentelle Design für die Studien der empirischen Untersuchung abgeleitet wurde. So erfolgte die Überprüfung des auf Basis der theoretischen Erkenntnisse konzipierten Untersuchungsmodells schließlich in zwei Laborstudien.

Zusammenfassend wurden drei Hauptschwerpunkte in dieser Arbeit behandelt:

- Identifikation von Determinanten für die Akzeptanz von Kaufempfehlungen im Internethandel.
- Diskussion verschiedener Messansätze zur Erfassung der Akzeptanz von Kaufempfehlungen im Internethandel.
- Herleitung eines theoretisch fundierten Untersuchungsmodells zur Messung der Akzeptanz von Kaufempfehlungen im Internethandel.

Der erste Hauptschwerpunkt, die Identifikation von Determinanten für die Akzeptanz von Kaufempfehlungen, wurde durch zwei unterschiedliche Ansätze realisiert: Einerseits wurden die Determinanten auf den Einfluss von Personalisierung allgemein bzw. insbesondere von Kaufempfehlungen diskutiert und andererseits die Determinanten der Akzeptanz allgemein bzw. speziell im Internethandel betrachtet. Nach Kollmann (1998, S. 124) können vier unterschiedliche Dimensionen von Determinanten im Rahmen der Akzeptanzbetrachtung unterschieden werden: Sozio-ökonomische und psychografische Kriterien sowie Kriterien des beobachtbaren und des tatsächlichen Kauf- und Nutzungsverhaltens. Diese nehmen unterschiedlich starken Einfluss auf die Akzeptanz bzw. besitzen eine unterschiedlich starke Eignung für die Anwendung, vor allem vor dem Hintergrund des experimentellen Designs in der vorliegenden Untersuchung. So wird auf eine Einbeziehung der sozio-ökonomischen Kriterien sowie der Kriterien des beobachtbaren Kaufverhaltens in der vorliegenden Untersuchung verzichtet. Dagegen finden die psychografischen Kriterien sowie die Kriterien des tatsächlichen Nutzungsverhaltens im Rahmen des Untersuchungsmodells eine Berücksichtigung. Diese Vorgehensweise wird durch die Betrachtung der Determinanten im Kontext der Kaufempfehlungen bestätigt. Insbesondere psychografische Kriterien in Form von Persönlichkeitsdeterminanten und Motiven besitzen eine besondere Relevanz. Ebenso kann gezeigt werden, dass die Rahmenbedingungen einen erheblichen Einfluss auf die Wirkung von Kaufempfehlungen besitzen, weswegen die empirische Überprüfung beispielhaft anhand eines Erfahrungsgutes stattfindet.

Der zweite Hauptschwerpunkt, die Diskussion verschiedener Messansätze zur Erfassung der Akzeptanz von Kaufempfehlungen im Internethandel, setzt nach der Betrachtung der Akzeptanzmessung auf Basis der bestehenden Akzeptanzmodelle an. Die Literaturbetrachtung hat die Vorteile einer zweidimensionalen Akzeptanzmessung, d.h. der Messung von verhaltens- sowie einstellungsbildenden Komponenten, gezeigt. Die

7.1 Zusammenfassung

Definition des Akzeptanzbegriffes für die vorliegende Arbeit erweitert analog zu Kollmann (1998) diese Sichtweise und betrachtet die drei Ebenen der Akzeptanz: Einstellung, Handlung und Nutzung. Als klassisches Akzeptanzmodell mit einer großen Eignung für den vorliegenden Kontext erweist sich das TAM von Davis. Die verwendeten Konstrukte werden hierbei mit Hilfe eines standardisierten Fragebogens erfasst. Jedoch hat sich bereits in anderen Bereichen gezeigt, dass das tatsächliche Verhalten nur schwer mittels Befragungen erfassbar ist bzw. das objektive Verhalten sich von subjektiven Angaben der Probanden unterscheidet (z.B. Keitz 1986). Aufgrund dessen werden alternative objektive Datenerhebungsmethoden diskutiert. Hieraus wird speziell die Eignung von Eye-Tracking als objektive Beobachtungsmethode deutlich. Da jedoch auch die alleinige Anwendung dieser Methode nicht zum gewünschten Ziel führen würde, wird ein experimentelles Design abgeleitet, welches die Befragung zur subjektiven Erfassung der Einstellung und der Handlungsabsicht mit der objektiven Beobachtung zur Erfassung der Nutzungsebene verbindet.

Auf Basis dieser gewonnenen Erkenntnisse wurde das Untersuchungsmodell für die empirische Untersuchung konzipiert, welches den dritten Hauptschwerpunkt der Arbeit darstellt. Ausgangspunkt war das Basis-TAM, welches neben den Hauptbestandteilen (wahrgenommene einfache Benutzbarkeit, wahrgenommene Nützlichkeit, Nutzungsabsicht und Nutzungsverhalten) die Einstellung berücksichtigt. Dieses Modell wurde um die identifizierten Determinanten erweitert, welche im Einzelnen die subjektive Norm, die Einkaufsrelevanz und die Outputqualität als soziale und kognitive Kriterien sowie die Einstellung zum Verkaufspersonal im stationären Bereich, die Technologieaffinität, die Einkaufsmotive und das Involvement als psychografische Kriterien sind. Weiterhin wurde das mittels Eye-Tracking objektiv erfasste tatsächliche Verhalten im Modell berücksichtigt (siehe Abbildung 19). Als Replikationsstudie von Baier und Stüber (2010) und Vorstudie wurde in der ersten Studie zunächst ein reduziertes Modell mit Hilfe von 83 Probanden überprüft (siehe Kapitel 6.2). Das vollständige Modell kam schließlich in der zweiten Studie mit 201 Probanden zur Anwendung (siehe Kapitel 6.3). Jedoch konnten im Rahmen der empirischen Studien nicht alle vermuteten Wirkbeziehungen bestätigt werden. Trotz theoretischer Fundierung wurde kein Einfluss der Persönlichkeitsdeterminanten (Einkaufsmotive und Involvement), der Technologieaffinität sowie der Einstellung zum Verkaufspersonal nachgewiesen. Teilweise sind diese Ergebnisse bei genauerer Analyse allerdings wenig verwunderlich. Kaufempfehlungen basieren zwar auf einer hoch komplexen Technologie (Recommendersysteme), sind jedoch durch den Nutzer intuitiv zu bedienen, weswegen die Technologieaffinität keinen Einfluss auf die Akzeptanz von Kaufempfehlungen besitzt. Des Weiteren werden zwar häufig die Einstellungen zu bekannten oder ähnlichen Themenstellungen zur Einstellungsbildung herangezogen, jedoch scheinen die Probanden keinen Bezug zwischen dem Verkaufspersonal und den Kaufempfehlungen herzustellen, so dass in diesem Fall keine Einstellungsübertragung stattfindet.

In Abbildung 30 ist das im Rahmen der vorliegenden Arbeit geprüfte und bestätigte Akzeptanzmodell für Kaufempfehlungen im Internethandel dargestellt. Es ist zu sehen, wie das Basis-TAM als Ausgangspunkt genutzt wurde und um die subjektiv gemessenen Bestandteile (subjektive Norm, Einkaufsrelevanz und Outputqualität) sowie die objektive Verhaltensvariablen (tatsächliches Verhalten) erweitert wurde.

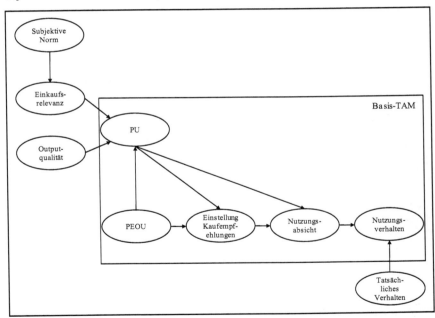

Abbildung 30: Darstellung des geprüften Akzeptanzmodells für Kaufempfehlungen im Internethandel mit subjektiv gemessenen Bestandteilen und objektiver Verhaltensvariable (Quelle: eigene Darstellung)

7.2 Implikationen für Wissenschaft und Praxis

Im Rahmen der Untersuchung wurde aufgezeigt, dass sich eine kombinierte Vorgehensweise mit objektiver und subjektiver Datenerhebung zur Akzeptanzmessung von Kaufempfehlungen im Internethandel eignet. Jedoch muss einschränkend erwähnt werden, dass die Anwendung lediglich im Rahmen von Laboruntersuchungen erfolgt ist. Aufgrund der unterschiedlichen Umfeldbedingungen und der Einbeziehung von weiteren externen Einflussgrößen ist auch eine Überprüfung im Feld empfehlenswert. Allerdings kann Eye-Tracking als gewählte Beobachtungsmethode im Internethandel aufgrund des komplexen methodischen Aufbaus hauptsächlich im Rahmen von Laboruntersuchungen eingesetzt werden. Somit muss nach alternativen objektiven Beobachtungsmethoden für die Untersuchungen im Feld gesucht werden. In der Literatur wird aktuell als mögliche Alternative zu Eye-Tracking Mouselab diskutiert (z.B. Meißner et al. 2010). Hierbei ist es durch die Nutzung der Hand-Auge-Koordination möglich, eine Aufzeichnung des natürlichen Informationsverhaltens vorzunehmen. So konnte empirisch gezeigt werden, dass es keine signifikanten Unterschiede zwischen den gewonnenen Erkenntnissen aus Eye-Tracking- und Mouselab-Untersuchungen gibt. Daher sollte in folgenden Studien geprüft werden, ob Methoden zur Aufzeichnung der Mausbewegungen oder sonstige Möglichkeiten zur Erfassung des „Click-Through-Verhaltens" anstelle von Eye-Tracking verwendet werden können.

Zudem zeigen die Konsumenten auch im Internethandel unterschiedliche Verhaltensweisen, je nachdem ob der Einkauf im Vorfeld bereits geplant wurde oder ob es sich um einen Spontankauf handelt (z.B. Wang et al. 2010). Ebenso unterscheidet sich das Kaufverhalten von Frauen und Männern allgemein (z.B. Dholakia/Chiang 2003; Riedl et al. 2010), wie auch speziell ihre Intention für den Bekleidungskauf im Internet (Hansen/Møller-Jensen 2009): Während Männer zwar seltener online einkaufen, kaufen Frauen häufig nicht nur für sich selbst, sondern auch für ihre Partner ein. Dies äußert sich schließlich in unterschiedlichem Kaufverhalten. Da diese Umfeldfaktoren im Labor schwer bis gar nicht zu berücksichtigen bzw. zu simulieren sind, sprechen diese Punkte auch für eine Wiederholung der Untersuchung im Feld.

Weiterhin muss einschränkend aufgeführt werden, dass die Messung der Akzeptanz für Kaufempfehlungen im Rahmen dieser Arbeit lediglich am Beispiel der Bekleidungsbranche als bedeutendste Internet-Branche durchgeführt wurde. Inwieweit die gewonnenen Erkenntnisse zur Akzeptanz von Kaufempfehlungen in andere Branchen zu übertragen ist, bleibt zu prüfen. Ebenso sollte das entwickelte Modell auf weitere Anwendungen im Internethandel (z.b. Avatare, Kategorien) angewendet werden.

Im Rahmen der Untersuchung hat die Fixationsdauer und -häufigkeit gezeigt, dass die Probanden viel Zeit mit der Betrachtung von Kaufempfehlungen verbracht haben. Jedoch mündete diese nicht unbedingt in einer Nutzung. So ist daraus zu schließen, dass die Probanden zwar grundsätzlich gegenüber Kaufempfehlungen positiv eingestellt sind und diese wahrnehmen, die Nutzung jedoch durch Nicht-Gefallen oder aus sonstigen Gründen verworfen wird. Aus Praxissicht zeigt dies, dass der Entwicklung, Pflege und Umsetzung von Recommendersystemen entsprechend viele Aufwendungen entgegen gebracht werden sollten, um stimmige Empfehlungen zu erzeugen. So kann der Nutzen, welcher durch die Einbindung von Kaufempfehlungen in die Internetshops entsteht (z.B. Alleinstellungsmerkmale, Kosteneffizienz, Informationen zur Marktforschung), erhöht werden.

Im Zeitverlauf kann das Unternehmen sich immer stärker über die Präferenzen des Konsumenten informieren und dadurch weitere Wettbewerbsvorteile gegenüber der Konkurrenz sichern, während der Konsument von besseren Produktempfehlungen profitiert. Aus Unternehmenssicht kann diese Art der Personalisierung zu einer Erhöhung der Click-Rate führen, welche durch die Nachfrage für bisher unberücksichtigte Alternativen und Zusatzprodukten häufig in einer Absatzsteigerung mündet. Jedoch gestaltet sich die technische Umsetzung mittels Recommendersystemen oft schwierig aufgrund der erforderlichen Bewilligung für die Datennutzung, nur unzureichend vorliegender Kundeninformationen oder aus anderen Gründen. Gleichzeitig ist das Angebot personalisierter Formen der Kommunikation oder des Produktangebots mit höheren Kosten verbunden. Neben den Kundendaten wird eine Software zur Implementierung benötigt. Hierbei ist es auch nicht ausreichend, ausschließlich Daten der letzten Einkäufe zu verwenden, da das Ergebnis nicht personalisiert genug wäre. Kunden möchten vom Unternehmen tatsächlich „gekannt" werden (Rust/Lemon 2001) und so sollte vom Unternehmen eine situative Personalisierung angestrebt werden, bei welcher Kunden identifiziert und in unterschiedlichen Situationen entsprechend ihrer Wünsche und Bedürfnisse angesprochen werden. So sollte eine vertrauensvolle Umgebung geschaffen werden (z.B. durch Einhaltung der Datenschutzbestimmungen), so dass der

7.2 Implikationen für Wissenschaft und Praxis

Kunde sich auf die Interaktion mit dem Unternehmen einlässt. Hierbei sollten die Unternehmen doch stets bedenken, dass ein Online-Einkauf für die Kunden immer mit Convenience verknüpft ist, nicht unbedingt um Zeit zu sparen, jedoch um den Einkaufsprozess zu vereinfachen. So sollten die Internetshops grundsätzlich nicht nach der Leitlinie „one-size-fits-all" handeln und entsprechend der verschiedenen Produktkategorien die Umfeldfaktoren berücksichtigen (Spieckermann/Paraschiv 2002). Hierbei gilt es die Kosten der Interaktionsbewertung als auch die Kosten der Bekanntgabe der privaten Informationen zu beachten. Dadurch bekommen die Anbieter zusätzliche Informationen über ihre Kunden und erreichen so bessere Ergebnisse, welche mit einer höheren Kundenzufriedenheit während des Einkaufsprozesses einhergehen.

Die Untersuchung hat gezeigt, dass Kaufempfehlungen eine hohe Aufmerksamkeit bei den Probanden erlangen und gleichzeitig die Akzeptanz schon weit verbreitet ist. Daher empfiehlt es sich für die Unternehmen, die Kosten in den Aufbau und die Pflege von Recommendersystemen zu investieren. Da gezeigt wurde, dass die Akzeptanz für Kaufempfehlungen von Zusatzprodukten höher ist, als die Akzeptanz für Kaufempfehlungen von Alternativprodukten, lässt sich darauf schließen, dass die Konsumenten Kaufempfehlungen als Teil einer Verbundpräsentation ansehen und die Unternehmen dadurch Cross-Selling-Potenziale ausschöpfen können.

Literaturverzeichnis

Adolphs, K. (2004): Markterfolg durch integratives Multichannel-Marketing - Konzeptionelle Grundlagen und empirische Ergebnisse, in: Marketing ZFP, 26 (4), 269–281.

Adomavicius, G.; Tuzhilin, A. (2005): Toward the next Generation of Recommender Systems: A Survey of the State-of-the-Art and Possible Extensions, in: IEEE Transactions on Knowledge & Data Engineering, 17 (6), 734–749.

Agarwal, R.; Prasad, J. (1997): The Role of Innovation Characteristics and Perceived Voluntariness in the Acceptance of Information Technologies, in: Decision Sciences, 28 (3), 557–582.

Ahearne, M.; Jelinek, R.; Jones, E. (2007): Examining the Effect of Salesperson Service Behavior in a Competitive Context, in: Journal of the Academy of Marketing Science, 35 (4), 603–616.

Ahn, H. J. (2006): Utilizing Popularity Characteristics for Product Recommendation, in: International Journal of Electronic Commerce, 11 (2), 59–80.

Ahn, T.; Ryu, S.; Han, I. (2004): The Impact of the Online and Offline Features on the User Acceptance of Internet Shopping Malls, in: Electronic Commerce Research & Applications, 3 (4), 405–420.

Ajzen, I. (1985): From Intentions to Actions: A Theory of Planned Behavior, in: Kuhl, J.; Beckmann, J. (Hrsg.): Action Control: From Cognition to Behavior, Berlin, 11–39.

Ajzen, I. (1991): The Theory of Planned Behavior, in: Organizational Behavior and Human Decision Processes, 50 (2), 179–211.

Ajzen, I.; Fishbein, M. (1980): Understanding Attitudes and Predicting Social Behavior, Englewood Cliffs.

Ajzen, I.; Madden, T. J. (1986): Prediction of Goal-directed Behavior: Attitudes, Intentions, and Perceived Behavioral Control, in: Journal of Experimental Social Psychology, 22 (5), 453–474.

Aksoy, L.; Bloom, P. N.; Lurie, N. H.; Cooil, B. (2006): Should Recommendation Agents Think Like People?, in: Journal of Service Research, 8 (4), 297–315.

Alba, J. W.; Lynch, J. G., Jr.; Weitz, B. A.; Janiszewski, C.; Lutz, R.; Sawyer, A.; Wood, S. (1997): Interactive Home Shopping: Consumer, Retailer, and Manufacturer Incentives to Participate in Electronic Marketplaces, in: Journal of Marketing, 61 (3), 38–53.

Albers, S.; Hildebrandt, L. (2006): Methodische Probleme bei der Erfolgsfaktorenforschung - Messfehler, formative versus reflektive Indikatoren und die Wahl des Strukturgleichungs-Modells, in: Zeitschrift für betriebswirtschaftliche Forschung, 58 (1), 2–33.

Amberg, M.; Hirschmeier, M.; Wehrmann, J. (2004): The COMPASS Acceptance Model for the Analysis and Evaluation of Mobile Information Systems, in: International Journal for Mobile Communications, 2 (3), 248–259.

Anderson, W. T., JR. (1971): Identifying the Convenience Oriented Consumer, in: Journal of Marketing Research, 8 (2), 179–183.

Ansari, A.; Essegaier, S.; Kohli, R. (2000): Internet Recommendation Systems, in: Journal of Marketing Research, 37 (3), 363–375.

Ansari, A.; Mela, C. F. (2003): E-Customization, in: Journal of Marketing Research, 40 (2), 131–145.

Aribarg, A.; Pieters, R. G.; Wedel, M. (2010): Raising the BAR: Bias Adjustment of Recognition Tests in Advertising, in: Journal of Marketing Research, 47 (3), 387–400.

Ariely, D.; Lynch, J. G., Jr.; Aparicio, M. I. (2004): Learning by Collaborative and Individual-based Recommendation Agents, in: Journal of Consumer Psychology, 14 (1/2), 81–95.

Arnold, M. J.; Reynolds, K. E. (2003): Hedonic Shopping Motivations, in: Journal of Retailing, 79 (2), 77–95.

Arora, N.; Drèze, X.; Ghose, A.; Hess, J. D.; Iyengar, R.; Jing, B.; Joshi, Y.; Kumar, V.; Lurie, N. H.; Neslin, S. A.; Sajeesh, S.; Su, M.; Syam, N.; Thomas, J. S.; Zhang, J. Z. (2008): Putting One-to-One Marketing to Work: Personalization, Customization, and Choice, in: Marketing Letters, 19 (3/4), 305–321.

Ausschuss für Definitionen zu Handel und Distribution (Hrsg.) (2006): Katalog E - Definitionen zu Handel und Distribution, Elektronische Fassung, 5. Ausg., Köln.

Babin, B. J.; Darden, W. R.; Griffin, M. (1994): Work and/or Fun: Measuring Hedonic and Utilitarian Shopping Value, in: Journal of Consumer Research, 20 (4), 644–656.

Bagozzi, R. P. (1975): Marketing as Exchange, in: Journal of Marketing, 39 (4), 32–39.

Bagozzi, R. P. (2007): The Legacy of the Technology Acceptance Model and a Proposal for a Paradigm Shift, in: Journal of the Association for Information Systems, 8 (4), 244–254.

Bagozzi, R. P.; Baumgartner, H. (1994): The Evaluation of Structural Equation Models and Hypothesis Testing, in: Bagozzi, R. P. (Hrsg.): Principles of Marketing Research, Cambridge, Mass, 386–422.

Bagozzi, R. P.; Fornell, C. (1982): Theoretical Concepts, Measurements, and Meanings, in: Fornell, C. (Hrsg.): A Second Generation of Multivariate Analysis, New York/N.Y., 24–38.

Bagozzi, R. P.; Lee, K.-H. (1999): Consumer Resistance to, and Acceptance of, Innovations, in: Advances in Consumer Research, 26 (1), 218–225.

Bagozzi, R. P.; Phillips, L. W. (1982): Representing and Testing Organizational Theories: A Holistic Construal, in: Administrative Science Quarterly, 27 (3), 459–489.

Bagozzi, R. P.; Yi, Y. (1988): On the Evaluation of Structural Equation Models, in: Journal of the Academy of Marketing Science, 16 (1), 74–94.

Baier, D.; Brusch, M. (2008): Marktsegmentierung, in: Herrmann, A.; Homburg, C.; Klarmann, M. (Hrsg.): Handbuch Marktforschung, Methoden, Anwendungen, Praxisbeispiele. 3. Aufl., Wiesbaden, 769–790.

Baier, D.; Stüber, E. (2010): Acceptance of Recommendations to Buy in Online Retailing, in: Journal of Retailing and Consumer Services, 17 (3), 173–180.

Bakos, J. Y. (1997): Reducing Buyer Search Costs: Implications for Electronic Marketplaces, in: Management Science, 43 (12), 1676–1692.

Balabanović, M.; Shoham, Y. (1997): Fab: Content-based, Collaborative Recommendation, in: Communications of the ACM, 40 (3), 66–72.

Balderjahn, I. (1985): Strukturen sozialen Konsumbewusstseins, in: Marketing ZFP, 7 (4), 253–262.

Balderjahn, I. (1986): Das umweltbewußte Konsumentenverhalten - Eine empirische Studie, Berlin.

Ball, D.; Coelho, P. S.; Vilares, M. J. (2006): Service Personalization and Loyalty, in: Journal of Services Marketing, 20 (6), 391–403.

Bandura, A. (1982): Self-Efficacy Mechanism in Human Agency, in: American Psychologist, 37 (2), 122–147.

Barnes, S. J.; Bauer, H. H.; Neumann, M. M.; Huber, F. (2007): Segmenting Cyberspace: A Customer Typology for the Internet, in: European Journal of Marketing, 41 (1/2), 71–93.

Baron, R. M.; Kenny, D. A. (1986): The Moderator–Mediator Variable Distinction in Social Psychological Research: Conceptual, Strategic, and Statistical Considerations, in: Journal of Personality and Social Psychology, 51 (6), 1173–1182.

Bauer, H. H.; Falk, T.; Hammerschmidt, M. (2006): eTransQual: A Transaction Process-based Approach for Capturing Service Quality in Online Shopping, in: Journal of Business Research, 59 (7), 866–875.

Bauer, H. H.; Fischer, M.; Sauer, N. E. (2000): Barrieren des elektronischen Einzelhandels – Eine empirische Studie zum Kaufverhalten im Internet, in: Zeitschrift für Betriebswirtschaft, 70 (10), 1133–1156.

Bauer, H. H.; Grether, M.; Bormann, U. (2001): Die Erklärung des Nutzerverhaltens in elektronischen Medien mit Hilfe der Flow-Theorie, in: Marketing ZFP, 23 (1), 17–29.

Bauer, H. H.; Neumann, M. M.; Mäder, R. (2005): Die Wirkung von Avataren im elektronischen Handel - Eine experimentelle Untersuchung unter besonderer Berücksichtigung des Vertrauenskonstrukts, in: Marketing ZFP, 27 (2), 98–114.

Bauer, H. H.; Sauer, N. E.; Becker, S. (2003): Risikowahrnehmung und Kaufverhalten im Internet, in: Marketing ZFP, 25 (3), 183–199.

Bearden, W. O.; Etzel, M. J. (1982): Reference Group Influence on Product and Brand Purchase Decisions, in: Journal of Consumer Research, 9 (2), 183–194.

Bechwati, N. N.; Xia, L. (2003): Do Computers Sweat? The Impact of Perceived Effort of Online Decision Aids on Consumers' Satisfaction with the Decision Process, in: Journal of Consumer Psychology, 13 (1/2), 139–148.

Bellman, S.; Johnson, E. J.; Lohse, G. L.; Mandel, N. (2006): Designing Marketplaces of the Artifical with Consumers in Mind: Four Approaches to Understanding Consumer Behavior in Electronic Environments, in: Journal of Interactive Marketing, 20 (1), 21–33.

Bellman, S.; Lohse, G. L.; Johnson, E. J. (1999): Predictors of Online Buying Behavior, in: Communications of the ACM, 42 (12), 32–38.

Benbasat, I.; Barki, H. (2007): Quo vadis, TAM?, in: Journal of the Association for Information Systems, 8 (4), 211–218.

Berekoven, L.; Eckert, W.; Ellenrieder, P. (2006): Marktforschung - Methodische Grundlagen und praktische Anwendung, 11. Aufl., Wiesbaden.

Berghaus, N. (2005): Eye-Tracking im stationären Einzelhandel - Eine empirische Analyse der Wahrnehmung von Kunden am Point of Purchase, Lohmar.

Berry, L. L.; Seiders, K.; Grewal, D. (2002): Understanding Service Convenience, in: Journal of Marketing, 66 (3), 1–17.

Bettencourt, L. A.; Gwinner, K. P. (1996): Customization of the Service Experience: The Role of the Frontline Employee, in: International Journal of Service Industry Management, 7 (2), 3–20.

Bettman, J. R. (1979): Memory Factors in Consumer Choice: A Review, in: Journal of Marketing, 43 (2), 37–53.

Betz, J. (2003): Die Akzeptanz des E-Commerce in der Automobilwirtschaft - Ausmaß, Konsequenzen und Determinanten aus Sicht von Neuwagenkäufern, Wiesbaden.

Biernat, M.; Manis, M.; Kobrynowicz, D. (1997): Simultaneous Assimilation and Contrast Effects in Judgments of Self and Others, in: Journal of Personality and Social Psychology, 73 (2), 254–269.

Bitner, M. J.; Booms, B. H.; Mohr, L. A. (1994): Critical Service Encounters: The Employee's Viewpoint, in: Journal of Marketing, 58 (4), 95–106.

Bleicker, U. (1983): Produktbeurteilung der Konsumenten - Eine psychologische Theorie der Informationsverarbeitung, Würzburg.

Bloch, P. H. (1982): Involvement beyond the Purchase Process: Conceptual Issues and Empirical Investigation, in: Advances in Consumer Research, 9 (1), 413–417.

Bloch, P. H.; Bruce, G. D. (1984): Product Involvement as Leisure Behavior, in: Advances in Consumer Research, 11 (1), 197–202.

Bodapati, A. V. (2008): Recommendation Systems with Purchase Data, in: Journal of Marketing Research, 45 (1), 77–93.

Bogart, L.; Tolley, B. S. (1988): The Search for Information in Newspaper Advertising, in: Journal of Advertising Research, 28 (2), 9–19.

Bollen, K. A. (1989): Structural Equations with Latent Variables, New York.

Bosnjak, M.; Obermeier, D.; Tuten, T. (2006): Predicting and Explaining the Propensity to Bid in Online Auctions: A Comparison of Two Action-Theoretical Models, in: Journal of Consumer Behaviour, 5 (2), 102–116.

Brasel, S. A.; Gips, J. (2008): Breaking through Fast-Forwarding: Brand Information and Visual Attention, in: Journal of Marketing, 72 (6), 31–48.

Braunstein, C. (2001): Einstellungsforschung und Kundenbindung - Zur Erklärung des Treueverhaltens von Konsumenten, Wiesbaden.

Brusch, M.; Sand, N.; Stüber, E. (2010): Wirkungsmessung der Online-Werbung von Nonprofit Organisationen - Eine Analyse der visuell aufgenommenen Werbeinformation und deren Glaubwürdigkeit, in: Proceedings of the 9th International Conference Marketing Trends, Venice.

Brusilovsky, P. (2001): Adaptive Hypermedia, in: User Modeling and User-adapted Interaction, 11 (1/2), 87–110.

Burke, R. R. (2002a): Hybrid Recommender Systems: Survey and Experiments, in: User Modeling and User-adapted Interaction, 12 (4), 331–370.

Burke, R. R. (2002b): Technology and the Customer Interface: What Consumers Want in the Physical and Virtual Store, in: Journal of the Academy of Marketing Science, 30 (4), 411–432.

BVH (2010): Distanzhandel in Deutschland - Ergebnisse 2009, Bielefeld.

Cai, S.; Jun, M. (2003): Internet Users' Perceptions of Online Service Quality: A Comparison of Online Buyers and Information Searchers, in: Managing Service Quality, 13 (6), 504–519.

Calder, B. J.; Phillips, L. W.; Tybout, A. M. (1981): Designing Research for Application, in: Journal of Consumer Research, 8 (2), 197–207.

Caudill, E. M.; Murphy, P. E. (2000): Consumer Online Privacy: Legal and Ethical Issues, in: Journal of Public Policy & Marketing, 19 (1), 7–19.

Cestre, G.; Darmon, R. Y. (1998): Assessing Consumer Preferences in the Context of New Product Diffusion, in: International Journal of Research in Marketing, 15 (2), 1–16.

Chandon, P.; Hutchinson, J. W.; Bradlow, E. T.; Young, S. H. (2009): Does In-Store Marketing Work? Effects of the Number and Position of Shelf Facings on

Brand Attention and Evaluation at the Point of Purchase, in: Journal of Marketing, 73 (6), 1–17.

Chen, L.-D.; Gillenson, M. L.; Sherrell, D. L. (2002): Enticing Online Consumers: An Extended Technology Acceptance Perspective, in: Information & Management, 39 (8), 705–719.

Chen, L.-D.; Tan, J. (2004): Technology Adaptation in E-Commerce: Key Determinants of Virtual Stores Acceptance, in: European Management Journal, 22 (1), 74–86.

Cheung, K.-W.; Kwok, J. T.; Law, M. H.; Tsui, K.-C. (2003): Mining Customer Product Ratings for Personalized Marketing, in: Decision Support Systems, 35 (2), 231–243.

Chiang, K.-P.; Dholakia, R. R. (2003): Factors Driving Consumer Intention to Shop Online: An Empirical Investigation, in: Journal of Consumer Psychology, 13 (1/2), 177–183.

Childers, T. L.; Carr, C. L.; Carson, S. (2001): Hedonic and Utilitarian Motivations for Online Retail Shopping Behavior, in: Journal of Retailing, 77 (4), 511–535.

Childers, T. L.; Rao, A. R. (1992): The Influence of Familial and Peer-based Reference Groups on Consumer Decisions, in: Journal of Consumer Research, 19 (2), 198–211.

Chin, W. W. (1998a): Issues and Opinion on Structural Equation Modeling, in: MIS Quarterly, 22 (1), VII–XVI.

Chin, W. W. (1998b): The Partial Least Squares Approach for Structural Equation Modeling, in: Marcoulides, G. A. (Hrsg.): Modern Methods for Business Research, Mahwah, 295–336.

Chin, W. W. (1995): Partial Least Squares is to LISREL as Principal Components Analysis is to Common Factor Analysis, in: Technology Studies, 2, 315–319.

Chin, W. W.; Marcolin, B. L.; Newsted, P. R. (2003): A Partial Least Squares Latent Variable Modeling Approach for Measuring Interaction Effects: Results from a Monte Carlo Simulation Study and an Electronic-Mail Emotion/Adoption Study, in: Information Systems Research, 14 (2), 189–217.

Chu, P.-C.; Spires, E. E. (2000): The Joint Effects of Effort and Quality on Decision Strategy Choice with Computerized Decision Aids, in: Decision Sciences, 31 (2), 259–292.

Churchill, G. A. (1979): A Paradigm for Developing Better Marketing Constructs, in: Journal of Marketing Research, 16 (1), 64–73.

Churchill, G. A. (1987): Marketing Research - Methodological Foundations, 4. ed., Chicago.

Ciesielski, C. (2009): Internetapotheke versus stationäre Apotheke - Veränderungen des Apothekenmarktes im Internet-Zeitalter, Wiesbaden.

Clement, M. (2000): Interaktives Fernsehen - Analyse und Prognose seiner Nutzung, Wiesbaden.

Compeau, D.; Higgins, C. A.; Huff, S. (1999): Social Cognitive Theory and Individual Reactions to Computing Technology: A Longitudinal Study, in: MIS Quarterly, 23 (2), 145–158.

Compeau, D. R.; Higgins, C. A. (1995a): Application of Social Cognitive Theory to Training for Computer Skills, in: Information Systems Research, 6 (2), 118–143.

Compeau, D. R.; Higgins, C. A. (1995b): Computer Self-Efficacy: Development of a Measure and Initial Test, in: MIS Quarterly, 19 (2), 189–211.

Cooke, A. D.; Sujan, H.; Sujan, M.; Weitz, B. A. (2002): Marketing the Unfamiliar: The Role of Context and Item-Specific Information in Electronic Agent Recommendations, in: Journal of Marketing Research, 39 (4), 488–497.

Cordeiro, C.; Machás, A.; Neves, M. (2010): A Case Study of a Customer Satisfaction Problem: Bootstrap and Imputation Techniques, in: Esposito Vinzi, V.; Chin, W. W.; Henseler, J.; Wang, H. (Hrsg.): Handbook of Partial Least Squares, Berlin, 279–287.

Cronbach, L. J. (1951): Coefficient Alpha and the Internal Structure of Tests, in: Psychometrika, 16 (3), 297–335.

Crosby, L. A.; Evans, K. R.; Cowles, D. (1990): Relationship Quality in Services Selling: An Interpersonal Influence Perspective, in: Journal of Marketing, 54 (3), 68–81.

Csikszentmihalyi, M. (1997): Finding Flow - The Psychology of Engagement with everyday Life, 1st ed., New York, NY.

Csikszentmihalyi, M. (2000): Beyond Boredom and Anxiety - The Experience of Play in Work and Games, 2. ed., San Francisco.

Culnam, M. J. (1993): How Did They Get my Name? An Exploratory Investigation of Consumer Attitudes toward Secondary Information Use, in: MIS Quarterly, 17 (3), 341–364.

Cyr, D.; Head, M.; Larios, H.; Bing Pan (2009): Exploring Human Images in Website Design: A Multi-Method Approach, in: MIS Quarterly, 33 (3), 539–566.

Dabholkar, P. A. (1996): Consumer Evaluations of New Technology-based Self-Service Options: An Investigation of Alternative Models of Service Quality, in: International Journal of Research in Marketing, 13 (1), 29–51.

Daryanto, A.; Ruyter, K. de; Wetzels, M. (2010): Getting a Discount or Sharing the Cost: The Influence of Regulatory Fit on Consumer Response to Service Pricing Schemes, in: Journal of Service Research, 13 (2), 153–167.

Das, S.; Echambadi, R.; McCardle, M.; Luckett, M. (2003): The Effect of Interpersonal Trust, Need for Cognition, and Social Loneliness on Shopping, Information Seeking and Surfing on the Web, in: Marketing Letters, 14 (3), 185–202.

Davis, F. D. (1986): A Technology Acceptance Model for Empirically Testing New End-User Systems: Theory and Results, Cambridge.

Davis, F. D. (1989): Perceived Usefulness, Perceived Ease of Use, and User Acceptance of Information Technology, in: MIS Quarterly, 13 (3), 319–340.

Davis, F. D.; Bagozzi, R. P.; Warshaw, P. R. (1989): User Acceptance of Computer Technology: A Comparison of Two Theoretical Models, in: Management Science, 35 (8), 982–1003.

Davis, F. D.; Bagozzi, R. P.; Warshaw, P. R. (1992): Extrinsic and Intrinsic Motivation to Use Computers in the Workplace, in: Journal of Applied Social Psychology, 22 (14), 1111–1132.

Dawson, S.; Bloch, P. H.; Ridgway, N. M. (1990): Shopping Motives, Emotional States, and Retail Outcomes, in: Journal of Retailing, 66 (4), 408–427.

Degenhardt, W. (1986): Akzeptanzforschung zu Bildschirmtext - Methoden und Ergebnisse, München.

Deimel, K. (1989): Grundlagen des Involvement und Anwendung im Marketing, in: Marketing ZFP, 11 (8), 153–161.

Devaraj, S.; Ming Fan; Kohli, R. (2002): Antecedents of B2C Channel Satisfaction and Preference: Validating E-Commerce Metrics, in: Information Systems Research, 13 (3), 316–333.

DeWall, C. N.; Maner, J. K.; Rouby, D. A. (2009): Social Exclusion and Early-Stage Interpersonal Perception: Selective Attention to Signs of Acceptance, in: Journal of Personality and Social Psychology, 96 (4), 729–741.

Dholakia, R. R.; Chiang, K.-P. (2003): Shoppers in Cyberspace: Are They From Venus or Mars and Does It Matter?, in: Journal of Consumer Psychology, 13 (1/2), 171–176.

Diamantopoulos, A.; Riefler, P.; Roth, K. P. (2008): Advancing Formative Measurement Models, in: Journal of Business Research, 61 (12), 1203–1218.

Diamantopoulos, A.; Siguaw, J. A. (2006): Formative vs. Reflective Indicators on Organizational Measure Development: A Comparison and Empirical Illustration, in: British Journal of Management, 17 (4), 263–282.

Diamantopoulos, A.; Winklhofer, H. M. (2001): Index Construction with Formative Indicators: An Alternative to Scale Development, in: Journal of Marketing Research, 38 (2), 269–277.

Diehl, K. (2005): When Two Rights Make a Wrong: Searching Too Much in Ordered Environments, in: Journal of Marketing Research, 42 (3), 313–322.

Diehl, K.; Kornish, L. J.; Lynch, J. G., Jr. (2003): Smart Agents: When lower Search Costs for Quality Information increase Price Sensitivity, in: Journal of Consumer Research, 30 (1), 56–71.

Diehl, S. (2002): Erlebnisorientiertes Internetmarketing - Analyse, Konzeption und Umsetzung von Internetshops aus verhaltenswissenschaftlicher Perspektive, Wiesbaden.

Diehl, S.; Terlutter, R.; Weinberg, P. (2007): Die Wirkung von Interaktivität in Onlineshops auf den Kunden - Empirische Untersuchung von Onlineshops mit unterschiedlichen Graden an Aktivität, in: Bayón, T.; Herrmann, A.; Huber, F. (Hrsg.): Vielfalt und Einheit in der Marketingwissenschaft, Ein Spannungsverhältnis, Wiesbaden, 479–497.

Dijkstra, T. (1983): Some Comments on Maximum Likelihood and Partial Least Squares Methods, in: Journal of Econometrics, 22 (1-2), 67–90.

Diller, H. (2006): Probleme der Handhabung von Strukturgleichungsmodellen in der betriebswirtschaftlichen Forschung, in: Die Betriebswirtschaft, 66 (6), 611–617.

Drèze, X.; Hussherr, F.-X. (2003): Internet Advertising: Is Anybody Watching?, in: Journal of Interactive Marketing, 17 (4), 8–23.

Duchowski, A. (2007): Eye Tracking Methodology - Theory and Practice, 2. ed., London.

Eberl, M. (2006): Formative und reflektive Konstrukte und die Wahl des Strukturgleichungsverfahrens - Eine statistische Entscheidungshilfe, in: Die Betriebswirtschaft, 66 (6), 651–668.

Ettinger, A. (2010): Auswirkungen von Einkaufsconvenience, Frankfurt am Main.

Eysel, U. (2010): Sehsystem und Augenbewegungen, in: Klinke, R.; Baumann, R. (Hrsg.): Physiologie. 6. Aufl., Stuttgart, 707–739.

Fassott, G. (2007): Internationaler E-Commerce - Chancen und Barrieren aus Konsumentensicht, Wiesbaden.

Fassott, G.; Eggert, A. (2005): Zur Verwendung formativer und reflektiver Indikatoren in Strukturgleichungsmodellen: Bestandsaufnahme und Anwendungsempfehlungen, in: Bliemel, F. (Hrsg.): Handbuch PLS-Pfadmodellierung, Methode, Anwendung, Praxisbeispiele, Stuttgart, 31–47.

Fazio, R. H.; Zanna, M. P. (1981): Direct Experience and Attitude-Behavior Consistency, in: Advances in Experimental Social Psychology, 14 (1), 161–202.

Feick, L.; Higie, R. A. (1992): The Effects of Preference Heterogeneity and Source Characteristics on Ad Processing and Judgements about Endorsers, in: Journal of Advertising, 21 (2), 9–24.

Feiereisen, S.; Wong, V.; Broderick, A. J. (2008): Analogies and Mental Simulations in Learning for Really New Products: The Role of Visual Attention, in: Journal of Product Innovation Management, 25 (6), 593–607.

Felfernig, A.; Friedrich, G.; Jannach, D.; Zanker, M. (2006): An Integrated Environment for the Development of Knowledge-based Recommender Applications, in: International Journal of Electronic Commerce, 11 (2), 11–34.

Festinger, L. (1957): A Theory of Cognitive Dissonance, Stanford.

Filipp, H. (1996): Akzeptanz von Netzdiensten und Netzanwendungen - Entwicklung eines Instruments zur permanenten Akzeptanzkontrolle, Sinshein.

Fiore, A. M.; Jin, H.-J.; Kim, J. (2005a): For Fun and Profit: Hedonic Value from Image Interactivity and Responses towards an Online Store, in: Psychology & Marketing, 22 (8), 669–694.

Fiore, A. M.; Kim, J.; Lee, H.-H. (2005b): Effect of Image Interactivity Technology on Consumer Responses toward the Online Retailer, in: Journal of Interactive Marketing, 19 (3), 38–53.

Fischer, L. (2002): Kiosksysteme im Handel - Einsatz, Akzeptanz und Wirkungen, Wiesbaden.

Fishbein, M.; Ajzen, I. (1975): Belief, Attitude, Intention and Behavior - An Introduction to Theory and Research, Reading, Mass.

Fitzsimons, G. J.; Lehmann, D. R. (2004): Reactance to Recommendations: When Unsolicited Advice Yields Contrary Responses, in: Marketing Science, 23 (1), 82–94.

Fleder, D.; Hosanagar, K. (2009): Blockbuster Culture's Next Rise or Fall: The Impact of Recommender Systems on Sales Diversity, in: Management Science, 55 (5), 697–712.

Fornell, C.; Bookstein, F. L. (1982): Two Structural Equation Models: LISREL and PLS Applied to Consumer Exit-Voice Theory, in: Journal of Marketing Research, 19 (4), 440–452.

Fornell, C.; Cha, J. (1994): Partial Least Squares, in: Bagozzi, R. P. (Hrsg.): Advanced Methods of Marketing Research, Cambridge, Mass., 52–78.

Fornell, C.; Johnson, M. D.; Anderson, E. W.; Jaesung Cha; Bryant, B. E. (1996): The American Customer Satisfaction Index: Nature, Purpose, and Findings, in: Journal of Marketing, 60 (4), 7–18.

Fornell, C.; Larcker, D. F. (1981): Evaluating Structural Equation Models with Unobservable Variables and Measurement Error, in: Journal of Marketing Research, 18 (1), 39–50.

Fornell, C.; Robinson, W. T.; Wernerfelt, B. (1985): Consumption Experience and Sales Promotion Expenditure, in: Management Science, 31 (9), 1084–1105.

Forsythe, S.; Liu, C.; Shannon, D.; Gardner, L. C. (2006): Development of a Scale to Measure the Perceived Benefits and Risks of Online Shopping, in: Journal of Interactive Marketing, 20 (2), 55–75.

Franke, G. R.; Park, J.-E. (2006): Salesperson Adaptive Selling Behavior and Customer Orientation: A Meta-Analysis, in: Journal of Marketing Research, 43 (4), 693–702.

Frenzen, H.; Hansen, A.-K.; Krafft, M.; Mantrala, M. K.; Schmidt, S. (2010): Delegation of Pricing Authority to the Sales Force: An Agency-Theoretic Perspective of its Determinants and Impact on Performance, in: International Journal of Research in Marketing, 27 (1), 58–68.

Freter, H. (2001): Marktsegmentierung, in: Diller, H. (Hrsg.): Vahlens großes Marketinglexikon. 2. Aufl., München, 1069–1074.

García, E.; Romero, C.; Ventura, S.; Castro, C. de (2009): An Architecture for Making Recommendations to Courseware Authors Using Association Rule Mining and Collaborative Filtering, in: User Modeling and User-adapted Interaction, 9 (1/2), 99–132.

Gardner, M. P.; Mitchell, A. A.; Russo, J. E. (1978): Chronometric Analysis: An Introduction and an Application to Low Involvement Perception of Advertisments, in: Advances in Consumer Research, 5 (1), 581–589.

Gatignon, H.; Robertson, T. S. (1985): A Propositional Inventory for New Diffusion Research, in: Journal of Consumer Research, 11 (4), 849–867.

Gaul, W.; Both, M. (1990): Computergestütztes Marketing, Berlin.

Gaul, W.; Geyer-Schulz, A.; Hahsler, M.; Schmidt-Thieme, L. (2002): eMarketing mittels Recommendersystemen, in: Marketing ZFP, 24 (Spezialausgabe "E-Marketing"), 47–55.

Gefen, D. (2002): Customer Loyalty in E-Commerce, in: Journal of the Association for Information Systems, 3 (1), 27–51.

Gefen, D.; Karahanna, E.; Straub, D. W. (2003a): Inexperience and Experience with Online stores: The Importance of TAM and Trust, in: IEEE Transactions on Engineering Management, 50 (3), 307–321.

Gefen, D.; Karahanna, E.; Straub, D. W. (2003b): Trust and TAM in Online Shopping: An integrated Model, in: MIS Quarterly, 27 (1), 51–90.

Gefen, D.; Straub, D. W. (1997): Gender Differences in the Perception and Use of E-Mail: An Extension to the Technology Acceptance Model, in: MIS Quarterly, 21 (4), 389–400.

Gefen, D.; Straub, D. W. (2000): The Relative Importance of Perceived Ease of Use in IS Adoption: A Study of E-Commerce Adoption, in: Journal of the Association for Information Systems, 1 (1).

Gentry, L.; Calantone, R. J. (2002): A Comparison of Three Models to Explain Shop-Bot Use on the Web, in: Psychology & Marketing, 19 (11), 945–956.

George, J. F. (2002): Influences on the Intent to Make Internet Purchases, in: Internet Research, 12 (2), 165–180.

George, J. F. (2004): The Theory of Planned Behavior and Internet Purchasing, in: Internet Research, 14 (3), 198–212.

Gerbing, D. W.; Anderson, J. C. (1988): An Updated Paradigm for Scale Development Incorporating Unidimensionality and Its Assessment, in: Journal of Marketing Research, 25 (2), 186–192.

Gershoff, A. D.; Mukherjee, A.; Mukhopadhyay, A. (2003): Consumer Acceptance of Online Agent Advice: Extremity and Positivity Effects, in: Journal of Consumer Psychology, 13 (1&2), 161–170.

Giacobbe, R. W.; Jackson, D. W., Jr.; Crosby, L. A.; Bridges, C. M. (2006): A Contingency Approach to Adaptive Selling Behavior and Sales Performance: Selling Situations and Salesperson Characteristics, in: Journal of Personal Selling & Sales Management, 26 (2), 115–142.

Giering, A. (2000): Der Zusammenhang zwischen Kundenzufriedenheit und Kundenloyalität - Eine Untersuchung moderierender Effekte, Wiesbaden.

Gilly, M. C.; Graham, J. L.; Wolfinbarger, M. F.; Yale, L. J. (1998): A Dyadic Study of Interpersonal Information Search, in: Journal of the Academy of Marketing Science, 26 (2), 83–100.

Goodhue, D. L. (2007): Comment on Benbasat and Barki's „Quo Vadis TAM" article, in: Journal of the Association for Information Systems, 8 (4), 219–222.

Goodhue, D. L.; Thompson, R. L. (1995): Task-Technology Fit and Individual Performance, in: MIS Quarterly, 19 (2), 213–236.

Goodwin, C.; Smith, K. L. (1990): Courtesy and Friendliness: Conflicting Goals for the Service Provider?, in: Journal of Services Marketing, 4 (1), 5–21.

Gopal, A.; Bostrom, R. P.; Chin, W. W. (1992): Applying Adaptive Structuration Theory to Investigate the Process of Group Support Systems Use, in: Journal of Management Information Systems, 9 (3), 45–69.

Gordon, M. E.; McKeage, K.; Fox, M. A. (1998): Relationship Marketing Effectiveness: The Role of Involvement, in: Psychology & Marketing, 15 (5), 443–459.

Götz, O.; Liehr-Gobbers, K. (2004): Analyse von Strukturgleichungsmodellen mit Hilfe der Partial-Least-Squares (PLS)-Methode, in: Die Betriebswirtschaft, 64 (6), 714–738.

Grenci, R. T.; Todd, P. A. (2002): Solutions-Driven Marketing, in: Communications of the ACM, 45 (3), 65–71.

Gretzel, U.; Fesenmaier, D. R. (2006): Persuasion in Recommender Systems, in: International Journal of Electronic Commerce, 11 (2), 81–100.

Greve, G. (2006): Erfolgsfaktoren von Customer-Relationship-Management-Implementierungen, Wiesbaden.

Gröppel, A. (1991): Erlebnisstrategien im Einzelhandel - Analyse der Zielgruppen, der Ladengestaltung und der Warenpräsentation zur Vermittlung von Einkaufserlebnissen, Heidelberg.

Gröppel-Klein, A. (1998): Wettbewerbsstrategien im Einzelhandel - Chancen und Risiken von Preisführerschaft und Differenzierung, Wiesbaden.

Gwinner, K. P.; Bitner, M. J.; Brown, S. W.; Kumar, A. (2005): Service Customization through Employee Adaptiveness, in: Journal of Service Research, 8 (2), 131–148.

Ha, S.; Stoel, L. (2009): Consumer E-Shopping Acceptance: Antecendents in a Technology Acceptance Model, in: Journal of Business Research, 62 (5), 565–571.

Haas, A. (2006): Wie wirkt das kundenorientierte Verkaufen auf die Kundenzufriedenheit mit der Beratung? - Eine Analyse unter Berücksichtigung der Interaktionen zwischen den Dimensionen des Verkäuferverhaltens, in: Marketing ZFP, 28 (4), 236–246.

Haber, T. E. (2008): Resistenz gegenüber Innovationen, Wiesbaden.

Hair, J. F.; Black, W. C.; Babin, B. J.; Anderson, R. E. (2010): Multivariate Data Analysis - A Global Perspective, 7. ed., Upper Saddle River.

Hansen, H. R.; Knotzer, N.; Madlberger, M. (2007): Empfehlungssysteme zur Verkaufsberatung im Internet - State-of-the-Art und Konsumentenakzeptanz, in: Wirtschaftsinformatik, 49 (Sonderheft), 50–61.

Hansen, T.; Møller-Jensen, J. (2009): Shopping Orientation and Online Clothing Purchases: The Role of Gender and Purchase Situation, in: European Journal of Marketing, 43 (9/10), 1154–1170.

Harms, A.-K. (2002): Adoption technologiebasierter Self-Service-Innovationen - Analyse der Wirkungsmechanismen im Entscheidungsprozess der Konsumenten, Wiesbaden.

Häubl, G.; Murray, K. B. (2003): Preference Construction and Persistence in Digital Marketplaces: The Role of Electronic Recommendation Agents, in: Journal of Consumer Psychology, 13 (1-2), 75–91.

Häubl, G.; Trifts, V. (2000): Consumer Decision Making in Online Shopping Environments: The Effects of Interactive Decision Aids, in: Marketing Science, 19 (1), 4–21.

Hausmann, A. V.; Siekpe, J. S. (2009): The Effect of Web Interface Features on Consumer Online Purchase Intentions, in: Journal of Business Research, 62 (1), 5–13.

Hendrickson, A. R.; Massey, P. D.; Cronan, T. P. (1993): On the Test-Retest Reliability of Perceived Usefulness and Perceived Ease of Use Scales, in: MIS Quarterly, 17 (2), 227–230.

Hennig-Thurau, T.; Henning, V.; Sattler, H. (2007): Consumer File Sharing of Motion Pictures, in: Journal of Marketing, 71 (4), 1–18.

Henseler, J. (2006): Das Wechselverhalten von Konsumenten im Strommarkt - Eine empirische Untersuchung direkter und moderierender Effekte, Wiesbaden.

Henseler, J.; Fassott, G. (2010): Testing Moderating Effects in PLS Path Models: An Illustration of Available Procedures, in: Esposito Vinzi, V.; Chin, W. W.; Henseler, J.; Wang, H. (Hrsg.): Handbook of Partial Least Squares, Berlin, 713–735.

Henseler, J.; Ringle, C. M.; Sinkkovics, R. R. (2009): The Use of Partial Least Squares Path Modeling in International Marketing, in: Advances in International Marketing, 20, 277–320.

Herlocker, J. L.; Konstan, J. A.; Riedl, J. T. (2002): An Empirical Analysis of Design Choices in Neighborhood-based Collaborative Filtering Algorithms, in: Information Retrieval, 5 (4), 287–310.

Herlocker, J. L.; Konstan, J. A.; Terveen, L. G.; Riedl, J. T. (2004): Evaluating Collaborative Filtering Recommender Systems, in: ACM Transactions on Information Systems, 22 (1), 5–53.

Hernandez, B.; Jiménez, J.; Martin, M. J. (2009): Adoption vs. Acceptance of E-Commerce: Two Different Decisions, in: European Journal of Marketing, 43 (9/10), 1232–1245.

Herrmann, A.; Huber, F.; Kressmann, F. (2006): Varianz- und kovarianzbasierte Strukturgleichungsmodelle: Ein Leitfaden zu deren Spezifikation, Schätzung und Beurteilung, in: Zeitschrift für betriebswirtschaftliche Forschung, 58 (1), 34–66.

Hershberger, S. L. (2003): The Growth of Structural Equation Modeling: 1994-2001, in: Structural Equation Modeling, 10 (1), 35–46.

Hess, T. J.; Fuller, M.; Campbell, D. E. (2009): Designing Interfaces with Social Presence: Using Vividness and Extraversion to Create Social Recommendation Agents, in: Journal of the Association for Information Systems, 10 (12), 889–919.

Hildebrandt, L. (1984): Kausalanalytische Validierung in der Marketingforschung, in: Marketing ZFP, 6 (1), 41–51.

Hildebrandt, L.; Temme, D. (2006): Probleme bei Validierung mit Strukturgleichungsmodellen, in: Die Betriebswirtschaft, 66 (6), 618–639.

Hinz, O.; Eckert, J. (2010): Der Einfluss von Such- und Empfehlungssystemen auf den Absatz im Electronic Commerce, in: Wirtschaftsinformatik, 52 (2), 65–77.

Hirschheim, R. (2007): Introduction to the Special Issue on "Quo Vadis TAM - Issues and Reflections on Technology Acceptance Research", in: Journal of the Association for Information Systems, 8 (4), 204–205.

Hirschman, E. C.; Holbrook, M. B. (1982): Hedonic Consumption: Emerging Concepts, Methods and Propositions, in: Journal of Marketing, 46 (3), 92–101.

Hoffman, D. L.; Novak, T. P. (1996): Marketing in Hypermedia Computer Mediated Environments: Conceptual Foundations, in: Journal of Marketing, 60 (3), 50–68.

Hoffmann, A. (2008): Die Akzeptanz kartenbasierter Kundenbindungsprogramme aus Konsumentensicht - Determinanten und Erfolgswirkungen, Wiesbaden.

Holzwarth, M.; Janiszewski, C.; Neumann, M. M. (2006): The Influence of Avatars on Online Consumer Shopping Behavior, in: Journal of Marketing, 70 (4), 19–36.

Homburg, C. (2000): Kundennähe von Industriegüterunternehmen - Konzeption - Erfolgsauswirkungen - Determinanten, 3. Aufl., Wiesbaden.

Homburg, C. (2007): Betriebswirtschaftslehre als empirische Wissenschaft, in: Zeitschrift für betriebswirtschaftliche Forschung, 56 (7), 27–60.

Homburg, C.; Baumgartner, H. (1995a): Beurteilung von Kausalmodellen - Bestandsaufnahme und Anwendungsempfehlungen, in: Marketing ZFP, 17 (3), 162–176.

Homburg, C.; Baumgartner, H. (1995b): Die Kausalanalyse als Instrument der Marketingforschung, in: Zeitschrift für Betriebswirtschaft, 65 (10), 1091–1108.

Homburg, C.; Giering, A. (1996): Konzeptualisierung und Operationalisierung komplexer Konstrukte - Ein Leitfaden für die Marktforschung, in: Marketing ZFP, 18 (1), 5–24.

Homburg, C.; Giering, A. (2001): Personal Characteristics as Moderators of the Relationship Between Customer Satisfaction and Loyalty - An Empirical Analysis, in: Psychology & Marketing, 18 (1), 43–66.

Homburg, C.; Klarmann, M. (2006): Die Kausalanalyse in der empirischen betriebswirtschaftlichen Forschung - Problemfelder und Anwendungsempfehlungen, in: Die Betriebswirtschaft, 66 (6), 727–748.

Homburg, C.; Klarmann, M.; Pflesser, C. (2008): Konfirmatorische Faktorenanalyse, in: Herrmann, A.; Homburg, C.; Klarmann, M. (Hrsg.): Handbuch Marktforschung, Methoden, Anwendungen, Praxisbeispiele. 3. Aufl., Wiesbaden, 271–303.

Homburg, C.; Krohmer, H. (2009): Marketingmanagement - Strategie - Instrumente - Umsetzung - Unternehmensführung, 3. Aufl., Wiesbaden.

Homburg, C.; Schäfer, H. (2002): Die Erschließung von Kundenpotentialen durch Cross-Selling - Konzeptionelle Grundlagen und empirische Ergebnisse, in: Marketing ZFP, 24 (1), 7–26.

Hong, W.; Thong, J. Y.; Wong, W.-M.; Tam, K. Y. (2001): Determinants of User Acceptance of Digital Libraries: An Empirical Examination of Individual Differences and System Characteristics, in: Journal of Management Information Systems, 18 (3), 123–151.

Hostler, R. E.; Yoon, V. Y.; Guimaraes, T. (2005): Assessing the Impact of Internet Agent on End Users' Performance, in: Decision Support Systems, 41 (1), 313–323.

Howard, J. A.; Sheth, J. N. (1969): The Theory of Buyer Behavior, New York.

Hu, P. J.; Chau, P. Y.; Sheng, O. R.; Tam, K. Y. (1999): Examining the Technology Acceptance Model Using Physician Acceptance of Telemedicine Technology, in: Journal of Management Information Systems, 16 (2), 91–112.

Huang, M.-H. (2000): Information Load: Its Relationship to Online Exploratory and Shopping Behavior, in: International Journal of Information Management, 20 (5), 337–347.

Huang, Z.; Chung, W.; Chen, H. (2004): A Graph Model for E-commerce Recommender Systems, in: Journal of the American Society for Information Science and Technology, 55 (3), 259–274.

Huber, F. (2008): Protektionsverhalten am Point of Sale - Messung und Steuerung der Absicht des Einzelhandelsverkäufers ausgewählte Artikel im Verkaufsgespräch zu unterstützen, Wiesbaden.

Huber, F.; Heitmann, M.; Herrmann, A. (2006): Ansätze zur Kausalmodellierung mit Interaktionseffekten - Ein Überblick, in: Die Betriebswirtschaft, 66 (6), 696–710.

Huber, F.; Herrmann, A.; Meyer, F.; Vogel, J.; Vollhardt, K. (2007): Kausalmodellierung mit Partial Least Squares - Eine anwendungsorientierte Einführung, Wiesbaden.

Hung, L.-P. (2005): A Personalized Recommendation System Based on Product Taxonomy for One-to-one Marketing Online, in: Expert Systems with Applications, 29 (2), 383–392.

Hwang, H.; Malhotra, N. K.; Kim, Y.; Tomiuk, M. A.; Hong, S. (2010): A Comparative Study on Parameter Recovery of Three Approaches to Structural Equation Modeling, in: Journal of Marketing Research, 47 (4), 699–712.

Iacobucci, D.; Arabie, P.; Bodapati, A. V. (2000): Recommendation Agents on the Internet, in: Journal of Interactive Marketing, 14 (3), 2–11.

Im, I.; Hars, A. (2007): Does a One-Size Recommendation System Fit All? The Effectiveness of Collaborative Filtering Based Recommendation Systems across Different Domains and Search Modes, in: ACM Transactions on Information Systems, 26 (1), 4.1.–4.30.

Iyengar, S. S.; Lepper, M. R. (2000): When Choice is Demotivating: Can one Desire too Much of a Good Thing?, in: Journal of Personality and Social Psychology, 79 (6), 995–1006.

Jackson, C. M.; Chow, S. L. R. A. (1997): Toward an Understanding of the Behavioral Intention to Use an Information System, in: Decision Sciences, 28 (2), 357–389.

Jacoby, J. (1978): Consumer Research - A State of the Art Review, in: Journal of Marketing, 42 (2), 87–96.

Jacoby, J.; Speller, D. E.; Berning, C. K. (1974a): Brand Choice Behavior as a Function of Information Load: Replication and Extension, in: Journal of Consumer Research, 1 (1), 33–42.

Jacoby, J.; Speller, D. E.; Kohn, C. A. (1974b): Brand Choice Behavior as a Function of Information Load, in: Journal of Marketing Research, 11 (1), 63–69.

Jarvis, C. B.; MacKenzie, S. B.; Podsakoff, P. M. (2003): A Critical Review of Construct Indicators and Measurement Model Misspecification in Marketing and Consumer Research, in: Journal of Consumer Research, 30 (2), 199–218.

Jeck-Schlottmann, G. (1987): Visuelle Informationsverarbeitung bei wenig involvierten Konsumenten - Eine empirische Untersuchung zur Anzeigenbetrachtung mittels Blickaufzeichnung, Saarbrücken.

Joachims, T.; Granka, L.; Bing Pan; Hembrooke, H.; Radlinski, F.; Gay, G. (2007): Evaluating the Accuracy of Implicit Feedback from Clicks and Query Reformulations in Web Search, in: ACM Transactions on Information Systems, 25 (2), 1–27.

Johnson, M. D.; Herrmann, A.; Huber, F. (2006): The Evolution of Loyalty Intentions, in: Journal of Marketing, 70 (2), 122–132.

Johnson, M. D.; Horne, D. A. (1992): An Examination of the Validity of Direct Product Perceptions, in: Psychology & Marketing, 9 (3), 221–235.

Joos, M.; Rötting, M.; Velichkovsky, B. M. (2003): Bewegungen des menschlichen Auges: Fakten, Methoden und innovative Anwendungen, in: Rickheit, G.; Ungeheuer, G.; Wiegand, H. Ernst (Hrsg.): Psycholinguistik, Ein internationales Handbuch, Berlin, 142–168.

Jordan, K.; English, P. W. (1989): Simultaneous Sampling and Length Contrast, in: Perception & Psychophysics, 46 (6), 546–554.

Jöreskog, K. G. (1966): Testing a Simple Structure Hypothesis in Factor Analysis, in: Psychometrika, 31 (2), 165–178.

Jöreskog, K. G. (1967): Some Contributions to Maximum Likelihood Factor Analysis, in: Psychometrika, 32 (4), 443–482.

Jöreskog, K. G. (1969): A General Approach to Confirmatory Maximum Likelihood Factor Analysis, in: Psychometrika, 34 (2), 183–202.

Jöreskog, K. G. (1970): A General Method for Analysis of Covariance Structures, in: Biometrika, 57 (2), 239–251.

Jöreskog, K. G. (1971): Simultaneous Factor Analysis in Several Populations, in: Psychometrika, 36 (4), 409–426.

Jöreskog, K. G.; Sörbom, D. (1982): Recent Developments in Structural Equation Modeling, in: Journal of Marketing Research, 19 (4), 404–416.

Joseph, J. (1990): Arbeitswissenschaftliche Aspekte der betrieblichen Einführung neuer Technologien am Beispiel von Computer Aided Design (CAD) - Felduntersuchung zur Ermittlung arbeitswissenschaftlicher Empfehlungen für die Einführung neuer Technologien, Frankfurt am Main.

Just, M. A.; Carpenter, P. A. (1976): Eye Fixations and Cognitive Processes, in: Cognitive Psychology, 8 (4), 441–480.

Just, M. A.; Carpenter, P. A. (1980): A Theory of Reading: From Eye Fixations to Comprehension, in: Psychological Review, 87 (4), 329–354.

Kahneman, D.; Lovallo, D. (1993): Timid Choices and Bold Forecasts: A Cognitive Perspective on Risk Taking, in: Management Science, 39 (1), 17–31.

Kalyanam, K.; McIntyre, S. (2002): The E-Marketing Mix: A Contribution of the E-Tailing Wars, in: Journal of the Academy of Marketing Science, 30 (4), 487–499.

Kamakura, W. A.; Kossar, B. S.; Wedel, M. (2004): Identifying Innovators for the Cross-Selling of New Products, in: Management Science, 50 (8), 1120–1133.

Kamakura, W. A.; Ramaswami, S. N.; Srivastava, R. K. (1991): Applying Latent Trait Analysis in the Evaluation of Prospects for Cross-Selling of Financial Services, in: International Journal of Research in Marketing, 8 (4), 329–349.

Kamakura, W. A.; Wedel, M.; Rosa, F. de; Mazzon, J. A. (2003): Cross-Selling Through Database Marketing: A Mixed Data Factor Analyzer for Data Augmentation and Prediction, in: International Journal of Research in Marketing, 20 (1), 45–65.

Kapferer, J.-N.; Laurent, G. (1993): Further Evidence on the Consumer Involvement Profile: Five Antecedents of Involvement, in: Psychology & Marketing, 10 (4), 347–355.

Karahanna, E.; Agarwal, R.; Angst, C. M. (2006): Reconceptualizing Compatibility Beliefs in Technology Acceptance Research, in: MIS Quarterly, 30 (4), 781–804.

Karahanna, E.; Straub, D. W.; Chervany, N. L. (1999): Information Technology Adoption Across Time: A Cross-Sectional Comparison of Pre-Adoption and Post-Adoption Beliefs, in: MIS Quarterly, 23 (2), 183–213.

Keeney, R. L. (1999): The Value of Internet Commerce to the Customer, in: Management Science, 45 (4), 533–542.

Keitz, B. von (1986): Wahrnehmung von Informationen, in: Unger, F. (Hrsg.): Konsumentenpsychologie und Markenartikel, Heidelberg, 97–121.

Kelley, E. (1958): The Importance of Convenience in Consumer Purchasing, in: Journal of Marketing, 23 (1), 32–38.

Kim, J.; Forsythe, S. (2008a): Adoption of Virtual Try-on Technology for Online Apparel Shopping, in: Journal of Interactive Marketing, 22 (2), 45–59.

Kim, J.; Forsythe, S. (2008b): Sensory Enabling Technology Acceptance Model (SETAM): A Multiple-Group Structural Model Comparison, in: Psychology & Marketing, 25 (9), 901–922.

Kim, J.; Forsythe, S. (2009): Adoption of Sensory Enabling Technology for Online Apparel Shopping, in: European Journal of Marketing, 43 (9/10), 1101–1120.

Kim, J. W.; Lee, B. H.; Shaw, M. J.; Chang, H.-L.; Nelson, M. (2001): Application of Decision-Tree Induction Techniques to Personalized Advertisements on Internet Storefronts, in: International Journal of Electronic Commerce, 5 (3), 45–62.

King, A. S. (1972): Pupil Size, Eye Direction, and Message Appeal: Some Preliminary Findings, in: Journal of Marketing, 36 (3), 55–58.

King, M. F.; Balasubramanian, S. K. (1994): The Effects of Expertise, End Goal, and Product Type on Adoption of Preference Formation Strategy, in: Journal of the Academy of Marketing Science, 22 (2), 146–159.

King, W. R.; He, J. (2006): A Meta-Analysis of the Technology Acceptance Model, in: Information & Management, 43 (6), 740–755.

Knott, A.; Hayes, A.; Neslin, S. A. (2002): Next-Product-to-Buy Models for Cross-Selling Applications, in: Journal of Interactive Marketing, 16 (3), 59–75.

Kollmann, T. (1998): Akzeptanz innovativer Nutzungsgüter und -systeme - Konsequenzen für die Einführung von Telekommunikations- und Multimediasystemen, Wiesbaden.

Kollmann, T. (2000): Die Messung der Akzeptanz bei Telekommunikationssystemen, in: Journal für Betriebswirtschaft, 50 (2), 68–78.

Komiak, S. Y. X.; Benbasat, I. (2006): The Effects of Personalization and Familiarity on Trust and Adoption of Recommendation Agents, in: MIS Quarterly, 30 (4), 941–960.

Königstorfer, J. (2008): Akzeptanz von technologischen Innovationen - Nutzungsentscheidungen von Konsumenten dargestellt am Beispiel von mobilen Internetdiensten, Wiesbaden.

Koufaris, M. (2002): Applying the Technology Acceptance Model and Flow Theory to Online Consumer Behavior, in: Information Systems Research, 13 (2), 205–223.

Koufaris, M.; Kambil, A.; LaBarbera, P. A. (2001): Consumer Behavior in Web-based Commerce: An Empirical Study, in: International Journal of Electronic Commerce, 6 (2), 115–138.

Krafft, M.; Litfin, T. (2002): Adoption innovativer Telekommunikationsdienste - Validierung der Rogers-Kriterien bei Vorliegen potenziell heterogener Gruppen, in: Zeitschrift für betriebswirtschaftliche Forschung, 54 (2), 64–83.

Kramer, T. (2007): The Effect of Measurement Task Transparency on Preference Construction and Evaluations of Personalized Recommendations, in: Journal of Marketing Research, 44 (2), 224–233.

Kramer, T.; Spolter-Weisfeld, S.; Thakkar, M. (2007): The Effect of Cultural Orientation on Consumer Responses to Personalization, in: Marketing Science, 26 (2), 246–258.

Kroeber-Riel, W. (1984): Effects of Emotional Pictorial Elements in Ads Analyzed by Means of Eye Movement Monitoring, in: Advances in Consumer Research, 11 (1), 591–596.

Kroeber-Riel, W.; Barton, B. (1980): Scanning Ads-Effects of Position and Arousal Potential of Ad Elements, in: Current Issues & Research in Advertising, 3 (1), 147–163.

Kroeber-Riel, W.; Weinberg, P.; Gröppel-Klein, A. (2009): Konsumentenverhalten, 9. Aufl., München.

Krugman, D. M.; Fox, R. J.; Fletcher, J. E.; Fischer, P. M.; Rojas, T. H. (1994): Do Adolescents attend to Warnings in Cigarette Advertising? An Eye-Tracking Approach, in: Journal of Advertising Research, 36 (6), 39–52.

Krugman, H. E. (1965): The Impact of Television Advertising: Learning without Involvement, in: Public Opinion Quarterly, 29 (3), 349–356.

Krugman, H. E. (1971): Brain Wave Measures of Media Involvement, in: Journal of Advertising Research, 11 (1), 3–9.

Kulviwat, S.; Bruner, G. C., II; Kumar, A.; Nasco, S. A.; Clark, T. (2007): Toward a Unified Theory of Consumer Acceptance Technology, in: Psychology & Marketing, 24 (12), 1059–1084.

Kumar, V.; George, M.; Pancras, J. (2008): Cross-Buying in Retailing: Drivers and Consequences, in: Journal of Retailing, 84 (1), 15–27.

Lam, S. Y.; Chau, A. W.-L.; Wong, T. J. (2007): Thumbnails as Online Product Displays: How Consumers Process Them, in: Journal of Interactive Marketing, 21 (1), 36–59.

Lans, R. van der; Pieters, R. G.; Wedel, M. (2008): Eye-Movement Analysis of Search Effectiveness, in: Journal of the American Statistical Association, 103 (482), 452–461.

Lawrence, R. D.; Almasi, G. S.; Kotlyar, V.; Viveros, M. S.; Duri, S. S. (2001): Personalization of Supermarket Product Recommendations, in: Data Mining and Knowledge Discovery, 5 (1/2), 11–32.

Lee, B.-K.; Lee, W.-N. (2004): The Effect of Information Overload on Consumer Choice Quality in an On-Line Environment, in: Psychology & Marketing, 21 (3), 159–183.

Lee, E.-J.; Park, J. K. (2009): Online Service Personalization for Apparel Shopping, in: Journal of Retailing and Consumer Services, 16 (2), 83–91.

Lee, K. C.; Kwon, S. (2008): A Cognitive Map-driven Avatar Design Recommendation DSS and its Empirical Validity, in: Decision Support Systems, 45 (3), 461–472.

Lee, Y.; Kozar, K. A.; Larsen, K. R. (2003): The Technology Acceptance Model: Past, Present, and Future, in: Communications of the Association for Information Systems, 12, 752–780.

Legris, P.; Ingham, J.; Collerette, P. (2003): Why do People use Information Technology? A Critical Review of the Technology Acceptance Model, in: Information & Management, 40 (3), 191–204.

Leven, W. (1986): Blickregistrierung in der Werbeforschung, in: Issing, L. J. (Hrsg.): Blickbewegung und Bildverarbeitung, Kognitionspsychologische Aspekte visueller Informationsverarbeitung; Frankfurt am Main, 147–172.

Leven, W. (1988): Automatische Blickregistrierung - Technik und Messgenauigkeit, in: Marketing ZFP, 10 (2), 116–122.

Leven, W. (1991): Blickverhalten von Konsumenten - Grundlagen, Messung und Anwendung in der Werbeforschung, Heidelberg.

Li, H.; Kuo, C.; Russel, M. G. (1999): The Impact of Perceived Channel Utilities, Shopping Orientations, and Demographics on the Consumer's Online Buying Behavior, in: Journal of Computer Mediated Communication, 5 (2).

Li, Y.; Lu, L.; Li, X. (2005a): A Hybrid Collaborative Filtering Method for Multiple-Interests and Multiple-Content Recommendation in E-Commerce, in: Expert Systems with Applications, 28 (1), 67–77.

Li, S.; Sun, B.; Wilcox, R. T. (2005b): Cross-Selling Sequentially Ordered Products: An Application to Consumer Banking, in: Journal of Marketing Research, 42 (2), 233–239.

Liebmann, H.-P.; Zentes, J.; Swoboda, B. (2008): Handelsmanagement, 2. Aufl., München.

Light, M.; Maybury, M. T. (2002): Personalized Multimedia Information Access, in: Communications of the ACM, 45 (5), 54–59.

Lin, C.-H.; Shih, H.-Y.; Sher, P. J. (2007): Integrating Technology Readiness into Technology Acceptance: The TRAM Model, in: Psychology & Marketing, 24 (7), 641–657.

Lingenfelder, M.; Loevenich, P. (2003): Identifikation und Auswahl von Zielgruppen im E-Commerce - Ergebnisse einer empirischen Untersuchung, in: Marketing ZFP, 25 (2), 119–131.

Litfin, T. (2000): Adoptionsfaktoren - Empirische Analyse am Beispiel eines innovativen Telekommunikationsdienstes, Wiesbaden.

Liu, Y.; Shrum, L. J. (2002): What Is Interactivity and Is It Always Such a Good Thing? Implications of Definition, Person, and Situation for the Influence of Interactivity on Advertising Effectiveness, in: Journal of Advertising, 31 (4), 53–64.

Lohmöller, J.-B. (1989): Latent Variable Path Modeling with Partial Least Squares, Heidelberg.

Lohse, G. L. (1997): Consumer Eye Movement Patterns on Yellow Pages Advertising, in: Journal of Advertising, 26 (1), 62–73.

Loiacono, E. T.; Watson, R. T.; Goodhue, D. L. (2007): WebQual: An Instrument for Consumer Evaluation of Web Sites, in: International Journal of Electronic Commerce, 11 (3), 51–87.

Lorigo, L.; Haridasan, M.; Brynjarsdóttir, H.; Xia, L.; Joachims, T.; Gay, G.; Granka, L.; Pellacini, F.; Pan, B. (2008): Eye Tracking and Online Search: Lessons Learned and Challenges Ahead, in: Journal of the American Society for Information Science and Technology, 59 (7), 1041–1052.

Lucke, D. (1995): Akzeptanz - Legitimität in der "Abstimmungsgesellschaft", Opladen.

Lynch, J. G., Jr.; Ariely, D. (2000): Wine Online: Search Costs Affect Competition on Price, Quality, and Distribution, in: Marketing Science, 19 (1), 83–103.

Madden, T. J.; Ellen, P. S.; Ajzen, I. (1992): A Comparison of the Theory of Planned Behavior and the Theory of Reasoned Action, in: Personality and Social Psychology Bulletin, 18 (2), 3–9.

Maes, P. (1994): Agents that Reduce Work and Information Overload, in: Communications of the ACM, 37 (7), 31–40.

Maes, P. (1999): Smart Commerce: The Future of Intelligent Agents in Cyberspace, in: Journal of Interactive Marketing, 13 (3), 66–76.

Maes, P.; Guttman, R. H.; Moukas, A. G. (1999): Agents that buy and sell, in: Communications of the ACM, 42 (3), 81–91.

Malhotra, N. K. (1982): Multi-Stage Information Processing Behavior: An Experimental Investigation, in: Journal of the Academy of Marketing Science, 10 (1-2), 54–71.

Massey, A. P.; Khatri, V.; Montoya-Weiss, M. M. (2007): Usability of Online Services: The Role of Technology Readiness and Context, in: Decision Sciences, 38 (2), 277–308.

Mathwick, C.; Ridgon, E. (2004): Play, Flow, and the Online Search Experience, in: Journal of Consumer Research, 31 (2), 324–332.

McDonald, R. P. (1996): Path Analysis with Composite Variables, in: Multivariate Behavioral Research, 31 (2), 239.

McGinty, L.; Smyth, B. (2006): Adaptive Selection: An Analysis of Critiquing and Preference-based Feedback in Conversational Recommender Systems, in: International Journal of Electronic Commerce, 11 (2), 35–57.

Mehrabian, A.; Russell, J. A. (1974): An Approach to Environmental Psychology, Cambridge, Mass.

Meißner, M.; Decker, R.; Pfeiffer, J. (2010): Ein empirischer Vergleich der Prozessaufzeichnungsmethoden - Mouselab und Eyetracking bei Präferenzmessungen mittels Choice-based Conjoint Analyse, in: Marketing ZFP, 32 (3), 135–145.

Mertens, P.; Höhl, M. (1999): Wie lernt der Computer den Menschen kennen? Bestandsaufnahme und Experimente zur Benutzermodellierung in der Wirtschaftsinformatik, in: Wirtschaftsinformatik, 41 (3), 201–209.

Meuter, M. L.; Ostrom, A. L.; Bitner, M. J.; Roundtree, R. (2003): The Influence of Technology Anxiety on Consumer Use and Experiences with Self-Service Technologies - Strategy in E-Marketing, in: Journal of Business Research, 56 (11), 899–906.

Meuter, M. L.; Ostrom, A. L.; Roundtree, R. I.; Bitner, M. J. (2000): Self-Service Technologies: Understanding Customer Satisfaction with Technology-based Service Encounters, in: Journal of Marketing, 64 (3), 50–64.

Meyers-Levy, J.; Tybout, A. M. (1997): Context Effects at Encoding and Judgment in Consumption Settings: The Role of Cognitive Resources, in: Journal of Consumer Research, 24 (1), 1–14.

Miceli, G. N.; Ricotta, F.; Costabile, M. (2007): Customizing Customization: A Conceptual Framework for Interactive Personalization, in: Journal of Interactive Marketing, 21 (2), 6–25.

Mild, A.; Reutterer, T. (2003): An Improved Collaborative Filtering Approach for Predicting Cross-Category Purchases Based on Binary Market Basket Data, in: Journal of Retailing and Consumer Services, 10 (3), 123–133.

Mittal, B. (1995): A Comparative Analysis of Four Scales of Consumer Involvement, in: Psychology & Marketing, 12 (7), 663–682.

Mittal, B.; Lassar, W. M. (1996): The Role of Personalization in Service Encounters, in: Journal of Retailing, 72 (1), 95–109.

Montaner, M.; López, B.; Rosa, J. L. de la (2003): A Taxonomy of Recommender Agents on the Internet, in: Artificial Intelligence Review, 19 (4), 285–330.

Montoya-Weiss, M. M.; Voss, G. B.; Grewal, D. (2003): Determinants of Online Channel Use and Overall Satisfaction With a Relational, Multichannel Service Provider, in: Journal of the Academy of Marketing Science, 31 (4), 448–458.

Moon, Y. (2002): Personalization and Personality: Some Effects of Customizing Message Style Based on Consumer Personality, in: Journal of Consumer Psychology, 12 (4), 313–326.

Moore, G. C.; Benbasat, I. (1991): Development of an Instrument to Measure the Perceptions of Adopting an Information Technology Innovation, in: Information Systems Research, 2 (3), 192–222.

Morrison, B. J.; Dainoff, M. J. (1972): Advertisement Complexity and Looking Time, in: Journal of Marketing Research, 9 (4), 396–400.

Mukherjee, A.; Nath, P. (2007): Role of Electronic Trust in Online Retailing - A Re-Examination of the Commitment-Trust Theory, in: European Journal of Marketing, 41 (9/10), 1173–1202.

Müller, M. (2007): Integrationskompetenz von Kunden bei individuellen Leistungen - Konzeptualisierung, Operationalisierung und Erfolgswirkung, Wiesbaden.

Müller-Böling, D.; Müller, M. (1986): Akzeptanzfaktoren der Bürokommunikation, München.

Mulvenna, M. D.; Anand, S. S.; Büchner, A. G. (2000): Personalization on the Net using Web Mining, in: Communications of the ACM, 43 (8), 122–125.

Murthi, B. P. S.; Sarkar, S. (2003): The Role of the Management Sciences in Research on Personalization, in: Management Science, 49 (10), 1344–1362.

Nantel, J. (2004): My Virtual Model: Virtual Reality comes into Fashion, in: Journal of Interactive Marketing, 18 (3), 73–86.

Nevitt, J.; Hancock, G. R. (2001): Performance of Bootstrapping Approaches to Model Test Statistics and Parameter Standard Error Estimation in Structural Equation Modeling, in: Structural Equation Modeling, 8 (3), 353–377.

Nikolaeva, R.; Sriram, S. (2006): The Moderating Role of Consumer and Product Characteristics on the Value of Customized On-Line Recommendations, in: International Journal of Electronic Commerce, 11 (2), 101–123.

Noton, D.; Stark, L. (1971): Scanpaths in Eye Movements during Pattern Perception, in: Science, 171 (3968), 308–311.

Novak, T. P.; Hoffman, D. L.; Yung, Y.-F. (2000): Measuring the Customer Experience in Online Environments: A Structural Modeling Approach, in: Marketing Science, 19 (1), 22–42.

Nunnally, J. C. (1978): Psychometric Theory, 2. ed., New York.

O'Cass, A.; Fenech, T. (2003): Web Retailing Adoption: Exploring the Nature of Internet Users Web Retailing Behaviour, in: Journal of Retailing and Consumer Services, 10 (2), 81–94.

Oehler, A. (1990): Die Akzeptanz der technikgestützten Selbstbedienung im Privatkundengeschäft von Universalbanken, Stuttgart.

Olsen, L. L.; Johnson, M. D. (2003): Service Equity, Satisfaction, and Loyalty: From Transaction-Specific to Cumulative Evaluations, in: Journal of Service Research, 5 (3), 184–195.

Opaschowski, H. W. (2008): Deutschland 2030 - Wie wir in Zukunft leben, Gütersloh.

Ostlund, L. E. (1974): Perceived Innovation Attributes as Predictors of Innovativeness, in: Journal of Consumer Research, 1 (2), 23–29.

Papenhoff, H. (2009): Cross Buying Extended in Multi Partner Bonusprogrammen - Eine kritische Analyse, Wiesbaden.

Parasuraman, A. (2000): Technology Readiness Index (TRI) - A Multiple-Item Scale to Measure Readiness to Embrace New Technologies, in: Journal of Service Research, 2 (4), 307–320.

Parasuraman, A.; Grewal, D. (2000): The Impact of Technology on the Quality-Value-Loyalty Chain: A Research Agenda, in: Journal of the Academy of Marketing Science, 28 (1), 168–174.

Parasuraman, A.; Zeithaml, V. A.; Berry, L. L. (1985): A Conceptual Model of Service Quality and Its Implications for Future Research, in: Journal of Marketing, 49 (4), 41–50.

Parasuraman, A.; Zeithaml, V. A.; Berry, L. L. (1988): SERVQUAL: A Multiple-Item Scale for Measuring Consumer Perception of Service Quality, in: Journal of Retailing, 64 (1), 12–40.

Parasuraman, A.; Zeithaml, V. A.; Malhotra, A. (2005): E-S-QUAL: A Multiple-Item Scale for Assessing Electronic Service Quality, in: Journal of Service Research, 7 (3), 213–233.

Patalano, A. L.; Juhasz, B. J.; Dicke, J. (2010): The Relationship between Indecisiveness and Eye Movement Patterns in a Decision making Informational Search Task, in: Journal of Behavioral Decision Making, 23 (4), 353–368.

Pavlou, P. A. (2003): Consumer Acceptance of Electronic Commerce: Integrating Trust and Risk with the Technology Acceptance Model, in: International Journal of Electronic Commerce, 7 (3), 101–134.

Pavlou, P. A.; Chai, L. (2002): What Drives Electronic Commerce across Cultures? A Cross-Cultural Empirical Investigation of the Theory of Planned Behavior, in: Journal of Electronic Commerce Research, 3 (4), 240–253.

Pavlou, P. A.; Fygension, M. (2006): Understanding and Predicting Electronic Commerce Adoption: An Extension of the Theory of Planned Behavior, in: MIS Quarterly, 30 (1), 115–143.

Peppers, D.; Rogers, M. (1997): Enterprise One to One - Tools for Competing in the Interactive Age, 1. ed., New York.

Peter, J. P. (1979): Reliability: A Review of Psychometric Basics and Recent Marketing Practices, in: Journal of Marketing Research, 16 (1), 6–17.

Peter, J. P. (1981): Construct Validity: A Review of Basic Issues and Marketing Practices, in: Journal of Marketing Research, 18 (2), 133–145.

Peter, J. P.; Churchill, G. A. (1986): Relationships Among Research Design Choices and Psychometric Properties of Rating Scales: A Meta-Analysis, in: Journal of Marketing Research, 23 (1), 1–10.

Pieters, R. G.; Rosbergen, E.; Wedel, M. (1999): Visual Attention to Repeated Print Advertising: A Test of Scanpath Theory, in: Journal of Marketing Research, 36 (4), 424–438.

Pieters, R. G.; Warlop, L. (1999): Visual Attention during Brand Choice: The Impact of Time Pressure and Task Motivation, in: International Journal of Research in Marketing, 16 (1), 1–16.

Pieters, R. G.; Wedel, M. (2004): Attention Capture and Transfer in Advertising: Brand, Pictorial, and Text-Size Effects, in: Journal of Marketing, 68 (2), 36–50.

Pieters, R. G.; Wedel, M.; Zhang, J. (2007): Optimal Feature Advertising Design Under Competitive Clutter, in: Management Science, 53 (11), 1815–1828.

Piller, F. (2006): Mass Customization - Ein wettbewerbsstrategisches Konzept im Informationszeitalter, 4. Aufl., Wiesbaden.

Plouffe, C. R.; Hulland, J.; Wachner, T. (2009): Customer-directed Selling Behaviors and Performance: A Comparison of Existing Perspectives, in: Journal of the Academy of Marketing Science, 37 (4), 422–439.

Pohl, A. (1996): Leapfrogging bei technologischen Innovationen - Ein Erklärungsansatz auf Basis der Theorie des wahrgenommenen Risikos, Wiesbaden.

Pohlkamp, A. (2009): Identifikation und Ausschöpfung von Up-Selling-Potenzialen - Ein Beitrag zur Segmentierung von Aufsteigern, Wiesbaden.

Porter, C. E.; Donthu, N. (2006): Using the Technology Acceptance Model to Explain how Attitudes Determine Internet Usage: The Role of Perceived Access Barriers and Demographics, in: Journal of Business Research, 59 (9), 999–1007.

Porter, S. S.; Wiener, J. L.; Franwick, G. L. (2003): The Moderating Effect of Selling Situation on the Adaptive Selling Strategy-Selling Effectiveness Relationship, in: Journal of Business Research, 56 (4), 275–281.

Pressmar, D. B. (1982): Zur Akzeptanz von Computergestützten Planungssystemen, in: Krallmann, H. (Hrsg.): Unternehmensplanung und -steuerung in den 80er Jahren, Eine Herausforderung an d. Informatik, Berlin, 324–348.

Punj, G. N.; Moore, R. (2007): Smart Versus Knowledgeable Online Recommendation Agents, in: Journal of Interactive Marketing, 21 (4), 46–60.

Qualls, W. J. (1987): Household Decision Behavior: The Impact of Husbands' and Wives' Sex Role Orientation, in: Journal of Consumer Research, 14 (2), 264–279.

Raaij, W. F. van (1977): Consumer Choice Behavior: An Information-Processing Approach, Tilburg.

Raney, A. A.; Arpan, L. M.; Pashupati, K.; Brill, D. A. (2003): At the Movies, on the Web: An Investigation of the Effects of Entertaining and Interactive Web Content on Site and Brand Evaluations, in: Journal of Interactive Marketing, 17 (4), 38–53.

Rayner, K. (1978): Eye Movements in Reading and Information Processing, in: Psychological Bulletin, 85 (3), 618–660.

Rayner, K. (1998): Eye Movements in Reading and Information Processing: 20 Years of Research, in: Psychological Bulletin, 124 (3), 372–422.

Reichardt, T. (2008): Bedürfnisorientierte Marktstrukturanalyse für technische Innovationen - Eine empirische Untersuchung am Beispiel Mobile Commerce, Wiesbaden.

Reichwald, R. (1978): Zur Notwendigkeit der Akzeptanzforschung bei der Entwicklung neuer Systeme der Bürotechnik, Arbeitsbericht "Die Akzeptanz neuer Bürotechnologie", Bd. 1, Hochschule der Bundeswehr München, München.

Reinartz, W.; Thomas, J. S.; Bascoul, G. (2008): Investigating Cross-Buying and Customer Loyalty, in: Journal of Interactive Marketing, 22 (1), 5–20.

Reith, C. (2007): Convenience im Handel, Frankfurt am Main.

Rengelshausen, O. (2000): Online-Marketing in deutschen Unternehmen - Einsatz - Akzeptanz - Wirkungen, Wiesbaden.

Resnick, P.; Varian, H. R. (1997): Recommender Systems, in: Communications of the ACM, 40 (3), 56–58.

Reynolds, K. E.; Beatty, S. E. (1999): Customer Benefits and Company Consequences of Customer-Salesperson Relationships in Retailing, in: Journal of Retailing, 75 (1), 1–2.

Riedl, R.; Hubert, M.; Kenning, P. (2010): Are there Neural Gender Differences in Online Trust? An FMRI Study on Perceived Trustworthiness of eBay Offers, in: MIS Quarterly, 34 (2), 397–428.

Ringle, C. M. (2004): Kooperation in Virtuellen Unternehmungen - Auswirkungen auf die strategischen Erfolgsfaktoren der Partnerunternehmen, Wiesbaden.

Ringle, C. M.; Wende, S.; Will, A. (2005): SmartPLS 2.0 (beta), Online verfügbar unter www.smartpls.de.

Rogers, E. M. (1962): Diffusion of innovations, New York, NY.

Rogers, E. M. (2003): Diffusion of Innovations, 5. ed., New York.

Román, S.; Iacobucci, D. (2010): Antecedents and Consequences of Adaptive Selling Confidence and Behavior: A Dyadic Analysis of Salespeople and Their Customers, in: Journal of the Academy of Marketing Science, 38 (3), 363–382.

Roth, E. (1967): Einstellung als Determination individuellen Verhaltens: Die Analyse eines Begriffes und seiner Bedeutung für die Persönlichkeitspsychologie, Göttingen.

Roth, P. L. (1994): Missing Data: A Conceptual Review for Applied Psychologists, in: Personnel Psychology, 47 (3), 537–560.

Rötting, M. (1999): Typen und Parameter von Augenbewegungen, in: Rötting, M. (Hrsg.): Blickbewegungen in der Mensch-Maschine-Systemtechnik, Sinzheim, 1–18.

Rötting, M. (2001): Parametersystematik der Augen- und Blickbewegungen für arbeitswissenschaftliche Untersuchungen, Aachen.

Roy, M. C.; Dewit, O.; Aubert, B. A. (2001): The Impact of Interface Usability on Trust in Web Retailers, in: Internet Research, 11 (5), 388–398.

Runte, M. (2000): Personalisierung im Internet - Individualisierte Angebote mit Collaborative Filtering, Wiesbaden.

Russo, J. E. (1974): More Information is better: A Reevaluation of Jacoby, in: Journal of Consumer Research, 1 (3), 68–72.

Russo, J. E.; Leclerc, F. (1994): An Eye-Fixation Analysis of Choice Processes for Consumer Nondurables, in: Journal of Consumer Research, 21 (2), 274–290.

Rust, R. T.; Kannan, P. K. (2003): E-Service: A New Paradigm for Business in the Electronic Environment, in: Communications of the ACM, 46 (6), 37–42.

Rust, R. T.; Lemon, K. N. (2001): E-Service and the Consumer, in: International Journal of Electronic Commerce, 5 (3), 85–101.

Rust, R. T.; Verhoef, P. C. (2005): Optimizing the Marketing Interventions Mix in Intermediate - Term CRM, in: Marketing Science, 24 (3), 477–489.

Salzmann, R. (2007): Multimodale Erlebnisvermittlung am Point of Sale - eine verhaltenswissenschaftliche Analyse unter besonderer Berücksichtigung der Wirkungen von Musik und Duft, Wiesbaden.

Samli, A. C. (1975): Use of Segmentation Index to Measure Store Loyalty, in: Journal of Retailing, 51 (1), 51–61.

Sand, N.; Stüber, E.; Brusch, M. (2010): Wirkungsmessung der Online-Kommunikation - Eye-Tracking als methodische Unterstützung am Beispiel der Glaubwürdigkeitsmessung von Online-Werbung, erscheint in: Planung & Analyse.

Sarstedt, M.; Wilczynski, P. (2009): More for Less? A Comparison of Single-Item and Multi-Item Measures, in: Die Betriebswirtschaft, 69 (2), 211–227.

Saxe, R.; Weitz, B. A. (1982): The SOCO Scale: A Measure of the Customer Orientation of Salespeople, in: Journal of Marketing Research, 19 (3), 343–351.

Scammon, D. L. (1977): "Information Load" and Consumers, in: Journal of Consumer Research, 4 (3), 148–155.

Schafer, J. B.; Konstan, J. A.; Riedl, J. T. (2001): E-Commerce Recommendation Applications, in: Data Mining and Knowledge Discovery, 5 (1/2), 115–153.

Schäfer, H. (2002): Die Erschließung von Kundenpotentialen durch Cross-Selling - Erfolgsfaktoren für ein produktübergreifendes Beziehungsmanagement, Wiesbaden.

Schepers, J.; Wetzels, M. (2007): A Meta-Analysis of the Technology Acceptance Model: Investigating Subjective Norm and Moderation Effects, in: Information & Management, 44 (1), 90–103.

Schierz, P. G. (2008): Akzeptanz von mobilen Zahlungssystemen - Eine empirische Analyse basierend auf dem Technologieakzeptanzmodell, Hamburg.

Literaturverzeichnis

Schmidt, S. (2009): Die Diffusion komplexer Produkte und Systeme - Ein systemdynamischer Ansatz, Wiesbaden.

Schneider, T. (2005): Preference-based-Recommender-Systeme - Individuelle neuronale Präferenzmodellierung am Beispiel von Investmentfonds, Wiesbaden.

Schnell, R.; Hill, P. B.; Esser, E. (2008): Methoden der empirischen Sozialforschung, 8. Aufl., München.

Scholderer, J.; Balderjahn, I. (2005): PLS versus LISREL: Ein Methodenvergleich, in: Bliemel, F. (Hrsg.): Handbuch PLS-Pfadmodellierung, Methode, Anwendung, Praxisbeispiele, Stuttgart, 87–98.

Scholderer, J.; Balderjahn, I. (2006): Was unterscheidet harte und weiche Strukturgleichungsmodelle nun wirklich? - Ein Klärungsversuch zur LISREL-PLS-Frage, in: Marketing ZFP, 28 (1), 57–70.

Schönecker, H. G. (1980): Bedienerakzeptanz und technische Innovationen - Akzeptanzrelevante Aspekte bei der Einführung neuer Bürotechniksysteme, München.

Schönecker, H. G. (1985): Kommunikationstechnik und Bedienerakzeptanz, München.

Schramm-Klein, H. (2003): Multi-Channel-Retailing - Verhaltenswissenschaftliche Analyse der Wirkung von Mehrkanalsystemen im Handel, Wiesbaden.

Schröder, H.; Zaharia, S. (2008): Linking Multi-Channel Customer Behavior with Shopping Motives: An Empirical Investigation of a German Retailer, in: Journal of Retailing and Consumer Services, 15 (6), 452–468.

Schroiff, H.-W. (1983): Experimentelle Untersuchungen zur Reliabilität und Validität von Blickbewegungsdaten, Dissertation, TH Aachen.

Schroiff, H.-W. (1987): Zum Stellenwert von Blickbewegungen bei der Mikroanalyse kognitiver Prozesse, in: Zeitschrift für Psychologie, 195 (1), 189–208.

Schuckel, M. (1999): Bedienungsqualität im Einzelhandel, Stuttgart.

Schwarz, A.; Chin, W. (2007): Looking Forward: Toward an Understanding of the Nature and Definition of IT Acceptance, in: Journal of the Association for Information Systems, 8 (4), 230–243.

Segars, A. H.; Grover, V. (1993): Re-Examining Perceived Ease of Use and Usefulness: A Confirmatory Factor Analysis, in: MIS Quarterly, 17 (4), 517–525.

Seidel, A. (2007): Kundenorientierte Kommunikation - Konzeptionalisierung und empirische Analyse im Dienstleistungsbereich, Wiesbaden.

Senecal, S.; Nantel, J. (2004): The Influence of Online Product Recommendations on Consumers' Online Choices, in: Journal of Retailing, 80 (2), 159–169.

Sharma, A.; Sheth, J. N. (2004): Web-based Marketing: The Coming Revolution in Marketing Thought and Strategy, in: Journal of Business Research, 57 (7), 696–702.

Sharma, S.; Durand, R. M.; Gur-Arie, O. (1981): Identification and Analysis of Moderator Variables, in: Journal of Marketing Research, 18 (3), 291–300.

Shen, A.; Ball, D. (2009): Is Personalization of Services always a Good Thing? Exploring the Role of Technology-mediated Personalization (TMP) in Service Relationships, in: Journal of Services Marketing, 23 (2), 79–91.

Sheppard, B. H.; Hartwick, J.; Warshaw, P. R. (1988): The Theory of Reasoned Action: A Meta-Analysis of Past Research with Recommendations for Modifications and Future Research, in: Journal of Consumer Research, 15 (3), 325–343.

Sherif, M.; Cantril, H. (1947): The Psychology of Ego-Involvement, New York.

Sheth, J. N.; Newman, B. I.; Gross, B. L. (1991): Why we Buy what we Buy: A Theory of Consumption Values, in: Journal of Business Research, 22 (2), 159–170.

Shih, C.-F.; Venkatesh, A. (2004): Beyond Adoption: Development and Application of a Use-Diffusion Model, in: Journal of Marketing, 68 (1), 59–72.

Shih, H.-P. (2004): An Empirical Study on Predicting User Acceptance of E-Shopping on the Web, in: Information & Management, 41 (3), 351–368.

Silva, L. (2007): Post-Positivist Review of Technology Acceptance Model, in: Journal of the Association for Information Systems, 8 (4), 255–266.

Simonson, I. (2005): Determinants of Customers' Responses to Customized Offers: Conceptual Framework and Research Propositions, in: Journal of Marketing, 69 (1), 32–45.

Singh, N.; Fassott, G.; Hongxin Zhao; Boughton, P. D. (2006a): A Cross-Cultural Analysis of German, Chinese and Indian Consumers' Perception of Web Site Adaptation, in: Journal of Consumer Behaviour, 5 (1), 56–68.

Singh, N.; Fassott, G.; Chao, M. C. H.; Hoffmann, J. A. (2006b): Understanding International Web Site Usage, in: International Marketing Review, 23 (1), 83–97.

Sivaramakrishnan, S.; Wan, F.; Tang, Z. (2007): Giving an "E-Human Touch" to E-Tailing: The Moderating Roles of Static Information Quantity and Consumption Motive in the Effectiveness of an Anthropomorphic Information Agent, in: Journal of Interactive Marketing, 21 (1), 60–75.

Smith, D.; Menon, S.; Sivakumar, K. (2005): Online Peer and Editorial Recommendations, Trust, and Choice in Virtual Markets, in: Journal of Interactive Marketing, 19 (3), 15–37.

Smith, R. E.; Swinyard, W. R. (1983): Attitude-Behavior Consistency: The Impact of Product Trial Versus Advertising, in: Journal of Marketing Research, 20 (3), 257–267.

Solomon, M. R.; Surprenant, C.; Czepiel, J. A.; Gutman, E. G. (1985): A Role Theory Perspective on Dyadic Interactions: The Service Encounter, in: Journal of Marketing, 49 (1), 99–111.

Son, J.-Y.; Kim, S. S.; Riggins, F. J. (2006): Consumer Adoption of Net-enabled Infomediaries: Theoretical Explanations and an Empirical Test, in: Journal of the Association for Information Systems, 7 (7), 473–508.

Song, J. H.; Zinkhan, G. M. (2008): Determinants of Perceived Web Site Interactivity, in: Journal of Marketing, 72 (2), 99–113.

Song, M.; Parry, M. E.; Kawakami, T. (2009): Incorporating Network Externalities into the Technology Acceptance Model, in: Journal of Product Innovation Management, 26 (3), 291–307.

Spieckermann, S. (2001): Online Information Search with Electronic Agents - Drivers, Impediments, and Privacy Issues, Dissertation, Humbold Universität, Berlin.

Spieckermann, S.; Paraschiv, C. (2002): Motivating Human–Agent Interaction: Transferring Insights from Behavioral Marketing to Interface Design, in: Electronic Commerce Research, 2 (3), 255–285.

Spiro, R. L.; Weitz, B. A. (1990): Adaptive Selling: Conceptualization, Measurement, and Nomological Validity, in: Journal of Marketing Research, 27 (1), 61–69.

Srinivasan, S. S.; Anderson, R. E.; Ponnavolu, K. (2002): Customer Loyalty in E-Commerce: An Exploration of its Antecedents and Consequences, in: Journal of Retailing, 78 (1), 41–50.

Stafford, M. R.; Stern, B. B. (2002): Consumer Bidding Behavior on Internet Auction Sites, in: International Journal of Electronic Commerce, 7 (1), 135–150.

Steenkamp, J.-B. E. M.; Wedel, M. (1991): Segmenting Retail Markets on Store Image Using a Consumer-based Methodology, in: Journal of Retailing, 67 (3), 300–320.

Stern, B. B.; Royne, M. B.; Stafford, T. F.; Bienstock, C. C. (2008): Consumer Acceptance of Online Auctions: An Extension and Revision of the TAM, in: Psychology & Marketing, 25 (7), 619–636.

Stewart, D. W.; Pavlou, P. A. (2002): From Consumer Response to Active Consumer: Measuring the Effectiveness of Interactive Media, in: Journal of the Academy of Marketing Science, 30 (4), 376–396.

Stone, G. P. (1954): City Shoppers and Urban Identification: Observations on the Social Psychology of City Life, in: American Journal of Sociology, 60 (1), 36–45.

Stowasser, S. (2002): Vergleichende Evaluation von Visualisierungsformen zur operativen Werkstattsteuerung, Aachen.

Straub, D. W.; Burton-Jones, A. (2007): Veni, Vidi, Vici: Breaking the TAM Logjam, in: Journal of the Association for Information Systems, 8 (4), 224–229.

Straub, D. W.; Limayen, M.; Karahanna-Evaristo, E. (1995): Measuring System Usage: Implications for IS Theory Testing, in: Management Science, 41 (8), 1328–1343.

Strauß, R.; Gerth, N. (2001): Personalisierung, in: Diller, H. (Hrsg.): Vahlens großes Marketinglexikon. 2. Aufl., München, 1260.

Stüber, E.; Brusch, M. (2009): Personalisation in Retailing: Differences and Commonalities in Selected Branches, in: Stauss, B.; Brown, S. W.; Edvardsson, B.; Johnston, R. (Hrsg.): QUIS 11 - Moving Forward with Service Quality, Wolfsburg, 654–663.

Summers, J. O. (1974): Less Information Is Better?, in: Journal of Marketing Research, 11 (4), 467–468.

Sun, H.; Zhang, P. (2006): Causal Relationships between Perceived Enjoyment and Perceived Ease of Use: An Alternative Approach, in: Journal of the Association for Information Systems, 7 (9), 618–645.

Surprenant, C.; Solomon, M. R. (1987): Predictability and Personalization in the Service Encounter, in: Journal of Marketing, 51 (2), 86–96.

Swaminathan, V. (2003): The Impact of Recommendation Agents on Consumer Evaluation and Choice: The Moderating Role of Category Risk, Product Complexity, and Consumer Knowledge, in: Journal of Consumer Psychology, 13 (1/2), 93–101.

Sweeney, J. C.; Soutar, G. N. (2001): Consumer Perceived Value: The Development of a Multiple Item Scale, in: Journal of Retailing, 77 (2), 203–220.

Swoboda, B. (1999): Ausprägungen und Determinanten der zunehmenden Convienceorientierung von Konsumenten, in: Marketing ZFP, 21 (2), 95–104.

Szajna, B. (1996): Empirical Evaluation of the Revised Technology Acceptance Model, in: Management Science, 42 (1), 85–92.

Tam, K. Y.; Ho, S. Y. (2005): Web Personalization as a Persuasion Strategy: An Elaboration Likelihood Model Perspective, in: Information Systems Research, 16 (3), 271–291.

Tauber, E. M. (1972): Why do People Shop?, in: Journal of Marketing, 36 (10), 46–49.

Taylor, S.; Todd, P. A. (1995a): Assessing IT Usage: The Role of Prior Experience, in: MIS Quarterly, 19 (4), 561–570.

Taylor, S.; Todd, P. A. (1995b): Understanding Information Technology Usage: A Test of Competing Models, in: Information Systems Research, 6 (2), 144–176.

Temme, D.; Kreis, H.; Hildebrandt, L. (2010): A Comparison of Current PLS Path Modeling Software: Features, Ease-of-Use, and Performance, in: Esposito Vinzi, V.; Chin, W. W.; Henseler, J.; Wang, H. (Hrsg.): Handbook of Partial Least Squares, Berlin, 735–756.

Tenenhaus, M.; Vinzi, V. E.; Chatelin, Y.-M.; Lauro, C. (2005): PLS path modeling, in: Computational Statistics & Data Analysis, 48 (1), 159–205.

Teo, T. S. (2001): Demographic and Motivation Variables Associated with Internet Usage Activities, in: Internet Research, 11 (2), 125–137.

Thibaut, J. W.; Kelley, H. H. (1959): The Social Psychology of Groups, New York.

Thompson, A. (1989): Customer Contact Personnel: Using Interviewing Techniques to Select for Adaptability in Service Employees, in: Journal of Services Marketing, 3 (1), 57–65.

Thompson, R. L.; Higgins, C. A.; Howell, J. M. (1991): Personal Computing: Toward a Conceptual Model of Utilization, in: MIS Quarterly, 15 (1), 125–143.

Thompson, R. L.; Higgins, C. A.; Howell, J. M. (1994): Influence of Experience on Personal Computer Utilization: Testing a Conceptual Model, in: Journal of Management Information Systems, 11 (1), 167–187.

Thorbjørnsen, H.; Supphellen Magne; Nysveen, H.; Pedersen, P. E. (2002): Building Brand Relationships Online: A Comparison of Two Interactive Applications, in: Journal of Interactive Marketing, 16 (3), 17–34.

Todd, P.; Benbasat, I. (1999): Evaluating the Impact of DSS, Cognitive Effort, and Incentives on Strategy Selection, in: Information Systems Research, 10 (4), 356–374.

Todd, P. A.; Benbasat, I. (1992): The Use of Information in Decision Making: An Experimental Investigation of the Impact of Computer-Based Decision Aids, in: MIS Quarterly, 16 (3), 373–393.

Tom Tailor (2010): Produktseite mit Kaufempfehlungen, Online verfügbar unter http://www.tom-tailor.de/index.php?view=produkt&division=200&kategorie=7&unterpunkt=-1&farbnummer=2999&artikelnummer=50112540070&kat=50112540070%2B9%2B1&s=8ba3ebdccdb4e7649905838c007cc3900849720028, zuletzt geprüft am 13.09.2010.

Trommsdorff, V. (2009): Konsumentenverhalten, 7. Aufl., Stuttgart.

Tsang, M. M.; Ho, S.-C.; Liang, T.-P. (2004): Consumer Attitudes Toward Mobile Advertising: An Empirical Study, in: International Journal of Electronic Commerce, 8 (3), 65–78.

Tsikriktsis, N. (2004): A Technology Readiness-based Taxonomy of Customers: A Replication and Extension, in: Journal of Service Research, 7 (1), 42–52.

Varadarajan, R.; Yadav, M. S. (2002): Marketing Strategy and the Internet: An Organizing Framework, in: Journal of the Academy of Marketing Science, 30 (4), 296–312.

Venkatesh, V. (2000): Determinants of Perceived Ease of Use: Integrating Control, Intrinsic Motivation and Emotion into the Technology Acceptance Model, in: Information Systems Research, 11 (4), 342–365.

Venkatesh, V.; Agarwal, R. (2006): Turning Visitors into Customers: A Usability-centric Perspective on Purchase Behavior in Electronic Channels, in: Management Science, 52 (3), 367–382.

Venkatesh, V.; Bala, H. (2008): Technology Acceptance Model 3 and a Research Agenda on Interventions, in: Decision Sciences, 39 (2), 273–315.

Venkatesh, V.; Brown, S. A.; Maruping, L. M.; Bala, H. (2008): Predicting Different Conceptualization of System Use: The Competing Roles of Behavioral Intention Facilitating Conditions, and Behavioral Expectation, in: MIS Quarterly, 32 (3), 483–502.

Venkatesh, V.; Davis, F. D. (2000): A Theoretical Extension of the Technology Acceptance Model: Four Longitudinal Field Studies, in: Management Science, 46 (2), 186–204.

Venkatesh, V.; Davis, F. D.; Morris, M. G. (2007): Dead or Alive? The Development, Trajectory and Future of Technology Adoption Research, in: Journal of the Association for Information Systems, 8 (4), 267–286.

Venkatesh, V.; Morris, M. G. (2000): Why don't Men ever Stop to Ask for Directions? Gender, Social Influence and Their Role in Technology Acceptance and Usage Behavior, in: MIS Quarterly, 24 (1), 115–139.

Venkatesh, V.; Morris, M. G.; Davis, G. B.; Davis, F. D. (2003): User Acceptance of Information Technology: Toward a Unified View, in: MIS Quarterly, 27 (3), 425–478.

Venkatesh, V.; Ramesh, V. (2006): Web and Wireless Site Usability: Understanding Differences and Modeling Use, in: MIS Quarterly, 30 (1), 181–206.

Vesanen, J. (2007): What is Personalization? A Conceptual Framework, in: European Journal of Marketing, 41 (5/6), 409–418.

Vesanen, J.; Raulas, M. (2006): Building Bridges for Personalization: A Process Model for Marketing, in: Journal of Interactive Marketing, 20 (1), 5–20.

Vijayasarathy, L. R. (2002): Product Characteristics and Internet Shopping Intentions, in: Internet Research, 12 (5), 411–426.

Völckner, F. (2003): Neuprodukterfolg bei kurzlebigen Konsumgütern - Eine empirische Analyse der Erfolgsfaktoren von Markentransfers, Wiesbaden.

Völckner, F.; Sattler, H.; Hennig-Thurau, T.; Ringle, C. M. (2010): The Role of Parent Brand Quality for Service Brand Extension Success, in: Journal of Service Research, Online First.

Vrechopoulos, A. P.; O'Keefe, R. M.; Doukidis, G. I.; Siomkos, G. J. (2004): Virtual Store Layout: An Experimental Comparison in the Context of Grocery Retail, in: Journal of Retailing, 80 (1), 13–22.

Wagner, T.; Hennig-Thurau, T.; Rudolph, T. (2009): Does Customer Demotion Jeopardize Loyalty?, in: Journal of Marketing, 73 (3), 69–85.

Wallau, S. (1990): Akzeptanz betrieblicher Informationssysteme - Eine empirische Untersuchung, Arbeitsberichte des Lehrstuhls für Wirtschaftsinformatik, Universität Tübingen, Tübingen.

Wang, L. C.; Baker, J.; Wagner, J. A.; Wakefield, K. (2007): Can a Retail Web Site Be Social?, in: Journal of Marketing, 71 (3), 143–157.

Wang, W.; Benbasat, I. (2005): Trust in and Adoption of Online Recommendation Agents, in: Journal of the Association for Information Systems, 6 (3), 72–101.

Wang, W.; Benbasat, I. (2007): Recommendation Agents for Electronic Commerce: Effects of Explanation facilities on Trusting Beliefs, in: Journal of Management Information Systems, 23 (4), 217–246.

Wang, Y. J.; Hernandez, M. D.; Minor, M. S. (2010): Web Aesthetics Effects on Perceived Online Service Quality and Satisfaction in an E-Tail Environment: The Moderating Role of Purchase Task, in: Journal of Business Research, 63 (9-10), 935–942.

Wang, Y. J.; Minor, M. S. (2008): Validity, Reliability, and Applicability of Psychophysiological Techniques in Marketing Research, in: Psychology & Marketing, 25 (2), 197–232.

Webster, F. E., Jr. (1968): Interpersonal Communication and Salesman Effectiveness, in: Journal of Marketing, 32 (3), 7–13.

Wedel, M.; Pieters, R. G. (2000): Eye Fixations on Advertisements and Memory for Brands: A Model and Findings, in: Marketing Science, 19 (4), 297–312.

Weiber, R. (1992): Diffusion von Telekommunikation - Problem der kritischen Masse, Wiesbaden.

Weiber, R. (2001a): Akzeptanzforschung, in: Diller, H. (Hrsg.): Vahlens großes Marketinglexikon. 2. Aufl., München, 39–40.

Weiber, R. (2001b): Individualisierung, in: Diller, H. (Hrsg.): Vahlens großes Marketinglexikon. 2. Aufl., München, 634.

Weiber, R.; Adler, J. (1995): Informationsökonomisch begründete Typologisierung von Kaufprozessen, in: Zeitschrift für betriebswirtschaftliche Forschung, 47 (1), 43–65.

Weiber, R.; Pohl, A. (1996): Leapfrogging-Behavior – Ein adoptionstheoretischer Erklärungsansatz, in: Zeitschrift für Betriebswirtschaft, 66 (10), 1203–1222.

Weinberg, P. (1992): Erlebnismarketing, München.

Weitz, B. A.; Sujan, H.; Sujan, M. (1986): Knowledge, Motivation, and Adaptive Behavior: A Framework for Improving Selling Effectiveness, in: Journal of Marketing, 50 (4), 174–191.

Weng, S.-S.; Liu, M.-J. (2004): Feature-based Recommendations for One-to-One Marketing, in: Journal of Expert Systems with Applications, 26 (4), 493–508.

West, P. M. (1996): Predicting Preferences: An Examination of Agent Learning, in: Journal of Consumer Research, 23 (1), 68–80.

West, P. M.; Ariely, D.; Bellman, S.; Bradlow, E. T.; Huber, J.; Johnson, E. J.; Kahn, B. E.; Little, J.; Schkade, D. (1999): Agents to the Rescue?, in: Marketing Letters, 10 (3), 285–300.

Westbrook, R. A.; Black, W. C. (1985): A Motivation-based Shopper Typology, in: Journal of Retailing, 61 (1), 78–103.

White, T. B.; Zahay, D.; Thorbjørnsen, H.; Shavitt, S. (2008): Getting too Personal: Reactance to Highly Personalized Email Solicitations, in: Marketing Letters, 19 (1), 39–50.

Wilkie, W. L. (1974): Analysis of Effects of Information Load, in: Journal of Marketing Research, 11 (4), 462–466.

Wind, J.; Rangaswamy, A. (2001): Customerization: The next Revolution in Mass Customization, in: Journal of Interactive Marketing, 15 (1), 13–32.

Wohlfahrt, J. (2004): Akzeptanz und Wirkungen von Mobile-Business-Anwendungen, Hamburg.

Wold, H. (1966): Nonlinear Estimation by Iterative Least Square Procedures, in: David, F. N. (Hrsg.): Research Papers in Statistics, London, 411–444.

Wold, H. (1974): Causal Flows with Latent Variables - Partings of the Ways in the Light of NIPALS Modelling, in: European Economic Review, 5 (1), 67–86.

Wold, H. (1975): Path Models with Latent Variables: The NIPALS Approach, in: Blalock, H. M (Hrsg.): Quantitative Sociology, International Perspectives on Mathematical and Statistical Modeling, New York, NY, 307–367.

Wold, H. (1982): Soft Modeling: The Basic Design and Some Extensions, in: Jöreskog, K. G.; Wold, H. (Hrsg.): Systems under Indirect Observation, Causality, Structure, Prediction, Amsterdam; New York, 1–54.

Wolfinbarger, M.; Gilly, M. C. (2001): Shopping Online for Freedom, Control and Fun, in: California Management Review, 43 (2), 34–55.

Wolfinbarger, M.; Gilly, M. C. (2003): eTailQ: Dimensionalizing, Measuring and Predicting eTail Quality, in: Journal of Retailing, 79 (3), 183–198.

Wu, J.; Lederer, A. L. (2009): A Meta-Analyses of the Role of Environment-based Voluntariness in Information Technology Acceptance, in: MIS Quarterly, 33 (2), 419–432.

Wünderlich, N. V. (2009): Acceptance of Remote Services - Perception, Adoption and Continued Usage in Organizational Settings, Wiesbaden.

Xiao, B.; Benbasat, I. (2007): E-Commerce Product Recommendation Agents: Use, Characteristics, and Impact, in: MIS Quarterly, 31 (1), 137–209.

Yang, S. L.; Park, J. K.; Park, J. (2007): Consumers' Channel Choice for University-licensed Products: Exploring Factors of Consumer Acceptance with Social Identification, in: Journal of Retailing and Consumer Services, 14 (3), 165–174.

Ying, Y.; Feinberg, F.; Wedel, M. (2006): Leveraging Missing Ratings to Improve Online Recommendation Systems, in: Journal of Marketing Research, 43 (3), 355–365.

Yoh, E.; Damhorst Mary L.; Sapp, S.; Laczniak, R. (2003): Consumer Adoption of the Internet: The Case of Apparel Shopping, in: Psychology & Marketing, 20 (12), 1095–1118.

Yoo, W.-S.; Lee, Y.; Park, J. (2010): The Role of Interactivity in E-Tailing: Creating Value and Increasing Satisfaction, in: Journal of Retailing and Consumer Services, 17 (2), 89–96.

Young, L. R.; Sheena, D. (1975): Survey of Eye Movement Recording Methods, in: Behavior Research Methods & Instrumentation, 7 (5), 397–429.

Yu, J.; Ha, I.; Choi, M.; Rho, J. (2005): Extending the TAM for a T-Commerce, in: Information & Management, 42 (7), 965–976.

Yu, K.; Schwaighofer, A.; Tresp, V.; Xu, X.; Kriegel, H.-P. (2004): Probabilistic Memory-based Collaborative Filtering, in: IEEE Transactions on Knowledge & Data Engineering, 16 (1), 56–69.

Zaichkowsky, J. L. (1985): Measuring the Involvement Construct, in: Journal of Consumer Research, 12 (3), 341–352.

Zaichkowsky, J. L.; Sood, J. H. (1989): A Global Look at Consumer Involvement and Use of Products, in: International Marketing Review, 6 (1), 20–34.

Zanker, M.; Jessenitschnig, M. (2009): Case-Studies on Exploiting Explicit Customer Requirements in Recommender Systems, in: User Modeling and User-adapted Interaction, 19 (1/2), 133–166.

Zeithaml, V. A.; Parasuraman, A.; Malhotra, A. (2002): Service Quality Delivery Through Web Sites: A Critical Review of Extant Knowledge, in: Journal of the Academy of Marketing Science, 30 (4), 362–375.

Zeng, C.; Xing, C.-X.; Zhou, L.-Z.; Zheng, X.-H. (2004): Similarity Measure and Instance Selection for Collaborative Filtering, in: International Journal of Electronic Commerce, 8 (4), 115–129.

Zhang, D. (2003): Delivery of Personalized and Adaptive Content to Mobile Devices: A Framework and Enabling Technology, in: Communications of the Association for Information Systems (12), 183–202.

Zhang, J.; Wedel, M.; Pieters, R. G. (2009): Sales Effects of Attention to Feature Advertisements: A Bayesian Mediation Analysis, in: Journal of Marketing Research, 46 (5), 669–681.

Zinkhan, G. M.; Joachimsthaler, E. A.; Kinnear, T. C. (1987): Individual Differences and Marketing Decision Support System Usage and Satisfaction, in: Journal of Marketing Research, 24 (2), 208–214.

Zuckerman, M. (1979): Sensation Seeking - Beyond the Optimal Level of Arousal, Hillsdale, N.J.

Anhang

b-tu
Brandenburgische
Technische Universität
Cottbus

Kaufempfehlungen im Internethandel

m

Herzlichen Dank für die Teilnahme an der Befragung für ein Forschungsprojekt an der BTU Cottbus.
Im Folgenden geht es immer um Ihre persönliche und vor allem ehrliche Meinung. Wichtig ist, dass Sie alle Fragen beantworten, auch wenn Ihnen eine Antwort einmal schwer fallen sollte. Bei manchen Fragen kann der Eindruck entstehen, dass sie sich wiederholen, bitte lassen Sie sich dadurch nicht beirren. Beantworten Sie alle Fragen überlegt, aber bitte zügig und spontan.
Bitte halten Sie die Reihenfolge der Fragen ein und blättern Sie nicht zurück, um gemachte Angaben zu verändern.
Vielen Dank!

1. Haben Sie in dem eben besuchten Internetshop Kaufempfehlungen wahrgenommen?
☐ nein (weiter mit Frage 3)   ☐ ja

2. Welche Art von Kaufempfehlungen haben Sie gesehen? Kaufempfehlungen für ...
☐ ... Alternativprodukte.   ☐ ... Zusatzprodukte.
☐ ... Alternativ- und Zusatzprodukte.   ☐ ... Sonstiges:

3. Technologieaffinität: Inwiefern treffen folgende Aussagen auf Sie persönlich zu?

trifft überhaupt nicht zu 1 – trifft voll und ganz zu 7

Aussage	1	2	3	4	5	6	7
Wenn ich die Möglichkeit geboten bekomme, neue Technologien anzuwenden, habe ich immer Angst, etwas kaputt zu machen.	☐	☐	☐	☐	☐	☐	☐
Ich fühle mich in der Lage, über neue Technologien auf dem Laufenden zu bleiben.	☐	☐	☐	☐	☐	☐	☐
Ich bin mir sicher, dass ich den Umgang mit neuen Technologien lernen kann.	☐	☐	☐	☐	☐	☐	☐

4. Bedeutung von Kleidung: Inwiefern treffen folgende Aussagen auf Sie persönlich zu?

Aussage	1	2	3	4	5	6	7
Kleidung ist mir wichtig.	☐	☐	☐	☐	☐	☐	☐
Ich kenne mich mit Stoffen, Kleidung und Mode aus.	☐	☐	☐	☐	☐	☐	☐
Ich lege auf Kleidung keinen besonderen Wert.	☐	☐	☐	☐	☐	☐	☐
Ich interessiere mich sehr für Mode.	☐	☐	☐	☐	☐	☐	☐

5. Einstellung zu Verkaufspersonal beim Einkauf von Bekleidung in Ladengeschäften:
Inwiefern treffen folgende Aussagen auf Sie persönlich zu?

Aussage	1	2	3	4	5	6	7
Grundsätzlich bevorzuge ich es, wenn das Verkaufspersonal mich in Ruhe lässt.	☐	☐	☐	☐	☐	☐	☐
Allgemein wünsche ich mir, dass das Verkaufspersonal aufmerksamer ist.	☐	☐	☐	☐	☐	☐	☐
Ich genieße die Aufmerksamkeit des Verkaufspersonals in hochwertigen Läden.	☐	☐	☐	☐	☐	☐	☐
Ich bevorzuge eine anonyme Atmosphäre beim Einkaufen.	☐	☐	☐	☐	☐	☐	☐
Oft fühle ich mich vom Verkaufspersonal unter Druck gesetzt.	☐	☐	☐	☐	☐	☐	☐

6. Einstellung zu Kaufempfehlungen beim Einkauf von Bekleidung in Internetshops:
Bitte bewerten Sie folgende Aussagen. Die Nutzung von Kaufempfehlungen ist ...

	-3	-2	-1	0	1	2	3	
schlecht	☐	☐	☐	☐	☐	☐	☐	gut
sinnlos	☐	☐	☐	☐	☐	☐	☐	sinnvoll
negativ	☐	☐	☐	☐	☐	☐	☐	positiv
unvorteilhaft	☐	☐	☐	☐	☐	☐	☐	vorteilhaft
unnötig	☐	☐	☐	☐	☐	☐	☐	nützlich
nicht hilfreich	☐	☐	☐	☐	☐	☐	☐	hilfreich
kompliziert	☐	☐	☐	☐	☐	☐	☐	einfach
verwirrend	☐	☐	☐	☐	☐	☐	☐	übersichtlich

Abbildung A 1: Fragebogen (Studie 2)
(Quelle: eigene Darstellung)

Kaufempfehlungen im Internethandel

Beziehen Sie Ihre folgenden Aussagen unbedingt auf den Einkauf von Bekleidung in Internetshops.

7. Einkaufsmotive: Inwiefern treffen folgende Aussagen auf Sie persönlich zu?

	trifft überhaupt nicht zu 1	2	3	4	5	6	trifft voll und ganz zu 7
Einkaufen ist für mich auch eine Freizeitbeschäftigung.	☐	☐	☐	☐	☐	☐	☐
Es macht mir Spaß, einfach so Internetshops durchzuschauen – unabhängig von Käufen.	☐	☐	☐	☐	☐	☐	☐
Ich kaufe ein, um etwas zu erleben.	☐	☐	☐	☐	☐	☐	☐
Beim Einkaufen lasse ich mich gerne vom neuen Sortiment inspirieren.	☐	☐	☐	☐	☐	☐	☐
Ich versuche meine Einkäufe möglichst schnell abzuwickeln.	☐	☐	☐	☐	☐	☐	☐
Wenn ich einen Internetshop besuche, weiß ich meistens genau, was ich kaufen möchte.	☐	☐	☐	☐	☐	☐	☐
Ich möchte stets in kurzer Zeit möglichst viele Einkäufe erledigen.	☐	☐	☐	☐	☐	☐	☐
Beim Einkauf lasse ich mich gerne beraten (z.B. per Telefon, Chat oder durch die Nutzung von Kaufempfehlungen).	☐	☐	☐	☐	☐	☐	☐
Beim Einkauf ist für mich die Beratung äußerst wichtig.	☐	☐	☐	☐	☐	☐	☐
Beim Einkauf ist die Kommunikation mit dem Verkaufspersonal (z.B. per Telefon oder Chat) für mich ein wichtiger Faktor.	☐	☐	☐	☐	☐	☐	☐

8. Subjektive Norm: Bitte bewerten Sie folgende Aussagen.

	1	2	3	4	5	6	7
Personen, deren Meinung ich schätze, finden Kaufempfehlungen in Internetshops gut.	☐	☐	☐	☐	☐	☐	☐
Personen in meinem Bekanntenkreis nutzen Kaufempfehlungen beim Einkauf in Internetshops.	☐	☐	☐	☐	☐	☐	☐
Personen, die mir nahe stehen, schätzen die Darbietung von Kaufempfehlungen in Internetshops sehr.	☐	☐	☐	☐	☐	☐	☐

Beziehen Sie alle Ihre folgenden Aussagen unbedingt auf den eben getätigten Einkauf von Bekleidung im Internetshop!

9. Einkaufsrelevanz: Bitte bewerten Sie folgende Aussagen. Kaufempfehlungen ...

	1	2	3	4	5	6	7
... haben das Einkaufen in diesem Internetshop vereinfacht.	☐	☐	☐	☐	☐	☐	☐
... haben das Einkaufen in diesem Internetshop angenehmer gemacht.	☐	☐	☐	☐	☐	☐	☐
... haben mich auf Produkte stoßen lassen, auf die ich sonst nicht aufmerksam geworden wäre.	☐	☐	☐	☐	☐	☐	☐
... konnten mich zu neuen Produktkombinationen anregen.	☐	☐	☐	☐	☐	☐	☐

10. Qualität des Outputs: Inwiefern treffen folgende Aussagen auf Sie persönlich zu?

	1	2	3	4	5	6	7
Die dargebotenen Ergänzungen trafen meinen Geschmack.	☐	☐	☐	☐	☐	☐	☐
Am liebsten habe ich mir Alternativprodukte zu einem von mir favorisierten Stück angeschaut.	☐	☐	☐	☐	☐	☐	☐
Am liebsten habe ich mir Zusatzprodukte zu einem von mir favorisierten Stück angeschaut.	☐	☐	☐	☐	☐	☐	☐
Einkäufe in Internetshops, bei denen ich Kaufempfehlungen genutzt habe, führen, im Vergleich zu Einkäufen ohne Nutzung von Kaufempfehlungen, zu besseren Ergebnissen.	☐	☐	☐	☐	☐	☐	☐

11. Wahrgenommene einfache Benutzbarkeit: Inwiefern treffen folgende Aussagen auf Sie persönlich zu?

	1	2	3	4	5	6	7
Ich empfand die Nutzung von Kaufempfehlungen einfach.	☐	☐	☐	☐	☐	☐	☐
Die Nutzung von Kaufempfehlungen erfolgte durch eine intuitive Bedienung.	☐	☐	☐	☐	☐	☐	☐
Die Nutzung von Kaufempfehlungen war verständlich und klar.	☐	☐	☐	☐	☐	☐	☐
Die Nutzung von Kaufempfehlungen war einfach zu erlernen.	☐	☐	☐	☐	☐	☐	☐
Es war eine einfache Sache, mit Kaufempfehlungen umzugehen.	☐	☐	☐	☐	☐	☐	☐

12. Wahrgenommener Nutzen: Inwiefern treffen folgende Aussagen auf Sie persönlich zu? Durch die Nutzung von Kaufempfehlungen ...

	1	2	3	4	5	6	7
... konnte ich effizienter einkaufen.	☐	☐	☐	☐	☐	☐	☐
... war eine schnellere Auswahl möglich.	☐	☐	☐	☐	☐	☐	☐
... konnte ich das Einkaufsergebnis verbessern.	☐	☐	☐	☐	☐	☐	☐
... wurde das Einkaufen erleichtert.	☐	☐	☐	☐	☐	☐	☐
... konnte ich Zeit einsparen.	☐	☐	☐	☐	☐	☐	☐
Die Nutzung von Kaufempfehlungen ist eine nützliche Sache.	☐	☐	☐	☐	☐	☐	☐

Abbildung A 1: Fragebogen (Studie 2) (Fortsetzung)
(Quelle: eigene Darstellung)

Anhang

b-tu Brandenburgische Technische Universität Cottbus

Kaufempfehlungen im Internethandel

Beziehen Sie alle Ihre folgenden Aussagen weiterhin unbedingt auf **den eben getätigten Einkauf von Bekleidung im Internetshop!**

13. Nutzungsabsicht: Inwiefern treffen folgende Aussagen auf Sie persönlich zu?
Wenn ich in Zukunft in einem solchen oder ähnlichen Internetshop Bekleidung kaufen würde, würde ich …

	trifft überhaupt nicht zu 1	2	3	4	5	6	trifft voll und ganz zu 7
… mir Kaufempfehlungen öfter anschauen.	☐	☐	☐	☐	☐	☐	☐
… Kaufempfehlungen nutzen.	☐	☐	☐	☐	☐	☐	☐
… meinen Freunden empfehlen, Kaufempfehlungen zu nutzen.	☐	☐	☐	☐	☐	☐	☐
… regelmäßig Kaufempfehlungen nutzen.	☐	☐	☐	☐	☐	☐	☐

14. Nutzungsverhalten: Inwiefern treffen folgende Aussagen auf Sie persönlich zu?

	1	2	3	4	5	6	7
Ich habe Kaufempfehlungen eben beim Einkauf genutzt.	☐	☐	☐	☐	☐	☐	☐
Beim Einkauf eben habe ich mir Kaufempfehlungen angeschaut.	☐	☐	☐	☐	☐	☐	☐
Ich habe viel Zeit mit Kaufempfehlungen eben beim Einkauf verbracht.	☐	☐	☐	☐	☐	☐	☐
Durch das Beachten von Kaufempfehlungen habe ich meinen Einkauf eben schneller zu einem guten Abschluss bringen können.	☐	☐	☐	☐	☐	☐	☐
Obwohl ich beim Einkauf eben genau wusste, was ich kaufen wollte, bin ich auf vorher nicht relevante Alternativen gestoßen.	☐	☐	☐	☐	☐	☐	☐
In einer realen Situation hätte ich durch die Nutzung von Kaufempfehlungen höchstwahrscheinlich mehr gekauft, als ich ursprünglich geplant hatte.	☐	☐	☐	☐	☐	☐	☐

15. Inwiefern treffen folgende Aussagen auf Sie persönlich zu?

	1	2	3	4	5	6	7
Insgesamt bin ich technologieaffin.	☐	☐	☐	☐	☐	☐	☐
Insgesamt hat Kleidung für mich eine große Bedeutung.	☐	☐	☐	☐	☐	☐	☐
Insgesamt ist das Verkaufspersonal ein wichtiger Bestandteil meines Kaufprozesses von Kleidung in Ladengeschäften (stationärer Handel).	☐	☐	☐	☐	☐	☐	☐
Insgesamt betrachtet, ist die Nutzung von Kaufempfehlungen in Internetshops beim Kauf von Kleidung eine gute Sache.	☐	☐	☐	☐	☐	☐	☐
Generell ist der Einkauf von Kleidung in Internetshops für mich auch eine Freizeitbeschäftigung.	☐	☐	☐	☐	☐	☐	☐
Generell versuche ich die Einkäufe von Kleidung in Internetshops möglichst schnell und zielgerichtet abzuwickeln.	☐	☐	☐	☐	☐	☐	☐
Generell lasse ich mich beim Einkauf von Kleidung in Internetshops gerne beraten.	☐	☐	☐	☐	☐	☐	☐
Kaufempfehlungen sind ein wichtiger Bestandteil meines Kaufprozesses von Kleidung in Internetshops.	☐	☐	☐	☐	☐	☐	☐
Insgesamt finden Personen in meinem Umfeld Kaufempfehlungen gut.	☐	☐	☐	☐	☐	☐	☐
Insgesamt bin ich mit der Qualität bzw. dem Inhalt der Kaufempfehlungen sehr zufrieden.	☐	☐	☐	☐	☐	☐	☐
Insgesamt finde ich, dass man nähere Informationen zu den – mittels Kaufempfehlungen – empfohlenen Produkten bequem erhalten kann.	☐	☐	☐	☐	☐	☐	☐
Insgesamt finde ich Kaufempfehlungen nützlich.	☐	☐	☐	☐	☐	☐	☐
Generell werde ich Kaufempfehlungen künftig häufiger beim Kauf von Kleidung in Internetshops nutzen.	☐	☐	☐	☐	☐	☐	☐
Beim Einkauf eben, habe ich Kaufempfehlungen genutzt.	☐	☐	☐	☐	☐	☐	☐

16. Zum Schluss möchten wir Sie noch um statistische Angaben bitten, die selbstverständlich völlig anonym ausgewertet werden!

Alter: _____ Geschlecht: ☐ männlich ☐ weiblich

17. In welcher Region haben Sie den größten Teil Ihres Lebens verbracht (Angabe des Kfz-Kennzeichens, z.B. CB, SPN)?

Abbildung A 1: Fragebogen (Studie 2)Abbildung A 1: Fragebogen (Studie 2) (Fortsetzung) (Quelle: eigene Darstellung)

Tabelle A 1: Übersicht der Eye-Tracking-Ergebnisse für den Bereich außerhalb der AOIs als Mittelwerte

NG	Messgröße	Außerhalb der AOIs
0 (N=198)		N=198
	DEF	0,23; (0,01; 1,01; 0,22)
	FH	349,39; (32; 2809; 290,51)
	FD	102,08; (11,78; 927,01; 85,04)
1 (N=74)		N=74
	DEF	0,26; (0,01; 0,94; 0,26)
	FH	282,35; (32; 1121; 210,04)
	FD	84,07; (17,92; 280,67; 55,52)
2 (N=124)		N=124
	DEF	0,21; (0,01; 1,01; 0,20)
	FH	289,40; (47; 2809; 323,53)
	FD	112,83; (11,78; 927,01; 97,17)
3 (N=62)		N=62
	DEF	0,24; (0,01; 1,01; 0,23)
	FH	423,60; (47; 1820; 285,86)
	FD	119,52; (11,78; 424,81; 76,20)
4 (N=102)		N=102
	DEF	0,22; (0,01; 1,01; 0,21)
	FH	403,52; (47; 2809; 342,49)
	FD	116,66; (11,78; 927,01; 102,77)
5 (N=40)		N=40
	DEF	0,27; (0,01; 1,01; 0,29)
	FH	478,43; (47; 1820; 309,36)
	FD	132,96; (11,78; 424,81; 79,67)

(Quelle: eigene Darstellung); Legende: Prod.: Produkte; DEF: Dauer bis zur ersten Fixation, FH: Fixationshäufigkeit, FD: Fixationsdauer in s (jeweils Min.; Max.; SD)

Von der Promotion zum Buch

WWW.GABLER.DE

Sie haben eine wirtschaftswissenschaftliche Dissertation bzw. Habilitation erfolgreich abgeschlossen und möchten sie als Buch veröffentlichen?

Zeigen Sie, was Sie geleistet haben.
Publizieren Sie Ihre Dissertation als Buch bei Gabler Research.
Ein Buch ist nachhaltig wirksam für Ihre Karriere.
Nutzen Sie die Möglichkeit mit Ihrer Publikation bestmöglich sichtbar und wertgeschätzt zu werden – im Umfeld anerkannter Wissenschaftler und Autoren.
Qualitative Titelauswahl sowie namhafte Herausgeber renommierter Schriftenreihen bürgen für die Güte des Programms.

Ihre Vorteile:

- Kurze Produktionszyklen: Drucklegung in 6-8 Wochen
- Dauerhafte Lieferbarkeit print und digital: Druck + E-Book in SpringerLink Zielgruppengerechter Vertrieb an Wissenschaftler, Bibliotheken, Fach- und Hochschulinstitute und (Online-)Buchhandel
- Umfassende Marketingaktivitäten: E-Mail-Newsletter, Flyer, Kataloge, Rezensionsexemplar-Versand an nationale und internationale Fachzeitschriften, Präsentation auf Messen und Fachtagungen etc.

▶ Möchten Sie Autor beim Gabler Verlag werden? Kontaktieren Sie uns!

Ute Wrasmann | Lektorat Wissenschaftliche Monografien
Tel. +49 (0)611.7878-239 | Fax +49 (0)611.7878-78-239 | ute.wrasmann@gabler.de

KOMPETENZ IN SACHEN WIRTSCHAFT